A Course In Error-Correcting Codes
Second edition

誤り訂正符号入門
［第2版］

イエルン・ユステセン／トム・ホーホルト 原著
Jørn Justesen / Tom Høholdt

阪田省二郎／栗原正純／松井　一／藤沢匡哉 共訳

森北出版株式会社

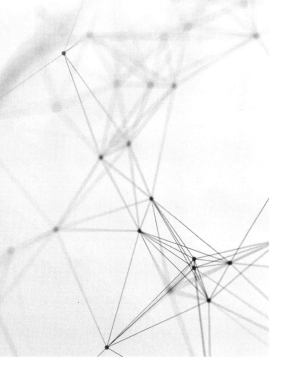

A Course In Error-Correcting Codes, Second edition
by Jørn Justesen and Tom Høholdt

Copyright © European Mathematical Society
Japanese translation rights arranged with
EUROPEAN MATHEMATICAL SOCIETY PUBLISHING HOUSE
through Japan UNI Agency, Inc.

●本書のサポート情報を当社Webサイトに掲載する場合があります．下記のURLにアクセスし，サポートの案内をご覧ください．

https://www.morikita.co.jp/support/

●本書の内容に関するご質問は，森北出版 出版部「(書名を明記)」係宛に書面にて，もしくは下記のe-mailアドレスまでお願いします．なお，電話でのご質問には応じかねますので，あらかじめご了承ください．

editor@morikita.co.jp

●本書により得られた情報の使用から生じるいかなる損害についても，当社および本書の著者は責任を負わないものとします．

■本書に記載している製品名，商標および登録商標は，各権利者に帰属します．

■本書を無断で複写複製（電子化を含む）することは，著作権法上での例外を除き，禁じられています．複写される場合は，そのつど事前に（一社）出版者著作権管理機構（電話03-5244-5088, FAX03-5244-5089, e-mail：info@jcopy.or.jp）の許諾を得てください．また本書を代行業者等の第三者に依頼してスキャンやデジタル化することは，たとえ個人や家庭内での利用であっても一切認められておりません．

第 2 版への序

　誤り訂正符号の理論とその応用は，過去 12 年にわたり発展・進化してきた．それらを反映させるため，本書を改訂した．いくつかのトピックは除外した一方で，ほかのいくつかはより広く盛り込み，そして，新しい符号を追加した．

　本書の改良にあたって，阪田 省二郎 教授，クヌート J. ラーセン (Knud J. Larsen) 教授，ヨハン S. ローゼンキルド ニールセン (Johan S. Rosenkilde Nielsen) 教授が，惜しみなく支援してくれたことに，深甚の謝辞を捧げたい．

　本書では，学術論文，工業規格，インターネット上の資源に関わる参考文献のリストは含めなかった．理論および応用の両面において多様な展開があったので，より高度な学習のための有益な出発点を数を絞って指摘することは困難になってしまった．しかしいまや，本書の主題に興味をもたれた読者諸氏は，個別のトピックについて，容易に情報を検索できるだろう．

首都ワシントン (Washington D.C.)，ヴァイルム (Virum)
2016 年 12 月

イエルン ユステセン (Jørn Justesen)
トム ホーホルト (Tom Høholdt)

第 2 版への訳者序

本書は，2004 年に出版された原著の新版（第 2 版）

Jørn Justesen, Tom Høholdt,
A Course In Error-Correcting Codes, 2nd ed.,
European Mathematical Society Publishing House, Zürich, 2017

の日本語訳であり，同書第 1 版の翻訳

イエルン ユステセン，トム ホーホルト 著，
阪田省二郎，栗原正純，松井一，藤沢匡哉 訳
誤り訂正符号入門，森北出版，2005

の新版である．原著序文にあるように，過去 10 数年の間に進歩した内容を加えて，「誤り訂正符号の理論とその応用」の主要な基本事項を記述している．

第 1 版とのおもな相違点を以下に列挙しよう．
(1) 複数の章などが一つにまとめられ，要領よく，読みやすくなった．とくに，第 1 版の第 3，4 章が新版では第 3 章に，第 1 版の第 8，9 章が新版では第 7 章にまとめられた．また，多くの記述が簡明になっただけでなく，下に示すように，新しい内容が追加された．さらに，第 1 版の第 12 章 RS 符号のリスト復号は，新版では 4.3 節に移されて，拡張リスト復号が除外され，一方，因数分解アルゴリズムが明確に記述された．
(2) 新しい内容の追加
 2.5 有限体上の幾何
 4.3 リスト復号アルゴリズム（因数分解法の明示）
 5.4 射影平面から作られる巡回符号
 7.6 ユニットメモリ符号
 8.3 グラフ符号
 9.1 （RS 符号の）シンドロームの計算
 9.4 誤り位置を求める
 10.2.3 射影平面符号の復号
 10.4 積符号の反復（直列）的復号
 10.5 グラフ符号の復号

10.6.1 グラフ符号におけるメッセージパッシング
    10.6.2 積符号の並列的符号化と復号
    問題 11.3.4 解答（第 1 版の解答は不十分であった）など

また，翻訳にあたり，訳者による補遺を追加した．
    E.1 原著新版で除外された拡張リスト復号を第 1 版翻訳より再録
    E.2 積和アルゴリズム

翻訳は，
  阪田省二郎　　第 1, 2, 11 章，および，付録 E
  栗原正純　　　第 8, 9, 10 章，および，付録 B
  松井一　　　　第 3, 4, 5 章，および，付録 C
  藤沢匡哉　　　第 6, 7 章，および，付録 A
  （付録 D：各章末の問題解答は，各自担当の章についてそれぞれが分担）
に分けて執筆したが，全員で全体を繰り返し検討し，互いの矛盾や齟齬のないように努め，第 1 版と同様に，初学者に読みやすくなることを心掛けた．

　翻訳の全過程を通して，森北出版出版部の丸山隆一氏と大野裕司氏には，種々ご協力いただいた．厚く御礼申し上げたい．

2019 年 3 月

　　　　　　　　　　　　　　　　　　　　　　　　　　　　　　阪田　省二郎
　　　　　　　　　　　　　　　　　　　　　　　　　　　　　　栗原　正純
　　　　　　　　　　　　　　　　　　　　　　　　　　　　　　松井　一
　　　　　　　　　　　　　　　　　　　　　　　　　　　　　　藤沢　匡哉

第 1 版への序

本書は，「誤り訂正符号」の理論である「符号理論」とその応用の両面から見て，とくに重要で，興味深いと思われるトピックスを記述している．大部分は古典的な結果を扱っていて，最新の研究成果を多くは含まないが，過去 10 年間における符号理論の発展を反映するようなトピックスを選んだ．したがって，いくつかの古典的な結果は省き，最近の成果を採り入れた内容を含む．しかも，多くの箇所で，新しい形の解説を与えている．

本書では，詳細な説明をできるだけ少なくする．必要最小限の数学の予備知識を述べたうえで，最も重要な技術を中心として符号の構成法を示し，復号アルゴリズムの基本的な形を与える．しかし，本質的な結果の証明は落とさないようにした．

本書の目標は，読者が，各テーマに関してそれぞれの探究へと進むときの適切な出発点を与えることにある．そのための基本的な道具の学習に役立つように，多数の問題を与えた．その中には，より高度な問題や，特別な予備知識と興味をもっている読者が研究をさらに進展させるためのプロジェクトの提案を含んでいる．また，テーマを十分に理解するためには，問題を解き，プロジェクトの課題を自ら実践することが大切である．付録 B に，抜粋した問題の解答を与えた．指導者には，全問題の解答を提供することができる．コンピュータを使って問題を解く演習課題を加えることを強く勧める．多くのプロジェクトにおいて，小規模なプログラミングを要求している．本書の Web ページに maple® と MATLAB® で記述した例題を掲載している．

本書は，著者たちがデンマーク工科大学で行ってきた授業（1/3 年の学期）の経験から生まれ，大学学部高学年生，大学院初学年生向けに書いたものである．初等線形代数とアルゴリズムについての予備知識を前提としている．計算機科学，電子工学の知識があれば，理解の助けになるが，じっくり考えを深めることも必要である．

本書では，多くの読者にはすぐ手に入ることが期待できないと思われたので，本文中に詳細な参考文献を載せなかったが，さらに学習を進めるときのために，とくに重要な文献と参考書のリストを巻末に示した．本書の記述をよりよくすることができたのは，多数の学生の助けによるものである．とくに，ベルゴール ジョンソン (Bergthor Jonsson) の貴重な貢献に感謝したい．

リングビー (Lyngby)，2003 年 11 月

イエルン ユステセン (Jørn Justesen)
トム ホーホルト (Tom Høholdt)

第 1 版への訳者序

本書は,

  Jørn Justesen, Tom Høholdt, "A Course in Error-Correcting Codes,"
  European Mathematical Society Publishing House, 2004

の日本語訳であり, コンパクト・ディスクから衛星通信に至るまで日常的にも広く使われるようになった「誤り訂正符号」の技術を支える理論体系としての「符号理論」について, その基本事項と最近の応用を記述している. その内容は, 理論的なものからより実用的なもの, 古典的なものから最近のもの, さらに今後の発展が期待されるものまで, 広範な誤り訂正符号の構成とそれらの復号法を扱っている.

 訳者の一人は, この主題について, 長年工学系の大学において授業を担当してきた経験をもつが, 日本には符号理論の教科書としていくつか特徴のある良書が出版されているとはいえ, この広い分野のトピックスを適度な分量でカバーするものが少ないことに対し, つねに不自由さを感じてきた. しかし, 20世紀末からこの新世紀はじめにかけての20数年にわたり目覚ましい発展を遂げた情報通信において, その信頼性を保証するために不可欠な技術となっている誤り訂正符号の進展の広さと深さの両面を, 一人の著者が完璧に把握するのは至難の技であり, その内容を1冊のコンパクトな教科書におさめるのは到底無理であると思われた.

 一方, とくにアメリカを中心として, 符号理論の大部の英文教科書, 参考書が近年続々と出版されている. ちょうどこの時期にあたり, 情報通信分野において世界的に著名な, デンマーク工科大学電子工学科の J. Justesen 教授と同大学応用数学科の T. Høholdt 教授の手により, 彼等の長きにわたる共同研究実績と教育経験を踏まえて, 理論から応用までの最近の発展を含む符号理論の基本を手際よくまとめた原著が出版された. 理論面であまりに厳密になりすぎて無味乾燥になることなく, 数学的にもきちんと書かれ, しかも, 応用面でも瑣末にこだわることなく, その心髄が説明されていて, 誤り訂正符号の近年の発展を十分広く反映した, 両著者の持ち味が発揮された教科書である.

 原著の翻訳にあたり, 用語としては電子情報通信学会編『改訂 電子情報通信用語辞典』(コロナ社, 1999) にできる限り従った. そのほか, 数学用語などについては, 日本数学会編『岩波数学辞典第3版』(岩波書店, 1985) なども参考にした. 翻訳は,

  阪田省二郎 第 1, 2, 3, 12, 13, 14 章
  栗原正純 第 9, 10, 11 章, および, 付録 A
  松井一   第 4, 5, 6 章, および, 付録 C

藤沢匡哉　第7, 8章，および，原著にない図（図8.1, 図8.2, 図9.1）

（付録B：各章末の問題略解は，各自担当の章についてそれぞれが分担）

に分けて分担執筆したが，最初の原稿から，最終校正に至るまで，全員で全体を検討し，内容的にも，用語などの表現においても，互いの矛盾や齟齬のないように努め，なるべく初学者にも読みやすくすることを心掛けた．原著中，わかりにくいと思われた箇所では，ときには脚注も使って説明を加えたり，原著にない図（第8, 9章の畳込み符号器の説明図）を追加したり，間違いやミスプリントと考えられる箇所では，修正を加えた形で記述した．これらについて，主要な点は原著者に照会しているが，訳者たちの思わぬ誤解により原著にない誤りを発生してしまっている箇所がないこと，そして，原著の特徴である「適度な広さと深さ」とその「悠揚迫らぬ文体」の雰囲気を損なっていないことを祈っている．

翻訳の過程を通じて，森北出版社の森崎満氏には，種々ご協力頂いた．とくに，訳語の調整と校正の作業について，並々ならぬご尽力を頂いたので，厚くお礼を申しあげたい．

2005年7月

阪田　省二郎
栗原　正純
松井　一
藤沢　匡哉

目　次

第1章　ブロック誤り訂正符号　　1
- 1.1　線形符号とベクトル空間　　1
- 1.2　最小距離と最小重み　　6
- 1.3　シンドローム復号法とハミング限界　　10
- 1.4　重み分布　　13
- 1.5　問　題　　16

第2章　有限体　　21
- 2.1　有限体の基本的な性質　　21
- 2.2　有限体上の多項式　　25
  - 2.2.1　体 $\mathbb{F}_p$ 上のリード・ソロモン符号　　26
- 2.3　有限体 $\mathbb{F}_{2^m}$　　27
  - 2.3.1　体 $\mathbb{F}_{2^m}$ 上の2次多項式　　30
- 2.4　最小多項式と $x^n - 1$ の因数分解　　31
- 2.5　有限体上の幾何　　36
  - 2.5.1　アフィン平面　　36
  - 2.5.2　射影平面　　37
- 2.6　問　題　　38

第3章　通信路と誤り確率　　42
- 3.1　確率とエントロピー　　42
  - 3.1.1　確率分布　　42
  - 3.1.2　離散メッセージとエントロピー　　43
- 3.2　相互情報量と離散通信路の通信路容量　　44
  - 3.2.1　離散無記憶通信路　　44
  - 3.2.2　長い系列に対する近似　　47
- 3.3　特定の符号に対する誤り確率　　49
  - 3.3.1　限界距離復号の失敗確率と誤り確率　　49
  - 3.3.2　2元ブロック符号の最尤復号に対する限界　　51
- 3.4　長い符号と通信路容量　　55

3.5 問題 58

第4章 リード・ソロモン符号とその復号　62
4.1 基本的な定義 62
4.2 リード・ソロモン符号の復号 65
4.3 リスト復号アルゴリズム 67
4.4 ピーターソン復号アルゴリズム 72
4.5 問題 76

第5章 巡回符号　79
5.1 巡回符号の導入 79
5.2 巡回符号の生成行列とパリティ検査行列 82
5.3 巡回リード・ソロモン符号とBCH符号 83
　　5.3.1 巡回リード・ソロモン符号 83
　　5.3.2 BCH符号 84
5.4 射影平面 $PG(2, \mathbb{F}_{2^m})$ から作られる巡回符号 85
5.5 問題 90

第6章 フレーム　93
6.1 フレームの定義と効率 93
6.2 フレームの品質 95
　　6.2.1 品質の尺度 95
　　6.2.2 フレーム上のパリティ検査 96
　　6.2.3 ヘッダ保護符号 97
6.3 フレーム内の短いブロック符号 98
　　6.3.1 リード・ソロモン符号と長いBCH符号 100
6.4 問題 100

第7章 最尤復号と畳込み符号　102
7.1 畳込み符号の定義 102
7.2 符号語と最小重み 108
7.3 最尤復号 112
7.4 ブロック符号とテイルバイティング符号の最尤復号 116
7.5 パンクチャド符号 118
7.6 訂正可能誤りパターンとユニットメモリ符号 119
7.7 問題 123

目次 ix

第 8 章　符号の組合せ　　125

- 8.1　積符号　　125
- 8.2　リード・ソロモン符号と 2 元符号の積符号（連接符号）　　129
  - 8.2.1　連接符号のパラメータ　　129
  - 8.2.2　内畳込み符号　　131
- 8.3　グラフ符号　　133
  - 8.3.1　グラフと隣接行列　　134
  - 8.3.2　グラフ上の符号　　134
  - 8.3.3　平面上のリード・ソロモン符号　　136
- 8.4　問　題　　138

第 9 章　リード・ソロモン符号と BCH 符号の復号　　141

- 9.1　シンドロームの計算　　141
- 9.2　ユークリッド法　　144
- 9.3　ユークリッド法を用いたリード・ソロモン符号と BCH 符号の復号　　146
- 9.4　誤り位置を求める　　148
- 9.5　誤り値の計算　　149
- 9.6　問　題　　151

第 10 章　反復的復号　　153

- 10.1　低密度パリティ検査符号　　153
- 10.2　ビットフリッピング　　155
  - 10.2.1　一般化シンドローム　　155
  - 10.2.2　ビットフリッピングアルゴリズム　　156
  - 10.2.3　射影平面符号の復号　　157
- 10.3　メッセージパッシングによる復号　　158
- 10.4　積符号の反復（直列）的復号　　163
- 10.5　グラフ符号の復号　　167
- 10.6　並列的復号　　167
  - 10.6.1　グラフ符号におけるメッセージパッシング　　168
  - 10.6.2　積符号の並列的符号化と復号　　169
  - 10.6.3　畳込み符号の並列的符号化と復号　　170
- 10.7　問　題　　172

第 11 章　代数幾何符号　　175

- 11.1　エルミート曲線符号　　175

11.2 エルミート曲線符号の復号 ... 180
11.3 問題 ... 183

付録A 線形代数のいくつかの結果　184
A.1 ヴァンデルモンド行列 ... 184
A.2 有用な定理 ... 187

付録B 通信路　188
B.1 ガウス通信路 ... 188
B.2 ガウス通信路と量子化 ... 189
B.3 最尤復号 ... 190

付録C 最小多項式の表　192

付録D 問題の解答　194
D.1 第1章の解答 ... 194
D.2 第2章の解答 ... 196
D.3 第3章の解答 ... 198
D.4 第4章の解答 ... 199
D.5 第5章の解答 ... 202
D.6 第6章の解答 ... 203
D.7 第7章の解答 ... 203
D.8 第8章の解答 ... 204
D.9 第9章の解答 ... 205
D.10 第10章の解答 ... 207
D.11 第11章の解答 ... 207

付録E 訳者補遺：拡張リスト復号と積和アルゴリズム　210
E.1 拡張リスト復号アルゴリズム ... 210
E.2 積和アルゴリズム ... 213

付録F 訳者による文献紹介　218

記号索引　220
欧文索引　221
和文索引　224

第 1 章

ブロック誤り訂正符号
Block Codes for Error Correction

本章では，**ブロック符号**と誤り訂正の基本概念を導入する．符号は，情報の通信と記録に関するさまざまな目的に利用される．本書では，誤り訂正符号，すなわち，受信メッセージ中のいくつかの記号が変化してしまっているとき，このような誤りが訂正可能となるような符号化だけを扱う．たいていの実用的な符号はベクトル空間として記述されるため，線形代数のいくつかの概念に慣れていることが前提となる．具体的には，ベクトル空間の基底，行列，連立 1 次方程式などである．誤り訂正の最初のアプローチである，1 個誤り訂正のハミング符号（1950 年）を解説する．本章では，まず最も簡単かつ重要な，二つの記号（0 と 1）だけを使う 2 元符号を扱うが，次章以降では，ほかの記号アルファベットの場合も考える．

1.1 線形符号とベクトル空間

定義 1.1.1 **ブロック符号** (block code) C とは，ある正整数 M, n に対し，M 個の**符号語** (codeword) の集合

$$C = \{c_1, c_2, \ldots, c_M\}$$

であって，各符号語が n 次元ベクトル

$$c_i = (c_{i0}, c_{i1}, \ldots, c_{i,n-1})$$

であるものをいう．ここで，n を**符号長** (code length) または単に**長さ** (length) という．

符号語の各成分 c_{ij} は，q 個の記号からなるアルファベット[†]の元である．当分の

[†] 訳者注：数字や文字といった記号からなる集合のことをアルファベットとよぶ．

間，**2元符号** (binary code)，すなわち，アルファベットが $\{0,1\}$ である場合だけを考えるが，次章以降では大きいアルファベットの符号も扱う．このアルファベットには「体」の構造が付与され，その結果，符号語に対する計算が可能になる．その有限体の理論は第2章で述べる．

◆**例 1.1.1 (2元体 (binary field) $\mathbb{F}_2$)** $\mathbb{F}_2$ の元を0と1と記し，次の規則に従って加算，乗算を実行する．

$$0+0=0, \quad 1+0=0+1=1, \quad 1+1=0$$
$$0 \cdot 0 = 1 \cdot 0 = 0 \cdot 1 = 0, \quad 1 \cdot 1 = 1$$

この加算のことを，「加算は2を法として行う」ということがある．また，この演算 + は排他的論理和，または，XOR とよばれることもある．

本書では，少数の例外を除いて，線形符号だけを扱う．それらはベクトル空間として記述される．

$\mathbb{F}$ を体，n を自然数とするとき，集合 $\mathbb{F}^n$ の元の全体は，以下に示すような加算 + と体 $\mathbb{F}$ の元 f によるスカラー倍の演算によって，**ベクトル空間** (vector space) になる．これを $V = (\mathbb{F}^n, +, \mathbb{F})$ と記す．

ベクトル空間 $\mathbb{F}^n$ の元 x, y，すなわち

$$x = (x_0, x_1, \ldots, x_{n-1}), \quad y = (y_0, y_1, \ldots, y_{n-1})$$

と体 $\mathbb{F}$ の元 f に対し，以下によって加算とスカラー倍を定義する．

$$x + y = (x_0 + y_0, x_1 + y_1, \ldots, x_{n-1} + y_{n-1})$$
$$fx = (fx_0, fx_1, \ldots, fx_{n-1})$$

これらの演算は，$\mathbb{F}$ が実数体（加減乗除の四則演算が定義された，実数全体の集合）であるときは周知の事項であるが，われわれはそれとは異なる体を考える．以下の例では，とくに例 1.1.1 に示した2元体 $\mathbb{F}_2$ を使う．ベクトル空間が**基底** (basis)，すなわち，1次独立なベクトルの極大集合をもつこと，そして，任意のベクトルが基底に含まれるベクトルの1次結合となることに注意しよう．ベクトル空間の**次元** (dimension) は，その基底に含まれる元の個数である．

ベクトル空間 V において，**内積** (inner product) が次式で定義される．

$$x \cdot y = x_0 y_0 + x_1 y_1 + \cdots + x_{n-1} y_{n-1}$$

このように，内積の値は体 $\mathbb{F}$ の元である．二つのベクトル x, y の内積が $x \cdot y = 0$ を満たすとき，これらは**直交** (orthogonal) しているという．$\mathbb{F} = \mathbb{F}_2$ のときは，$x \neq 0$

であっても，$x \cdot x = 0$ となりうることに注意しよう[†]．

> **定義 1.1.2** (n, k) **線形（ブロック）符号** (linear (block) code) C とは，ベクトル空間 V の k 次元部分空間である．

この符号が線形とよばれるのは，C が部分空間であるならば，以下の条件が成り立つからである．

$$c_i \in C \text{ かつ } c_j \in C \text{ ならば } c_i + c_j \in C$$
$$c_i \in C \text{ かつ } f \in \mathbb{F} \text{ ならば } fc_i \in C$$

とくに，零ベクトル 0 は常に符号語である．符号語の総数は $M = q^k$ に等しい．ここで，q は体 $\mathbb{F}$ の元の個数である．

◆**例 1.1.2** ($(n, k) = (7, 4)$ 2 元ブロック符号） 次の 16 個のベクトル（符号語）からなる符号を考えよう．

```
0000000   1111111
1000110   0111001
0100011   1011100
0010101   1101010
0001111   1110000
1100101   0011010
1010011   0101100
1001001   0110110
```

どの二つの符号語の和も，やはり符号語となることは容易に確かめられる．

符号が通信や記録に用いられるときは，その**情報** (information) は 2 進数の長い系列で与えられると考えてよい．この系列は，長さ k のブロックに分割される．そのような情報ブロックを，長さ k の 2 元ベクトル u と考えてよい．そこで，これらの k 次元ベクトルを符号語に写像する符号化関数が必要になる．**組織的符号化** (systematic encoding) においては，最初の k 個の成分は，単に**情報記号** (information symbol) に一致させる．残りの $n - k$ 個の成分は，**パリティ検査記号** (parity check symbol) または**検査記号** (check symbol) とよばれることがある．この名前の由来は，以下で述べる．

すべての符号語のリストを与える代わりに，符号を，k 個の 1 次独立な符号語からなる**基底**によって特定することができる．

[†] 訳者注：本書では，体の元 0 と零ベクトルを同じ記号 0 で表している．

> **定義 1.1.3** (n,k) 符号 C の**生成行列** (generator matrix) G とは,その行が C の基底をなす $k \times n$ 行列である.

情報が長さ k のベクトル u であるならば,**符号化規則** (encoding rule) は次式で与えられる.

$$c = uG \tag{1.1}$$

◆**例 1.1.3（例 1.1.2 の続き：$(7,4)$ 符号の基底）** 例 1.1.2 で示した符号語のリストから 4 個の 1 次独立なベクトルを抜き出して,たとえば,次の生成行列を得る.

$$G = \begin{bmatrix} 1 & 0 & 0 & 0 & 1 & 1 & 0 \\ 0 & 1 & 0 & 0 & 0 & 1 & 1 \\ 0 & 0 & 1 & 0 & 1 & 0 & 1 \\ 0 & 0 & 0 & 1 & 1 & 1 & 1 \end{bmatrix}$$

符号語の集合,あるいはベクトル空間として同一である符号を,そのベクトル空間の異なる基底,または生成行列によって記述することができる.通常,われわれの目的にとって都合のよいものを選ぶ.しかし,G は情報の特定の符号化を規定していると解釈することもできる.したがって,行列に対する行変形は,符号そのものを保つが,変形された G は異なる符号化写像を表していることになる.G は階数 (rank) k をもつので,行変形によって,その k 個の列が $k \times k$ 単位行列 I となる,便利な形を得ることができる.しばしば,最初の k 個の列がその形をしていると仮定し,生成行列 G を次のように記す.

$$G = (I, A)$$

生成行列のこの形が,情報の組織的符号化を与える.

さて,次式を満足するような長さ n のベクトル h を,**パリティ検査** (parity check) とよぶ.

$$Gh^T = 0$$

ここで,h^T は,h の転置である.

パリティ検査の全体は,やはり V の部分空間であり,その次元は $n-k$ である.

> **定義 1.1.4** (n,k) 符号 C の**パリティ検査行列** (parity check matrix) または**検査行列** (check matrix) H とは,その行が 1 次独立なパリティ検査となるような $(n-k) \times n$ 行列である.

したがって，G がその符号の生成行列であって，H がパリティ検査行列であるならば，次式が成り立つ．
$$GH^T = 0$$
ここで，右辺の 0 は $k \times (n-k)$ 零行列である．

生成行列 G が組織的符号化 (I, A) の形をしているとき，次の形のパリティ検査行列 H が得られることは容易に確かめられる．
$$H = (-A^T, I) \tag{1.2}$$
ここでの I は，$(n-k) \times (n-k)$ 単位行列である．もしこの形のパリティ検査行列を使うならば，符号語の最後の $n-k$ 個の成分は，最初の k 個の成分の1次結合で与えられる．このことが，最後の記号をパリティ検査記号とよんで区別する理由である．

> **定義 1.1.5** H が (n, k) 符号 C のパリティ検査行列であるとき，ベクトル $r \in \mathbb{F}^n$ の**シンドローム** (syndrome) $s = \mathrm{syn}(r)$ を次式で定義する．
> $$s = Hr^T \tag{1.3}$$

受信語 (received word) r が，符号語 c と**誤りパターン** (error pattern)（**誤りベクトル** (error vector) ともよぶ）e の和 $r = c + e$ であるならば，そのシンドロームは次式のように書ける．
$$s = H(c+e)^T = He^T \tag{1.4}$$
シンドロームという用語は，s が受信語中の誤りの影響を反映しているという，この事実からきている．符号語そのものはシンドロームに寄与しない．とくに，誤りを含まない受信語の場合，$s = 0$ である．

上記の定義より，H の行は C の符号語に直交する．H の行によって生成される符号を**双対符号** (dual code) $C^\perp$ とよび，次式で定義する．
$$C^\perp = \{x \in \mathbb{F}^n \,|\, x \cdot c = 0, \, \forall c \in C\}$$

符号化率 (coding rate) $R = k/n$ は，符号の性能を表すパラメータとしてよく用いられる．双対符号の符号化率は $1 - R$ である．

◆**例 1.1.4 (例 1.1.3 の続き：$(7, 4)$ 符号のパリティ検査行列)** 次は，この符号のパリティ検査行列である．

$$H = \begin{bmatrix} 1 & 0 & 1 & 1 & 1 & 0 & 0 \\ 1 & 1 & 0 & 1 & 0 & 1 & 0 \\ 0 & 1 & 1 & 1 & 0 & 0 & 1 \end{bmatrix}$$

1.2 最小距離と最小重み

符号の誤り訂正能力を決定するために，次の有用な概念を導入しよう．

定義 1.2.1 ベクトル x の**ハミング重み** (Hamming weight) とは，その非零成分の個数であり，$w_\mathrm{H}(x)$ と記される．

ハミング重みは，しばしば単に**重み** (weight) とよばれる．

受信ベクトル $r = c_j + e$ に対し，誤り個数は e のハミング重みである．

ある整数 t に対し，t 以下の重みをもつすべての誤りパターンを訂正したい．そのことが何を意味するかを説明するため，次の定義を用いる．

定義 1.2.2 任意の二つの相異なる符号語 c_i, c_j，そして，重み t 以下の任意の誤りパターン e_1, e_2 に対し，$c_i + e_1 \neq c_j + e_2$ となるとき，符号は **t 個誤り訂正可能** (t-error correcting) であるという．

このことは，二つの相異なる符号語にそれぞれ t 個以下の誤りが生じても，両者から同じ受信語は得られないことを意味している．

この性質を表現する，より便利な方法は，**ハミング距離**の概念を用いることである．

定義 1.2.3 二つのベクトル x と y の**ハミング距離** (Hamming distance) とは，互いに異なる成分の個数であり，$d_\mathrm{H}(x, y)$ と記される．

以下が成り立つことは容易にわかる．

$$d_\mathrm{H}(x, y) = 0 \iff x = y$$
$$d_\mathrm{H}(x, y) = d_\mathrm{H}(y, x)$$
$$d_\mathrm{H}(x, y) \leq d_\mathrm{H}(x, z) + d_\mathrm{H}(z, y)$$

したがって，d_H は普通の距離の性質をもつ．とくに，第3の性質は**三角不等式** (triangle inequality) である．この距離によって，V は**距離空間** (metric space) となる．

重みの場合と同じく，しばしばハミング距離は単に**距離** (distance) とよばれる．し

たがって，今後は重みと距離を表す記号において，添字 H を省略することが多い．

定義 1.2.4 符号の**最小距離** (minimum distance) d とは，相異なる二つの符号語のハミング距離の最小値である．

したがって，最小距離は，すべての符号語の対を比較することによって求められる．しかし，線形符号については次が成り立つので，その必要はない．

補題 1.2.1 (n, k) 線形符号の最小距離 d は，非零の符号語の**最小重み** (minimum weight) $w_{\min}$ に等しい．

[証明] 定義から $w(x) = d(0, x)$ であり，$d(x, y) = w(x - y)$ である．c を，最小重みをもつ非零の符号語であるとしよう．このとき，$w(c) = d(0, c)$ であり，0 が符号語であることから，$d \leq w_{\min}$ となる．他方，c_1 と c_2 が最小距離にある符号語の対であるとすると，$d(c_1, c_2) = w(c_1 - c_2)$ であり，$c_1 - c_2$ も符号語であることから，$w_{\min} \leq d$ となる．以上の二つの不等式をあわせれば，$d = w_{\min}$ が得られる． □

この事実に基づいて，次の定理を証明することができる．

定理 1.2.1 (n, k) 符号が t 個誤り訂正可能となるための必要十分条件は，$t < d/2$ である．

[証明] まず $t < d/2$ とし，t 個誤り訂正可能ではない，つまり二つの符号語 c_i, c_j，そして，重み t 以下の二つの誤りパターン e_1, e_2 に対し，$c_i + e_1 = c_j + e_2$ が成り立つと仮定しよう．このとき，$c_i - c_j = e_2 - e_1$ であり，$w(e_2 - e_1) = w(c_i - c_j) \leq 2t < d$ となるが，このことは，最小重みが d に等しいことに反する．次に，$t \geq d/2$ とし，符号語 c が重み d をもつと仮定する．c の非零成分のうち，$\lceil d/2 \rceil$ 個を 0 に置き換えたものを y としよう．このとき，$d(0, y) = d - \lceil d/2 \rceil \leq t$ かつ $d(c, y) = \lceil d/2 \rceil \leq \lceil 2t/2 \rceil = t$ である．一方，$0 + y = c + (y - c)$ が成り立つから，この符号は t 個誤り訂正可能ではない． □

◆**例 1.2.1** 例 1.1.2 の $(7, 4)$ 符号の最小距離は 3 であり，したがって，1 個誤り訂正可能である．

符号の最小距離を求めることは一般に困難であるが，パリティ検査行列から定義することもできる．これは，次の簡単な事実に基づいている．

補題 1.2.2 C を (n, k) 符号であるとし，H を C のパリティ検査行列であるとする．このとき，H において j 個の列が 1 次従属であるならば，C はこれらの列のい

くつかに対応する，成分が非零である符号語を含む．また，C が重み j の符号語を含むならば，H には j 個の 1 次従属な列が存在する．

このことは，行列の積の定義，および，符号語 c に対して $Hc^T = 0$ が成り立つことから，ただちに導かれる．

補題 1.2.3 C を (n, k) 符号とし，H をそのパリティ検査行列であるとしよう．C の最小距離は，H の 1 次従属な列の最小個数に等しい．

このことは，補題 1.2.1 と補題 1.2.2 より，ただちに得られる．

これは，2 元符号については，$d \geq 3$ であるための必要十分条件が，H の列が互いに異なり，かつ，非零であることを意味する．

われわれの目標の一つは，与えられた n, k に対し，大きな最小距離 d をもつ符号を構成することである．次の重要な定理は，ほかの符号の規範となる，ある符号の存在を保証している．

定理 1.2.2 (ギルバート・ヴァルシャモフ (GV) 限界 (Gilbert–Varshamov bound)**)**
次の不等式が成り立つならば，符号長が n，1 次独立なパリティ検査が m 個以下で，最小距離が d 以上である 2 元線形符号が存在する．
$$1 + \binom{n-1}{1} + \cdots + \binom{n-1}{d-2} < 2^m$$

[証明] どの $d-1$ 個の列も 1 次独立となるような $m \times n$ 行列を作ろう．第 1 列は，任意の非零の m 次元ベクトルでよい．どの $d-1$ 個の列も 1 次独立であるように，i 個の列を選ぶことができたとしよう．これらの列から $d-2$ 個以下の列を選んで作られる 1 次結合の個数は，
$$\binom{i}{1} + \cdots + \binom{i}{d-2}$$
である．この数が $2^m - 1$ より小さいならば，どの $d-1$ 個の列も 1 次独立になるように，もう 1 個新たな列を追加することができる． □

GV 限界は，大きな n に対し，よい符号が存在することを示している（次節末の図 1.1 参照）．しかし，そのような符号を作る実用的な方法は知られていない．また，GV 限界より大きな最小距離をもつ，長い 2 元符号が存在するかどうかも知られていない．実際，短い符号でも，比較的大きな最小距離をもつものが存在する．次の例は，とくに重要である．

> **定義 1.2.5　2 元ハミング符号** (binary Hamming code) とは，すべての非零の 2 元 m 次元ベクトルを列として含むパリティ検査行列によって定義される符号である．

したがって，2 元ハミング符号の符号長は $2^m - 1$ であり，このパリティ検査行列が階数 m をもつことは明らかなので，次元は $2^m - m - 1$ である．上記より，最小距離は 3 以上であるが，いまの場合はちょうど 3 であることが容易にわかる．列はさまざまな異なる方法で並べることができるが，1 から $2^m - 1$ までの自然数を，その順で 2 元 m 次元ベクトルとして表現するのが便利である．

◆**例 1.2.2**　前述の $(7, 4)$ 符号は，$m = 3$ のときの 2 元ハミング符号である．

> **定義 1.2.6　2 元拡大ハミング符号** (binary extended Hamming code) とは，ハミング符号のパリティ検査行列に全 0（すべての成分が 0）の列を 1 個追加し，そのうえで，全 1（すべての成分が 1）の行を 1 個追加したものをパリティ検査行列としてもつものである．

このことは，拡大符号の符号長が 2^m であることを意味する．追加されたパリティ検査は $c_0 + c_1 + \cdots + c_{n-1} = 0$ であり，したがって，拡大符号のすべての符号語は偶数重みをもつから，最小距離は 4 である．ゆえに，2 元拡大ハミング符号はパラメータ $(n, k, d) = (2^m, 2^m - m - 1, 4)$ をもつ．

> **定義 1.2.7　陪直交符号** (biorthogonal code) とは，2 元拡大ハミング符号の双対符号である．

陪直交符号は，符号長 $n = 2^m$，次元 $k = m + 1$ をもつ．この符号は，全 0，全 1，そして，重み $n/2$ の $2n - 2$ 個のベクトルからなることがわかる（問題 1.5.8 を見よ）．

◆**例 1.2.3**（$(16, 11, 4)$ **2 元拡大ハミング符号とその双対符号**）　上記の定義により，$(16, 11, 4)$ 符号のパリティ検査行列は次のようになる．

$$
\begin{bmatrix}
1 & 0 & 1 & 0 & 1 & 0 & 1 & 0 & 1 & 0 & 1 & 0 & 1 & 0 & 1 & 0 \\
0 & 1 & 1 & 0 & 0 & 1 & 1 & 0 & 0 & 1 & 1 & 0 & 0 & 1 & 1 & 0 \\
0 & 0 & 0 & 1 & 1 & 1 & 1 & 0 & 0 & 0 & 0 & 1 & 1 & 1 & 1 & 0 \\
0 & 0 & 0 & 0 & 0 & 0 & 0 & 1 & 1 & 1 & 1 & 1 & 1 & 1 & 1 & 0 \\
1 & 1 & 1 & 1 & 1 & 1 & 1 & 1 & 1 & 1 & 1 & 1 & 1 & 1 & 1 & 1
\end{bmatrix}
$$

この同じ行列が，$(16, 5, 8)$ 陪直交符号の生成行列である．

1.3 シンドローム復号法とハミング限界

符号が誤り訂正に使われるときの重要な問題の一つは，**復号器** (decoder) の設計である．これを $\mathbb{F}^n$ から符号 C への写像，あるいは，アルゴリズム，さらには物理的な装置とさえ考えることができる．通常，復号器を写像またはアルゴリズムとみなす．復号器の目的は，受信語 r が与えられたときに，$d(r,c)$ を最小化する符号語 c を送信語として選び出すことだと記述されることがある．これは，第 3 章で説明する理由により，**最尤復号** (maximum likelihood decoding) とよばれる．符号が t 個誤り訂正可能で，$r = c + e$ かつ $w(e) \leq t$ であるとき，そのような復号器の出力が c となることは明らかである．

多くの場合，最尤復号器 (maximum likelihood decoder) を設計することは困難である．しかし，$t < d/2$ であるような t 個の誤りを訂正するだけならば，よいアルゴリズムを得ることが容易となる場合がある．

> **定義 1.3.1** **最小距離復号器** (minimum distance decoder) とは，受信語 r が与えられたとき，$d(r,c) < d/2$ となるような符号語 c が存在すれば，それを選び出し，もし存在しなければ，**復号不能**（または，**誤り検出** (error detection)）とするものをいう．

受信語からの距離が $d/2$ より小さい符号語が高々 1 個しか存在しないことは，明らかである．

1.1 節で述べたシンドロームの概念を用いれば，復号器を，シンドロームから誤りパターンへの写像と考えることもできる．そこで，各シンドロームに対し，最小重みをもつ誤りパターンを選び出す．ただし，もし最小重みをもつ複数の誤りパターンで，同一のシンドロームをもつものが存在するときには，そのどれを選んでもよい．このような**シンドローム復号器** (syndrome decoder) は，有用な概念であるばかりでなく，$n - k$ があまり大きくなければ，合理的な実装を与える．

> **定義 1.3.2** C を (n, k) 符号，$a \in \mathbb{F}^n$ とする．a を含む**コセット** (coset) とは，部分集合 $a + C = \{a + c | c \in C\}$ のことである．

もし二つの語 x, y が同一のコセットに含まれているならば，H をこの符号のパリティ検査行列として，$Hx^T = H(a + c_1)^T = Ha^T = H(a + c_2)^T = Hy^T$ となるから，これらの語は同じシンドロームをもつ．逆に，もし二つの語 x, y が同じシンドロームをもつならば，$Hx^T = Hy^T$ より，$H(x - y)^T = 0$ となる．これは，$x - y$ が符号

語であることと等価であり，したがって，x と y は同一のコセットに含まれる．以上をまとめると，次を得る．

補題 1.3.1 二つの語が同一のコセットに含まれるための必要十分条件は，それらが同じシンドロームをもつことである．

コセットの全体は，ベクトル空間 $\mathbb{F}^n$ の，それぞれ q^k 個の元からなる q^{n-k} 個の部分集合への分割を与えている．

このことは，シンドローム復号器に対するもう一つの記述法を与える．r を受信語であるとしよう．r を含むコセットの中で最小重みのベクトル f ($\mathrm{syn}(f) = \mathrm{syn}(r)$ である) を求め，$r - f$ に復号する．このような各コセットの最小重みの語は，一つだけ選び出され，**コセット代表元** (coset leader) とよばれる．シンドローム，および対応するコセット代表元のリストを使えば，シンドローム復号は，$\mathrm{syn}(r)$ に対応するコセットのコセット代表元を f として，$r - f$ に復号することで実行される．このようにして，実際に最尤復号を行い，q^{n-k} 個の誤りパターンの訂正ができる．コセット代表元が一意であるようなコセットだけのリストと，対応するシンドロームを用いるときは，最小距離復号を実行することになる．

以上を，次の例で説明しよう．

◆**例 1.3.1** C を，次のパリティ検査行列で定義される 2 元 $(6,3)$ 符号であるとする．

$$H = \begin{bmatrix} 1 & 1 & 1 & 1 & 0 & 0 \\ 1 & 0 & 1 & 0 & 1 & 0 \\ 1 & 1 & 0 & 0 & 0 & 1 \end{bmatrix}$$

このパリティ検査行列から，次のシンドロームとコセット代表元の対応リストを得る．

シンドローム	コセット代表元
$(000)^T$	000000
$(111)^T$	100000
$(101)^T$	010000
$(110)^T$	001000
$(100)^T$	000100
$(010)^T$	000010
$(001)^T$	000001
$(011)^T$	000011

最後のコセットの中には重み 2 の語が二つ以上存在するので，そのうちの一つをコセット代表元として選んだが，ほかの 7 個のコセットのコセット代表元は一意である．

これは,次の補題を説明するための格好の例になっている.

補題 1.3.2 C を (n,k) 符号とする.C が t 個誤り訂正可能であるための必要十分条件は,重みが t 以下のすべての語がコセット代表元となることである.

[証明] C が t 個誤り訂正可能であると仮定する.このとき,$d = w_{\min} > 2t$ である.もし,重みが t 以下の異なる二つの語が同じコセットに含まれているとすると,それらの差は C に含まれ,かつ,重みが $2t$ 以下である.これは矛盾である.

逆を証明するために,重み t 以下のすべての語がコセット代表元となっているが,距離 $2t$ 以下の符号語 c_1, c_2 の対が存在すると仮定しよう.このとき,$w(e_1) \leq t$ かつ $w(e_2) \leq t$ であって,$c_1 + e_1 = c_2 + e_2$ となるような e_1 と e_2 を求めることができる.したがって,$\mathrm{syn}(e_1) = \mathrm{syn}(e_2)$ となるが,これは e_1 と e_2 が異なるコセットに含まれるという仮定に反する. □

重み t 以下の語の総数が

$$1 + (q-1)\binom{n}{1} + (q-1)^2\binom{n}{2} + \cdots + (q-1)^t\binom{n}{t}$$

であり,そして,シンドロームの総数が q^{n-k} であることに注意しよう.したがって,次を得る.

定理 1.3.1(ハミング限界 (Hamming bound)) C が q 個の元からなる有限体 $\mathbb{F}$ 上の (n,k) 符号であり,かつ,t 個誤り訂正可能であるならば,次の不等式が成立する.

$$\sum_{j=0}^{t} (q-1)^j \binom{n}{j} \leq q^{n-k}$$

この限界は,与えられた n と k をもつ符号の最小距離 d に対する上界,かつ,与えられた n と d をもつ符号の次元 k に対する上界,さらに,与えられた k と d をもつ符号の符号長 n に対する下界とみなすことができる.

2元符号の場合には,ハミング限界は次式になる.

$$\sum_{j=0}^{t} \binom{n}{j} \leq 2^{n-k}$$

2元ハミング符号に対しては,$t = 1$ であるから,等式 $1 + n = 2^{n-k}$ が成り立つ.それゆえ,この符号は**完全符号** (perfect code) とよばれる.図 1.1 に,GV 限界とハミング限界を比較したものを示す.

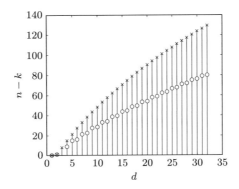

図 1.1 符号長 255 の 2 元符号のパリティ検査記号の個数に対するギルバート・ヴァルシャモフ限界 (×) とハミング限界 (○)

1.4 重み分布

符号の誤り訂正能力について，最小距離によって示唆される事柄以上の情報が必要であるときには，**重み分布**を用いることができる．

> **定義 1.4.1** 符号の**重み分布** (weight distribution) とは，重み w の符号語の個数を A_w としたとき，ベクトル $A = (A_0, A_1, \ldots, A_n)$ のことである．**重み分布母関数** (weight enumerator) とは，次の多項式である．
> $$A(z) = \sum_{w=0}^{n} A_w z^w$$

線形符号の場合，整数 A_w は，与えられた符号語から距離 w にある符号語の総数であることに注意しよう．この意味で，一つの符号語から符号全体を見たときの距離的配置は，どの符号語を基点としても同じである．

双対符号の重み分布に関する，次の重要な結果に注目しよう．

> **定理 1.4.1（マックウイリアムズ恒等式** (MacWilliams relation)**）** 2 元 (n, k) 符号 C の重み分布母関数を $A(z)$ とすると，双対符号 $C^\perp$ の重み分布母関数 $B(z)$ は次式で与えられる．
> $$B(z) = 2^{-k}(1+z)^n A\left(\frac{1-z}{1+z}\right) \tag{1.5}$$

証明は長くなるが，重要な定理なので，以下に示す（最初はこの証明を読みとばし

てもよい).

[証明] H を符号 C のパリティ検査行列とする. H_{ext} を, H の行のあらゆる 1 次結合からなる行列, すなわち, 双対符号 $C^\perp$ のすべての符号語を行としてもつ行列であるとしよう. $x \in \mathbb{F}_2^n$ に対し, 拡張シンドロームを次で定義する.

$$s_{\text{ext}} = H_{\text{ext}} x^T$$

次は明らかである.

$$x \in C \iff Hx^T = 0 \iff H_{\text{ext}} x^T = s_{\text{ext}} = 0 \tag{1.6}$$

拡張シンドローム

$$s_{\text{ext}} = (s_1, s_2, \ldots, s_{2^{n-k}})$$

に対して,

$$E_j = \{x \in \mathbb{F}_2^n | s_j = 0\}, \quad j = 1, 2, \ldots, 2^{n-k}$$

とおく. 式 (1.6) より,

$$C = E_1 \cap E_2 \cap \cdots \cap E_{2^{n-k}} = \mathbb{F}_2^n \setminus (\overline{E_1} \cup \overline{E_2} \cup \cdots \cup \overline{E_{2^{n-k}}})$$

を得る. ただし,

$$\overline{E_j} = \mathbb{F}_2^n \setminus E_j = \{x \in \mathbb{F}_2^n | s_j = 1\}$$

とおいた. さらに

$$\overline{E} = \overline{E_1} \cup \cdots \cup \overline{E_{2^{n-k}}}$$

とおくと,

$$C = \mathbb{F}_2^n \setminus \overline{E} \tag{1.7}$$

となる. $\mathbb{F}_2^n$ の重み分布母関数は

$$\sum_{i=0}^n \binom{n}{i} z^i = (1+z)^n$$

であるから, $E(z)$ を $\overline{E}$ の重み分布母関数とすると,

$$A(z) = (1+z)^n - E(z)$$

である. 以下で, $E(z)$ を決定しよう.

まず, 線形性より, $s_{\text{ext}} \neq 0$ ならば, s_{ext} は 2^{n-k-1} 個の 0 と 2^{n-k-1} 個の 1 からなることに注意しよう[†]. このことは, $\overline{E}$ の語はちょうど 2^{n-k-1} 個の $\overline{E_j}$ の中に存在することを意味する. したがって, 次式を得る.

[†] 訳者注: 詳しく説明すると, 次のようになる. $x \notin C$, すなわち, $s_{\text{ext}} = H_{\text{ext}} x^T \neq 0$ であるベクトル $x \in \mathbb{F}_2^n$ を一つとる. このとき, 部分集合 $C' := \{y \in C^\perp | yx^T = 0\}$ は, $C^\perp$ の部分空間であり, 次元 $n-k-1$ をもつ. したがって, s_{ext} の成分の中で, ($y \in C'$ に対応する) 2^{n-k-1} 個の s_j は 0 であり, 残りの ($y \in C^\perp \setminus C'$ に対応する) 2^{n-k-1} 個の s_j は 1 である.

$$2^{n-k-1}E(z) = \sum_{j=1}^{2^{n-k}} E_j(z)$$

ここで，$E_j(z)$ は $\overline{E_j}$ の重み分布母関数である．

w_j を H_{ext} の第 j 行のハミング重みとすると，次式が成り立つ．

$$E_j(z) = (1+z)^{n-w_j} \sum_{k=1,\ 奇数}^{w_j} \binom{w_j}{k} z^k$$

$$= (1+z)^{n-w_j} \frac{1}{2}[(1+z)^{w_j} - (1-z)^{w_j}]$$

$$= \frac{1}{2}(1+z)^n - \frac{1}{2}(1+z)^{n-w_j}(1-z)^{w_j}$$

このことから，次を得る．

$$E(z) = (1+z)^n - \frac{1}{2^{n-k}}(1+z)^n \sum_{j=1}^{2^{n-k}} \left(\frac{1-z}{1+z}\right)^{w_j}$$

$$= (1+z)^n - \frac{1}{2^{n-k}}(1+z)^n B\left(\frac{1-z}{1+z}\right) \tag{1.8}$$

したがって，

$$A(z) = \frac{1}{2^{n-k}}(1+z)^n B\left(\frac{1-z}{1+z}\right)$$

となる．C と $C^\perp$ の役割を入れ替えれば，証明が完結する． □

$B(z) = \sum_{i=0}^n B_i z^i$ とおくと，公式 (1.5) より，以下の等式を得る．

$$2^k \sum_{i=0}^n B_i z^i = \sum_{w=0}^n A_w \left(\frac{1-z}{1+z}\right)^w (1+z)^n$$

$$= \sum_{w=0}^n A_w (1-z)^w (1+z)^{n-w}$$

$$= \sum_{w=0}^n A_w \sum_{m=0}^w \binom{w}{m}(-z)^m \sum_{l=0}^{n-w} \binom{n-w}{l} z^l \tag{1.9}$$

この関係式から，A がわかれば B を求めることができるし，逆も可能である．実際の計算は面倒かもしれないが，多くの記号計算プログラムを使って実行できる．

◆例 1.4.1（例 1.2.3 の続き） $(16,5,8)$ 陪直交符号は，次の重み分布母関数をもつ．

$$A(z) = 1 + 30z^8 + z^{16}$$

このことから，式 (1.9) を用いて，以下のように $(16,11,4)$ 拡大ハミング符号の重み分布母関数が得られる．

$$B(z) = 2^{-5}[(1+z)^{16} + 30(1-z)^8(1+z)^8 + (1-z)^{16}]$$
$$= 2^{-5}\left\{\sum_{j=0}^{16}\binom{16}{j}[z^j + (-z)^j] + 30\sum_{m=0}^{8}\binom{8}{m}(-z)^m\sum_{l=0}^{8}\binom{8}{l}z^l\right\}$$
$$= 1 + 140z^4 + 448z^6 + 870z^8 + 448z^{10} + 140z^{12} + z^{16}$$

1.5 問題

問題 1.5.1 次の符号語からなる 2 元符号を考えよう．

$$\begin{pmatrix} 0 & 0 & 0 & 0 & 0 & 0 \end{pmatrix}$$
$$\begin{pmatrix} 0 & 0 & 1 & 1 & 1 & 1 \end{pmatrix}$$
$$\begin{pmatrix} 1 & 1 & 0 & 0 & 1 & 1 \end{pmatrix}$$
$$\begin{pmatrix} 1 & 1 & 1 & 1 & 0 & 0 \end{pmatrix}$$
$$\begin{pmatrix} 1 & 0 & 1 & 0 & 1 & 0 \end{pmatrix}$$

(1) これは線形符号か？
(2) 結果が線形符号となるように，符号語を追加せよ．
(3) その線形符号の基底を求めよ．

問題 1.5.2 次の生成行列によって定義される，符号長 6 の 2 元符号 C を考える．

$$G = \begin{bmatrix} 1 & 0 & 1 & 0 & 1 & 0 \\ 1 & 1 & 1 & 1 & 0 & 0 \\ 1 & 1 & 0 & 0 & 1 & 1 \end{bmatrix}$$

(1) 組織的符号化 (I, A) の形をした，符号 C の生成行列を求めよ．
(2) 双対符号 $C^\perp$ の検査行列を求めよ．
(3) $(1,1,1,1,1,1)$ は，この符号のパリティ検査か？

問題 1.5.3 次の生成行列をもつ符号を考えよう．

$$G = \begin{bmatrix} 1 & 0 & 0 & 0 & 1 & 1 & 0 & 0 & 1 & 1 & 1 & 0 \\ 0 & 1 & 0 & 0 & 0 & 1 & 1 & 0 & 0 & 1 & 1 & 1 \\ 0 & 0 & 1 & 0 & 0 & 0 & 1 & 1 & 1 & 0 & 1 & 1 \\ 0 & 0 & 0 & 1 & 1 & 0 & 0 & 1 & 1 & 1 & 0 & 1 \end{bmatrix}$$

(1) この符号とその双対符号について，それぞれ，次元と最小距離を求めよ．
(2) これらの符号は，それぞれ，何個の誤りを訂正することができるか？

問題 1.5.4 列 h_1, h_2, h_3, h_4, h_5 からなる次のような検査行列をもつ符号について，以下の問いに答えよ．

$$H = \begin{bmatrix} | & | & | & | & | \\ h_1 & h_2 & h_3 & h_4 & h_5 \\ | & | & | & | & | \end{bmatrix}$$

(1) 第 j 位置における誤りに対応するシンドロームは何か？

(2) ベクトル $H(10011)^T$ を，h_1, h_2, h_3, h_4, h_5 を用いて表せ．

(3) $(1,1,1,1,1)$ が符号語であるならば，$h_1 + h_2 + h_3 + h_4 + h_5 = 0$ であることを示せ．

問題 1.5.5 GV 限界を用いて，最小距離 5 をもつ 2 元 $(15, k)$ 符号が存在するような k の値を求めよ．

問題 1.5.6

(1) $m = 3, 4, 5, 8$ の各場合に対応する 2 元ハミング符号のパラメータを求めよ．

(2) それぞれの拡大符号のパラメータを求めよ．

問題 1.5.7 例 1.1.4 で示した，検査行列をもつハミング符号を考えよう．

(1) その双対符号の次元と最小距離はいくつか？

(2) この符号のどの二つの符号語も同じ距離をもつことを示せ．

(3) 一般の 2 元ハミング符号の双対符号に対し，その最小距離を求めよ．

これらの符号は，問 (2) で述べた性質をもつので，**等長**または**等距離** (equidistant) 符号とよばれる．

問題 1.5.8 符号長 2^m，次元 $m+1$ の陪直交符号 $B(m)$ を考えよう．

(1) 符号 $B(2)$ は，語 $(0,0,0,0)$，$(1,1,1,1)$ および 6 個の重み 2 の語を含むことを示せ．

(2) 符号 $B(m)$ は，全 0 と全 1 の語，および，重み $n/2$ の語を $2n - 2$ 個含むことを示せ．

(3) 各符号語において，$\{0, 1\}$ を $\{1, -1\}$ で置き換えて得られる実数ベクトルは，互いに直交していることを示せ（ただし，全 1 と全 -1 のベクトルの対は除く）．

問題 1.5.9 $d \geq 2$ とし，G を，ある (n, k, d) 符号 C の生成行列であるとしよう．G の一つの列を削除して得られる行列を G^* として，この G^* を生成行列とする符号 C^* を考えよう．

(1) その符号のパラメータ n^*, k^* および d^* について，何が成り立つか？

上記の手続きによって符号長の小さい符号を得る方法を，**パンクチャ** (puncturing) とよぶ．

ある (n, k, d) 符号 C から，符号長の小さい符号を得るもう一つの手続きは，ある情報記号，たとえば，x を 0 とおいて得られる符号語から，その 0 を削除することである．この方法は，**短縮化** (shortening) とよばれる．

(2) 短縮化符号のパラメータの値はどうなるか？

問題 1.5.10 ある (n, k) 符号 C の検査行列を H とする．$c_n = c_0 + c_1 + \cdots + c_{n-1}$ であるビットを追加することによって，符号長 $n+1$ の新しい符号 C_{ext} を作ることができる．この符号 C_{ext} の次元，最小距離，および，検査行列はどうなるか？

問題 1.5.11 任意の 2 元 (n, k) 符号 C を考える．

(1) 第 j 位置に成分 0 をもつ符号語の総数が，2^k または 2^{k-1} であることを示せ．

(2) $\sum_{c \in C} w(c) \leq n \cdot 2^{k-1}$ となることを示せ．
(ヒント：すべての符号語を $2^k \times n$ 行列の行ベクトルとして列記せよ．)
(3) 次の不等式を証明せよ．
$$d \leq \frac{n \cdot 2^{k-1}}{2^k - 1}$$
これは，**プロトキン限界** (Plotkin bound) とよばれている．

問題 1.5.12 次の生成行列で定義される符号 C を考える．
$$G = \begin{bmatrix} 1 & 0 & 0 & 1 & 0 & 1 \\ 0 & 1 & 0 & 1 & 1 & 1 \\ 0 & 0 & 1 & 0 & 1 & 1 \end{bmatrix}$$

(1) C の検査行列を求めよ．
(2) C の最小距離を求めよ．
(3) (111111), (110010), (100000) をそれぞれ含むコセットを求め，各コセット代表元を求めよ．
(4) 受信語 (111111) を復号せよ．

問題 1.5.13 符号長 9 で，次の検査行列によって定義される符号 C を考える．
$$H = \begin{bmatrix} 0 & 1 & 0 & 0 & 1 & 1 & 0 & 0 & 0 \\ 0 & 1 & 1 & 1 & 0 & 0 & 1 & 0 & 0 \\ 1 & 1 & 1 & 1 & 0 & 0 & 0 & 1 & 0 \\ 1 & 1 & 1 & 0 & 1 & 0 & 0 & 0 & 1 \end{bmatrix}$$

(1) C の次元はいくつか？
(2) C の最小距離を求めよ．
(3) 11 個以上のコセットに対し，それらの代表元，および，対応するシンドロームをそれぞれ求めよ．
(4) 000110011 は符号語か？
(5) 受信語 110101101, 111111111 を，それぞれ復号せよ．

問題 1.5.14 検査行列 H で定義され，最小距離 5 をもつ (n, k) 符号 C を考える．
$H(1110\ldots 0)^T = H(001110\ldots 0)^T$ が成り立つか？

問題 1.5.15 000000, 100000, 010000, 001000, 000100, 000010, 000001, 110000 をコセット代表元としてもつ符号の，検査行列を求めよ．

問題 1.5.16 最小距離 5 をもつ $(15, k)$ 符号が存在するような k の値の上界を求めよ．その結果を問題 1.5.5 と比較せよ．

問題 1.5.17 全 0, 全 1 の符号語からなる $(8, 1)$ 符号を考えよう．
その双対符号の重み分布を求めよ．

問題 1.5.18 $(31, 22, 5)$ 2 元符号 C が存在するかどうかを調べよう．
(1) ハミング限界はそのような符号が存在する可能性を排除しないことを示せ．
(2) C のコセットの個数を求め，それぞれ重み $0, 1, 2$ をもつコセット代表元の個数を求

めよ．
(3) 重み $0, 1, 2$ の代表元をもつ各コセットに含まれる重み 3 の語の最大個数を求めよ．
(4) 重みが 3 以上の代表元をもつ各コセットに含まれる重み 3 の語の最大個数を求めよ．
(5) 以上から矛盾が導かれること，つまり，このような符号が存在しないことを示せ！

問題 1.5.19 生成行列 $G = (I, A)$ によって定義される $(32, 16)$ 2 元符号 C を考える．ただし，I は 16×16 単位行列で，

$$A = \begin{bmatrix} J & \hat{I} & \hat{I} & \hat{I} \\ \hat{I} & J & \hat{I} & \hat{I} \\ \hat{I} & \hat{I} & J & \hat{I} \\ \hat{I} & \hat{I} & \hat{I} & J \end{bmatrix}$$

において，$\hat{I}$ は 4×4 単位行列，かつ，

$$J = \begin{bmatrix} 1 & 1 & 1 & 1 \\ 1 & 1 & 1 & 1 \\ 1 & 1 & 1 & 1 \\ 1 & 1 & 1 & 1 \end{bmatrix}$$

である．

(1) $C = C^\perp$ であること，すなわち，この符号が**自己双対** (self-dual) であることを証明せよ．（生成行列 G の各行が，（自身を含む）任意の行と直交することを示せば十分である．なぜか？）
(2) 検査行列 H を求めよ．
(3) $G' = (A', I)$ の形をした生成行列を求めよ．
(4) 自己双対符号について，4 の倍数の重みをもつ二つの符号語の和は，やはり 4 の倍数の重みをもつことを証明せよ．
(5) この符号の最小距離は 4 の倍数であることを示せ．
(6) この符号の最小距離は 8 であることを示せ．
(7) この符号は何個の誤りを訂正することができるか？
(8) この符号のコセットはいくつあるか？
(9) 重み $0, 1, 2, 3$ をもつ誤りパターンは，それぞれいくつあるか？
(10) 重み 4 以上の代表元をもつコセットの個数はいくつか？

問題 1.5.20 (プロジェクト) シンドローム復号法を用いて，問題 1.5.19 の $(32, 16)$ 符号を復号するためのプログラムを作成せよ．そのプログラムは，復号不能（すなわち，シンドロームの値が訂正可能な誤りパターンのシンドロームリストにない）の場合には，そのこと（復号不能）を宣言し，受信語をそのまま変更しないで残すべきである．

以下のようにすることを勧める．シンドロームをアドレスとして，誤りパターンの表を生成する．初期値として，表全体に全 1 ベクトル（または，復号不能を示す任意の記号）を記入する．次に，0 から 3 個までの誤りに対するシンドロームを計算し，対応する場所に

誤りパターンを記入（上書き）する．

ビット誤り確率が 0.01 であるとして，以下に答えよ．
(1) 復号不能の確率はいくらか？
(2) 復号誤り（間違った符号語に復号すること）の確率に対する推定値はいくらか？

問題 1.5.21（プロジェクト） 問題 1.5.19 の $(32, 16)$ 2 元符号の重み分布を求めるためのプログラムを作成せよ．

すべての符号語を得るための一つの方法は，0 から $2^{16} - 1$ までの 2^{16} 個のすべての整数を，一つずつ，16 次元の 2 元ベクトルに変換し，それらを生成行列に掛けることである．

問題 1.5.22（プロジェクト） 指定された符号長 n，最小距離 d をもつ 2 元符号を構成する一つの方法は，以下のとおりである．まず，ある順序に従ってすべての 2 元 n 次元ベクトルのリストを作成する．そして，そのリストから，一つずつ，すでに選ばれたすべての符号語と距離が d 以上あるベクトルだけを選んでいく．この構成法は，距離のテストに合格した最初のベクトルをリストから選び出すという意味で，グリーディ法（greedy method, 貪欲法とも）である．明らかに，長さ n のすべての 2 元ベクトルを異なった順序で列挙して得られるリストは，異なる符号を生成する．このようなリストの作成法の一つは，0 から $2^n - 1$ までのすべての整数を 2 元 n 次元ベクトルに変換することである．

このグリーディ法のプログラムを作成せよ．
(1) 最小距離 $3, 5, 6$ の各場合について試みよ．よい符号が得られるであろうか？
(2) 得られた符号は線形か？ もしそうならば，そうなる理由を述べよ．

別の順序で得られるリストを用いて試みてもよい．

第 2 章

有 限 体
Finite Fields

第1章で2元符号について述べたことを，記号アルファベットが一般の有限体であるような符号に拡張しよう．そのために，本章では，有限体の定義を述べ，その最も重要な性質について説明する．ただし，符号理論に必要と思われる事項だけを取り上げる．いくつかの補足的な事項は問題の中で扱う．最後の節では有限体上の幾何について解説するが，それは，第5章と第8章で符号を構成するときに使う．

2.1　有限体の基本的な性質

体の定義から始めよう．

定義 2.1.1　**体** (field) F とは，相異なる二つの元 $0, 1$ を含む，空でない集合 S であって，その上で2種類の2項演算 $+, \cdot$ が定義され，かつ，それらが以下の法則（公理）を満たすものである．

1. $\forall x, y,\ x + y = y + x$
2. $\forall x, y, z,\ (x + y) + z = x + (y + z)$
3. $\forall x,\ x + 0 = x$
4. $\forall x,\ \exists (-x),\ x + (-x) = 0$
5. $\forall x, y,\ x \cdot y = y \cdot x$
6. $\forall x, y, z,\ x \cdot (y \cdot z) = (x \cdot y) \cdot z$
7. $\forall x,\ x \cdot 1 = x$
8. $\forall x \neq 0,\ \exists x^{-1},\ x \cdot x^{-1} = 1$
9. $\forall x, y, z,\ x \cdot (y + z) = x \cdot y + x \cdot z$

古典的な体の例は，**有理数体** (rational number field) $\mathbb{Q}$，**実数体** (real number field) $\mathbb{R}$，**複素数体** (complex number field) $\mathbb{C}$ である．

集合 S の濃度，すなわち元の個数を $|S|$ と記す．濃度 $|S|$ が有限である体を**有限体** (finite field) という．どのような有限体も濃度が何らかの素数のべきに等しくなくてはならず，かつ，同じ濃度の有限体は本質的に一意であるという意味で，有限体はその元の総数によって完全に決定されるという，興味深い事実が成立する．本書では，ほとんどの場合，ある素数 p に対し $|S|=p$，あるいは，ある正整数 m に対し $|S|=2^m$ である場合を考える．

定理 2.1.1 p を素数とし，$S=\{0,1,\ldots,p-1\}$ とおく．$+,\cdot$ を，それぞれ p を法とする加算と乗算（すなわち，これらの通常の整数演算の結果をさらに p で割った余りをとる）であるとする．このとき，$(S,+,\cdot,0,1)$ は，p 個の元からなる有限体であり，$\mathbb{F}_p$ と表される．

[証明] 初等整数論からただちに，公理 1 から 7 までと公理 9 が成り立つことがわかる．S の非零元が乗算に関する逆元をもつこと（公理 8）は，以下のように証明される．

x を S の非零元として，集合 $\hat{S}=\{1\cdot x, 2\cdot x,\ldots,(p-1)\cdot x\}$ を考えよう．$\hat{S}$ の元がすべて相異なり，0 でないことを証明すれば，$\hat{S}=S\setminus\{0\}$ がいえて，とくに，$i\cdot x=1$ となる元 i が存在することがいえる．

$0\notin\hat{S}$ であることは，次のように示される．もし $0=i\cdot x$，$1\leq i\leq p-1$ と仮定すると，$p|ix$ となる．p が素数であることより，$p|i$ または $p|x$ でなければならないが，これは矛盾である．

$\hat{S}$ の元がすべて相異なることを示すために，$i\cdot x=j\cdot x$，$1\leq i,j\leq p-1$ を仮定しよう．このとき $p|(ix-jx)$ となるが，これは $p|(i-j)x$ と等価である．ふたたび，p が素数であることより，$p|(i-j)$ または $p|x$ となる．しかし，$x<p$ と $i-j\in\{-(p-2),\ldots,(p-2)\}$ より，$i=j$ となる． □

◆**例 2.1.1（有限体 $\mathbb{F}_2$）** $p=2$ の場合が，第 1 章で扱った 2 元体 $\mathbb{F}_2$ である．

◆**例 2.1.2（有限体 $\mathbb{F}_3$）** $p=3$ の場合，元 0, 1, 2 からなる **3 元体** (ternary field) $\mathbb{F}_3$ となる．そこでは，以下が成り立つ．

$$0+0=0,\quad 0+1=1+0=1,\quad 0+2=2+0=2,\quad 1+1=2$$
$$1+2=2+1=0,\quad 2+2=1,\quad 0\cdot 0=0\cdot 1=1\cdot 0=2\cdot 0=0\cdot 2=0$$
$$1\cdot 2=2\cdot 1=2,\quad 2\cdot 2=1\quad (\text{したがって，}2^{-1}=2)$$

次に，濃度 q をもつ任意の有限体 F における乗算が，本質的には $q-1$ を法とする整数の加算として実行できることを示そう．これは，F が，**原始元** (primitive element) とよばれる元 α，すなわち $F\setminus\{0\}=\{\alpha^i\,|\,i=0,1,\ldots,q-2\}$ かつ $\alpha^{q-1}=1$ を満たす元を含むという事実からの帰結である．このことから，$\alpha^i\cdot\alpha^j=\alpha^{(i+j)\bmod(q-1)}$

となる．ただし，mod $(q-1)$ は $q-1$ で割った余りをとることを意味する．

定義 2.1.2 F を濃度 q の有限体とし，$a \in F\backslash\{0\}$ とする．a の **位数** (order) $\mathrm{ord}(a)$ とは，$a^s = 1$ となる最小の正整数 s である．

集合 $\{a^i \,|\, i = 1, 2, \ldots\}$ は F の部分集合であり，したがって濃度は有限であるから，$a^{i_1} = a^{i_2}$，すなわち $a^{i_1 - i_2} = 1$ となる相異なる整数 i_1, i_2 が存在する．このことは，$a^i = 1$ となる正整数 i が存在することを意味する．そのような整数の中で最小のものをとれば，位数が定まる．

補題 2.1.1 F を濃度 q の有限体とし，$a, b \in F\backslash\{0\}$ とする．このとき，以下が成り立つ．ただし，$\gcd(s, j)$ は，s と j の最大公約数である．
1. $\mathrm{ord}(a) = s$ ならば，$1, a, a^2, \ldots, a^{s-1}$ はすべて相異なる．
2. $a^j = 1$ であるための必要十分条件は，$\mathrm{ord}(a) | j$ である．
3. $\mathrm{ord}(a^j) = \dfrac{\mathrm{ord}(a)}{\gcd(\mathrm{ord}(a), j)}$
4. $\mathrm{ord}(a) = s$，$\mathrm{ord}(b) = j$，$\gcd(s, j) = 1$ ならば，$\mathrm{ord}(ab) = sj$ である．

[証明] 1. $a^i = a^j$，$0 \le i < j < s$ を仮定すると，$a^{j-i} = 1$，$0 < j - i < s$ となるが，これは位数の定義に反する．

2. $\mathrm{ord}(a) = s$ かつ $j = sh$ であるならば，$a^j = a^{sh} = (a^s)^h = 1$ となる．逆に，$a^j = 1$ を仮定すると，$j = sh + r$，$0 \le r < s$ となる h と r が存在するので，$1 = a^j = a^{sh+r} = (a^s)^h a^r = a^r$ となるが，位数の定義より，$r = 0$ でなければならない．したがって，$s | j$ である．

3. $\mathrm{ord}(a) = s$ かつ $\mathrm{ord}(a^j) = l$ とおく．このとき，$1 = (a^j)^l = a^{jl}$ となるが，2 より $s | jl$ となり，したがって，$\dfrac{s}{\gcd(s, j)} \bigg| \dfrac{jl}{\gcd(s, j)}$ となる．ゆえに $\dfrac{s}{\gcd(s, j)} \bigg| l$ を得る．
他方，$(a^j)^{s/\gcd(j, s)} = (a^s)^{j/\gcd(j, s)} = 1$ であるから，ふたたび 2 より $l \bigg| \dfrac{s}{\gcd(j, s)}$ となり，したがって，$l = \dfrac{s}{\gcd(j, s)}$ が得られる．

4. $(ab)^{sj} = (a^s)^j (b^j)^s = 1 \cdot 1 = 1$ であるから，2 により $\mathrm{ord}(ab) | sj$ となる．$\gcd(s, j) = 1$ であるから，このことは，$l_1 | s$，$l_2 | j$ を満たすある整数 l_1, l_2 に対し，$\mathrm{ord}(ab) = l_1 \cdot l_2$ を意味する．すなわち，$(ab)^{l_1 l_2} = 1$ である．したがって，$1 = [(ab)^{l_1 l_2}]^{s/l_1} = a^{sl_2} b^{sl_2} = b^{sl_2}$ である．ゆえに，2 より $j | sl_2$ となり，$\gcd(j, s) = 1$ であるから，$j | l_2$ となる．以上から，$j = l_2$ を得る．
同様にして $s = l_1$ が得られるので，証明が完結する． □

この補題を用いて，次の定理を証明することができる．

定理 2.1.2 濃度 q の有限体 F は位数 $q-1$ の元をもつ.

[証明] $|F\backslash\{0\}| = q-1$ であるから，補題 2.1.1 の 1 により，任意の元の位数は高々 $q-1$ である．α を最大位数の元とし，β を $F\backslash\{0\}$ の任意の元とする．$\mathrm{ord}(\alpha) = r$ かつ $\mathrm{ord}(\beta) = s$ とおく．まず，$s|r$ を示そう．

そうでないと仮定すると，ある素数 p と自然数 i, j が存在して，$r = p^i \cdot a$, $s = p^j \cdot b$ が成り立つ．ただし，$j > i$, $\gcd(a,p) = \gcd(b,p) = 1$ である．補題 2.1.1 の 3 より，

$$\mathrm{ord}(\alpha^{p^i}) = \frac{r}{\gcd(r, p^i)} = a, \qquad \mathrm{ord}(\beta^b) = \frac{s}{\gcd(s, b)} = p^j$$

となるが，$\gcd(a, p) = 1$ であるから，補題 2.1.1 の 4 より，

$$\mathrm{ord}(\alpha^{p^i} \cdot \beta^b) = a \cdot p^j > a \cdot p^i = r$$

を得る．これは，r が最大位数であるという仮定に反する．したがって，$\mathrm{ord}(\beta)|\mathrm{ord}(\alpha)$ である．

このことは，$F\backslash\{0\}$ のすべての元が多項式 $z^{\mathrm{ord}(\alpha)} - 1$ の根となることを意味するが，次数 n の多項式は高々 n 個の根しかもたない (定理 2.2.2 を見よ) ことから，$\mathrm{ord}(\alpha) \geq q-1$ となる．したがって，$\mathrm{ord}(\alpha) = q-1$ を得る． □

系 2.1.1 濃度 q をもつ有限体の任意の非零元の位数は，$q-1$ を割り切る．

系 2.1.2 濃度 q をもつ有限体の任意の元 γ は，等式 $\gamma^q - \gamma = 0$ を満たす．

定理 2.1.2 は，原始元を求める方法を与えていない．通常，原始元は試行錯誤で求めるしかない．

◆**例 2.1.3** 3 は $\mathbb{F}_{17}$ の原始元である．体 $\mathbb{F}_{17}$ の非零元の可能な位数は $1, 2, 4, 8, 16$ であるが，$3^2 = 9$, $3^4 = 13$ かつ $3^8 = 16$ であるから，確かに 3 は位数 16 をもつ．

◆**例 2.1.4 (体 $\mathbb{F}_p$ 上のハミング符号)** 素数 p と正整数 m をとる．行列 H を，m 個の行をもち，最大個数の 1 次独立な列をもつように作る．このとき，その列の個数 n が $(p^m - 1)/(p-1)$ に等しいことはすぐわかる．この行列 H を検査行列としてもつ符号は，

$$\left(\frac{p^m - 1}{p-1}, \frac{p^m - 1}{p-1} - m, 3\right)$$

符号であり，p **元ハミング符号** (p-ary Hamming code) とよばれる．関係 $1 + (p-1)n = p^m$ に注意すると，この符号はハミング限界を等式で満たすことがわかる．それゆえ，**完全符号**とよばれる．

2.2 有限体上の多項式

以下では，体の元を係数としてもつ多項式の性質を考える．

F を体とする．$F[x]$ が，体 F の元を係数としてもつ多項式

$$a_n x^n + \cdots + a_1 x + a_0$$

の集合を表すことを思い出そう．ここで，$a_i \in F$ である．多項式の**次数** (degree) (deg と記す) の概念および多項式の加算，乗算の演算は既知であるとする．

定理 2.2.1 $a(x), b(x) \in F[x]$, $b(x) \neq 0$ とする．このとき，次の等式を満たし，かつ，次数が $\deg(r(x)) < \deg(b(x))$ となる，一意の多項式 $q(x), r(x)$ が存在する．

$$a(x) = q(x)b(x) + r(x)$$

[証明] 一意性を示すため，$a(x) = q_1(x)b(x) + r_1(x)$ および $a(x) = q_2(x)b(x) + r_2(x)$ を仮定しよう．ただし，$\deg(r_1(x)) < \deg(b(x)), \deg(r_2(x)) < \deg(b(x))$ である．このとき，$r_2(x) - r_1(x) = b(x)(q_1(x) - q_2(x))$ を得るが，この左辺の多項式の次数は $b(x)$ の次数より小さい．そのため，$q_1(x) - q_2(x) = 0$ かつ $r_2(x) - r_1(x) = 0$ となる．

次に，このような多項式が存在することを示す．まず，$\deg(b(x)) > \deg(a(x))$ を仮定すると，等式 $a(x) = 0 \cdot b(x) + a(x)$ が成り立ち，この場合は明らかである ($q(x) = 0$, $r(x) = a(x)$)．$\deg(b(x)) \leq \deg(a(x))$ の場合は，$a(x) = a_n x^n + \cdots + a_1 x + a_0$, $b(x) = b_m x^m + \cdots + b_1 x + b_0$ であるとして ($a_n, b_m \neq 0$)，多項式 $c(x) = a(x) - b_m^{-1} a_n x^{n-m} b(x)$ を考える．この多項式は n より小さい次数をもつ．次数に関する帰納法により，$c(x) = s(x)b(x) + t(x)$ かつ $\deg(t(x)) < \deg(b(x))$ となる多項式 $s(x), t(x)$ が存在すると仮定しよう．このとき，$q(x) = b_m^{-1} a_n x^{n-m} + s(x)$, $r(x) = t(x)$ とおくと，$a(x) = q(x)b(x) + r(x)$ が成立する． □

定理 2.2.2（代数学の基本定理） 次数 n の多項式は，高々 n 個の根をもつ．

[証明] a を多項式 $f(x) \in F[x]$ の根としよう．定理 2.2.1 により，$f(x) = q(x)(x-a) + r(x), \deg(r(x)) < 1$ を満たす $q(x)$ と $r(x)$ がただ 1 組存在する．したがって，$r(x)$ は定数でなければならない．a が $f(x)$ の根であるから，$0 = f(a) = q(a) \cdot 0 + r(a)$ が得られ，$r(x) = r(a) = 0$ であることがわかる．すなわち $f(x) = q(x)(x-a)$ となり，$q(x)$ は次数 $n-1$ をもつ．次数に関する帰納法により，$q(x)$ は高々 $n-1$ 個の根をもつと仮定しよう．このとき，$q(x)$ の根は $f(x)$ の根でもあるので，$f(x)$ は高々 n 個の根をもつ． □

上記の議論より，以下が得られる．

系 2.2.1 多項式 $f(x) \in F[x]$ について，$f(a) = 0$ となることは，$(x-a)|f(x)$ となることと同値である．

多項式 $f(x) \in F[x]$ が因数分解できない，すなわち，$f(x) = a(x)b(x)$ が成り立つのが $\deg(a(x)) = 0$ または $\deg(b(x)) = 0$（つまり，$a(x)$ と $b(x)$ のどちらかが定数）となる場合に限られるとき，$f(x)$ は**既約** (irreducible) であるといわれる．既約多項式は，$F[x]$ において，整数の中で素数がなすものと同じはたらきをする．つまり，任意の多項式が既約多項式の積として（一意に）表されることを示すことができる．このことから，$f(x)$ が既約で，かつ $f(x)|a(x)b(x)$ が成り立つならば，$f(x)|a(x)$ または $f(x)|b(x)$ となることがわかる．実際，その証明は，整数についての対応する証明を書き換えれば，簡単に得られる．

◆**例 2.2.1（有限体 $\mathbb{F}_p$, $p > 2$ 上の2次多項式）** 元 $a \in \mathbb{F}_p \setminus \{0\}$ と有限体 $\mathbb{F}_p$ の原始元 α をとる．このとき，$a = \alpha^{2i}$ または $a = \alpha^{2i+1}$ と書ける．ここで，$0 \leq i < (p-1)/2$ である．最初の場合は
$$x^2 - a = (x - \alpha^i)(x + \alpha^i)$$
が成り立つが，第2の場合は，多項式 $x^2 - a$ は既約である．

一般の2次多項式 $f(x) = Ax^2 + Bx + C$ については，元 $B^2 - 4AC$ が体 $\mathbb{F}_p$ の元の平方（2乗）であるならば，多項式 $f(x)$ は既約でなく（$B^2 - 4AC$ が平方でないならば既約），次の因数分解が成立する．
$$f(x) = Ax^2 + Bx + C = A(x - \gamma_1)(x - \gamma_2)$$
ただし，次のようにおいた．
$$\gamma_1 = (2A)^{-1}(-B + \sqrt{B^2 - 4AC}), \quad \gamma_2 = (2A)^{-1}(-B - \sqrt{B^2 - 4AC})$$

◆**例 2.2.2** 多項式 $3x^2 + 5x + 2 \in \mathbb{F}_{11}[x]$ は，$\gamma_1 = 6^{-1}(-5 + \sqrt{25 - 24}) = 6^{-1}(-4) = 2 \times 7 = 3$, $\gamma_2 = 10$ なので，$3x^2 + 5x + 2 = 3(x-3)(x-10)$ のように因数分解できる．一方，多項式 $3x^2 + 5x + 1$ は，$25 - 12 = 2$ が体 $\mathbb{F}_{11}$ の元の2乗でないので，その体上で既約である．

2.2.1 体 $\mathbb{F}_p$ 上のリード・ソロモン符号

ここでは，先述した多項式の理論を用いて，体 $\mathbb{F}_p$ 上のリード・ソロモン符号とよばれる符号を記述する．第4, 5章で，一般のリード・ソロモン符号を扱う．

定義 2.2.1 p を素数として，$x_1, x_2, \ldots, x_n$ を体 $\mathbb{F}_p$ の相異なる元とする（したがって，$n \leq p$ である）．整数 $0 < k \leq n$ に対し，多項式の集合 $T = \{f(x) \in$

$\mathbb{F}_p[x] \,|\, \deg(f(x)) < k\}$ を考える．このとき，体 $\mathbb{F}_p$ 上の**リード・ソロモン (RS) 符号** (Reed–Solomon code) とは，次のような n 次元ベクトルの集合である．

$$\{(f(x_1), f(x_2), \ldots, f(x_n)) \,|\, f(x) \in T\}$$

後ですぐわかるように，これは $(n, k, n-k+1)$ 線形符号である．

◆**例 2.2.3 (有限体 $\mathbb{F}_{11}$ 上のリード・ソロモン符号)** 有限体 $\mathbb{F}_{11}$ において 2 は原始元であるので，$x_i = 2^{i-1} \bmod 11$, $i = 1, 2, \ldots, 10$ は相異なる非零元である．$k = 4$ として，多項式 $f(x) = f_3 x^3 + \cdots + f_1 x + f_0$ に対応する符号語

$$(f(1), f(2), f(4), f(8), f(5), f(10), f(9), f(7), f(3), f(6))$$

が得られる．したがって，

> 多項式 1 は，符号語 $(1, 1, 1, 1, 1, 1, 1, 1, 1, 1)$
> 多項式 x は，符号語 $(1, 2, 4, 8, 5, 10, 9, 7, 3, 6)$
> 多項式 x^2 は，符号語 $(1, 4, 5, 9, 3, 1, 4, 5, 9, 3)$
> 多項式 x^3 は，符号語 $(1, 8, 9, 6, 4, 10, 3, 2, 5, 7)$

を，それぞれ与える．そして，これらの 4 個の符号語は，体 $\mathbb{F}_{11}$ 上の $(10, 4, 7)$ 線形符号の生成行列を与える．

2.3 有限体 $\mathbb{F}_{2^m}$

本節で，**有限体**（**拡大体** (extended field)）$\mathbb{F}_{2^m}$ を構成しよう．

$\mathbb{F}_{2^m}$ の元として $\mathbb{F}_2$ 上の m 次元ベクトルを 2^m 個すべてとり，加算を成分ごとの和により定義する．このことから，$0 = (0, 0, \ldots, 0)$ として，$a + a = 0$ が導かれる．定義 2.1.1 の体の公理 1～4 が成り立つことは，すぐにわかる．

乗算はもう少し複雑である．$f(x) \in \mathbb{F}_2[x]$ を次数 m の既約多項式であるとする．$a = (a_0, a_1, \ldots, a_{m-1})$, $b = (b_0, b_1, \ldots, b_{m-1})$ に対して，$a(x) = a_{m-1} x^{m-1} + \cdots + a_1 x + a_0$, $b(x) = b_{m-1} x^{m-1} + \cdots + b_1 x + b_0$ を考えよう．乗算を $a(x) b(x) \bmod f(x)$ によって定義する．すなわち，$a(x) b(x) = q(x) f(x) + r(x)$, $\deg(r(x)) < m$, かつ，$r(x) = r_{m-1} x^{m-1} + \cdots + r_1 x + r_0$ であるとき，$r = (r_0, r_1, \ldots, r_{m-1})$ とおく．$1 = (1, 0, \ldots, 0)$ とおくと，$1 \cdot a = a$ が成り立つことがわかる．

このように，体を構成するための加算と乗算が定義された．公理 5, 6, 7, 9 が成り立つことはすぐわかる．やはり最も困難な部分は，公理 8, すなわち，非零元に対し，乗算に関する逆元の存在を示すことである．

そのために，$\mathbb{F}_p$ の場合と同様に考える．元 $a \in \mathbb{F}_{2^m} \setminus \{0\}$ に対し，集合 $A = \{a \cdot h \,|\, h \in$

$\mathbb{F}_{2^m}\setminus\{0\}\}$ は 0 を含まない．なぜなら，もし 0 を含むならば，$f(x)|a(x)$, または，ある $h(x)$ に対し $f(x)|h(x)$ でなければならないが，これは矛盾となるからである．さらに，A の元は互いに異なる．もし $a \cdot h_1 = a \cdot h_2$ であるとすると，対応する多項式について $f(x)|a(x)(h_1(x) - h_2(x))$ となるが，$f(x)$ が既約であることから，$f(x)|a(x)$ または $f(x)|(h_1(x) - h_2(x))$ でなければならない．しかし，$f(x)$ の次数が m で，$a(x)$ と $h_1(x) - h_2(x)$ はともに m より小さな次数をもつから，これは $h_1(x) = h_2(x)$ のときに限って成立することになる．以上により，$A = \mathbb{F}_{2^m}\setminus\{0\}$ となり，とくに，$1 \in A$ である．

任意の正整数 m に対し，有限体 $\mathbb{F}_2$ の元を係数とする次数 m の既約多項式が存在すること，したがって，任意の正整数 m に対し，上記の構成法によって $q = 2^m$ 個の元をもつ有限体が得られることが証明できる．この体を $\mathbb{F}_q$ と記す．さらに，この体 $\mathbb{F}_q$ が本質的に一意であることも証明できる．そして，（体 $\mathbb{F}_{2^m}$ 上で）既約な m_1 次多項式 $f(x) \in \mathbb{F}_{2^m}[x]$ を用いて，上記と同様な構成法により，有限体 $\mathbb{F}_{2^{mm_1}}$（拡大体 $\mathbb{F}_{2^m}$ のさらなる拡大体）を作ることができる．

◆**例 2.3.1（次数 4 以下の $\mathbb{F}_2[x]$ における既約多項式）** 次数 1 の既約多項式は，x と $x+1$ だけである．高次の既約多項式は，因子 x をもたないために，定数項は 1 でなければならない．また，1 を根としてもたない（すなわち，$x+1$ を因子としてもたない）ために，奇数個の項をもたねばならない．したがって，次数 2 および 3 の既約多項式は，$x^2 + x + 1$, $x^3 + x + 1$, $x^3 + x^2 + 1$ だけである．次数 4 のものは，$x^4 + x + 1$, $x^4 + x^3 + 1$, $x^4 + x^3 + x^2 + x + 1$ である．多項式 $x^4 + x^2 + 1$ は奇数個の項からなり，かつ，定数項 1 をもつが，既約でない．実際，$x^4 + x^2 + 1 = (x^2 + x + 1)^2$ である．

◆**例 2.3.2（有限体 $\mathbb{F}_4$）** $\mathbb{F}_4$ の元は 00, 10, 01, 11 と表すことができて，加算は次の表のようになる．

+	00	10	01	11
00	00	10	01	11
10	10	00	11	01
01	01	11	00	10
11	11	01	10	00

既約多項式 $x^2 + x + 1$ を用いると，乗算は次の表のようになる．

·	00	10	01	11
00	00	00	00	00
10	00	10	01	11
01	00	01	11	10
11	00	11	10	01

この乗算表から，多項式 x に対応する元 01 が原始元であること，すなわち，位数 3 をもつことがわかる．

原始元が与えられていると，有限体における乗算は容易である．また，上記の構成により，すべての元を 2 元 m 次元ベクトルで表すと加算が容易であることがわかる．したがって，$\mathbb{F}_{2^m}$ 上の計算をするためには，すべての 2 元 m 次元ベクトルと対応する原始元のべきを列記した表を用意しておくとよい．このことを，次の例を使って説明しよう．

◆例 2.3.3（有限体 $\mathbb{F}_{16}$） 多項式 $x^4 + x + 1 \in \mathbb{F}_2[x]$ は既約であり，したがって，$\mathbb{F}_{16}$ を構成するのに使える．元は，2 元 4 次元ベクトル $(0,0,0,0), \ldots, (1,1,1,1)$ である．これらは次数が 3 以下の 2 元多項式と考えることができる．多項式 x に対応する元 $(0,1,0,0)$ のべきを計算すると，次のようになる．

$$x^0 = 1, \quad x^1 = x, \quad x^2 = x^2, \quad x^3 = x^3, \quad x^4 = x+1, \quad x^5 = x^2 + x$$
$$x^6 = x^3 + x^2, \quad x^7 = x^3 + x + 1, \quad x^8 = x^2 + 1, \quad x^9 = x^3 + x$$
$$x^{10} = x^2 + x + 1, \quad x^{11} = x^3 + x^2 + x, \quad x^{12} = x^3 + x^2 + x + 1$$
$$x^{13} = x^3 + x^2 + 1, \quad x^{14} = x^3 + 1, \quad x^{15} = 1$$

このことは，$(0,1,0,0)$ が原始元 α であること，そして，以下に示すように，すべての 2 元 4 次元ベクトルと対応する α のべきを列記した表が作れることを意味する．

2 元 4 次元ベクトル	α のべき	多項式
0000	−	0
1000	α^0	1
0100	α	x
0010	α^2	x^2
0001	α^3	x^3
1100	α^4	$x + 1$
0110	α^5	$x^2 + x$
0011	α^6	$x^3 + x^2$
1101	α^7	$x^3 + x + 1$
1010	α^8	$x^2 + 1$
0101	α^9	$x^3 + x$
1110	α^{10}	$x^2 + x + 1$
0111	α^{11}	$x^3 + x^2 + x$
1111	α^{12}	$x^3 + x^2 + x + 1$
1011	α^{13}	$x^3 + x^2 + 1$
1001	α^{14}	$x^3 + 1$

上で見たように，$f(x) \in \mathbb{F}_2[x]$ が（$\mathbb{F}_2$ 上で）既約であり，次数 m をもつならば，$\mathbb{F}_{2^m}$ を構成するのに用いることができる．このとき，$f(\beta) = 0$ となる元 $\beta \in \mathbb{F}_{2^m}$ が存在する．実際，多項式 x に対応する元をとればよい．このことは，$\mathbb{F}_{2^m}$ を構成する方法から直接示すことができる．

実際には，次数 m の 2 元既約多項式 $f(x)$ は $\mathbb{F}_{2^m}[x]$ の次数 1 の多項式の積で表されることが 2.4 節においてわかる．

2.3.1 体 $\mathbb{F}_{2^m}$ 上の 2 次多項式

まず，原始元 $\alpha \in \mathbb{F}_{2^m}$ に対し，等式 $\alpha^{2i} = (\alpha^i)^2$ および $\alpha^{2i+1} = \alpha^{2i+2^m} = (\alpha^{i+2^{m-1}})^2$ が成り立つので，体 $\mathbb{F}_{2^m}$ のすべての元は，ある元の平方になっていることに注意しよう．

体 $\mathbb{F}_{2^m}$ 上の多項式 $a(x) = Ax^2 + Bx + C$ を考えよう．ここで，係数 $A, B, C \in \mathbb{F}_{2^m}$ のうち，最大次係数 $A \neq 0$ として，以下の各場合を考える．

1. $C = 0$ の場合：$a(x) = x(Ax + B)$ であるから，根 $x = 0, x = A^{-1}B$ をもつ．
2. $C \neq 0$ かつ $B = 0$ の場合：$a(x) = Ax^2 + C = A(x^2 + A^{-1}C) = A(x + \sqrt{A^{-1}C})^2$ が成り立つ．よって，根 $x = \sqrt{A^{-1}C}$ をもつ．
3. $C \neq 0$ かつ $B \neq 0$ の場合：$a(x) = A(x^2 + A^{-1}Bx + A^{-1}C)$ に $y = B^{-1}Ax$ を代入すると，$a(y) = A(A^{-2}B^2y^2 + A^{-2}B^2y + A^{-1}C) = A^{-1}B^2(y^2 + y + AB^{-2}C)$ となるので，$b(y) = y^2 + y + u$ の形をした多項式を考えればよい．ただし，$u \in \mathbb{F}_{2^m} \setminus \{0\}$ である．これを解析するために，次の定義を導入する．

> **定義 2.3.1** 次式で定義される写像 $\mathrm{Tr} : \mathbb{F}_{2^m} \to \mathbb{F}_2$ は，（絶対）トレース (trace) とよばれる．
> $$\mathrm{Tr}(x) = x + x^2 + x^4 + \cdots + x^{2^{m-1}}$$

トレース写像の性質については，問題 2.6.11 を参照せよ．

次の定理が成り立つ．

定理 2.3.1 方程式
$$y^2 + y + u = 0$$
が解 $y \in \mathbb{F}_{2^m}$ をもつための必要十分条件は，$\mathrm{Tr}(u) = 0$ である．

[証明] 元 $y \in \mathbb{F}_{2^m}$ が，$y^2 + y = u$ を満たすとしよう．このとき，$\mathrm{Tr}(u) = \mathrm{Tr}(y^2 + y) = \mathrm{Tr}(y^2) + \mathrm{Tr}(y) = y^2 + y^4 + \cdots + y^{2^m} + y + y^2 + \cdots + y^{2^{m-1}} = y^{2^m} + y = 0$ が成り立つ．ここで，最後の等式は，$y \in \mathbb{F}_{2^m}$ による．

逆に，$\mathrm{Tr}(u) = 0$ とする．多項式 $y^2 + y + u$ が体 $\mathbb{F}_{2^m}$ において根をもたないならば，この多項式 $y^2 + y + u$ は体 $\mathbb{F}_{2^m}$ 上既約であり，拡大体 $\mathbb{F}_{2^{2m}}$ を構成するために使うことができる．したがって，この拡大体の元 β で $\beta^2 + \beta + u = 0$ を満たすものが存在する．ゆえに，$\mathrm{Tr}(u) = \mathrm{Tr}(\beta^2 + \beta) = \mathrm{Tr}(\beta^2) + \mathrm{Tr}(\beta) = \beta^{2^m} + \beta$ となるが，この値は，$\beta \notin \mathbb{F}_{2^m}$ であるので，0 でない．これは矛盾である． □

$\mathrm{Tr}(u) = 0$ である場合，次のようにして $y^2 + y + u = 0$ の解を求めることができる．体 $\mathbb{F}_{2^m}$ の原始元を α すると，体 $\mathbb{F}_{2^m}$ の元 y は，$y = \sum_{i=0}^{m-1} y_i \alpha^i$ のように，α^i，$0 \leq i \leq m-1$ の（体 $\mathbb{F}_2$ 上の）1 次結合で表される．これを $y^2 + y + u = 0$ に代入して，$\sum_{i=0}^{m-1} (\alpha^{2i} + \alpha^i) y_i + u = 0$，すなわち，

$$\sum_{i=0}^{m-1} (\alpha^{2i} + \alpha^i) y_i = u$$

を満たすような $y_i \in \mathbb{F}_2$，$0 \leq i \leq m-1$ を求めればよい．$\mathbb{F}_{2^m}$ の元 u，および，$\alpha^{2i} + \alpha^i$，$0 \leq i \leq m-1$ もすべて，同様に α^i，$0 \leq i \leq m-1$ の（体 $\mathbb{F}_2$ 上の）1 次結合で表されるので，上記の関係は，未知数 $y_i \in \mathbb{F}_2$，$0 \leq i \leq m-1$ に対する（体 $\mathbb{F}_2$ 上の）m 個の 1 次方程式からなる連立 1 次方程式となる．定理 2.3.1 より，この方程式は，少なくとも一つの解 $(y_0, y_1, \ldots, y_{m-1})$ をもつ．さらに，それに対応する $y \in \mathbb{F}_{2^m}$ に対し $y + 1$ がもう一つの解であることは，容易にわかる．

2.4 最小多項式と $x^n - 1$ の因数分解

本節の主要な目的は，$x^n - 1$ を $\mathbb{F}_2[x]$ における既約多項式の積に因数分解するアルゴリズムを示すことである．そのことは本節の最後で行う．その前に，いわゆる，**最小多項式**を定義し，そのいくつかの性質を証明する．

補題 2.4.1　$a, b \in \mathbb{F}_{2^m}$ ならば，$(a + b)^2 = a^2 + b^2$ となる．

定理 2.4.1　$f(x) \in \mathbb{F}_{2^m}[x]$ に対して，$f(x) \in \mathbb{F}_2[x]$ であることと，$f(x^2) = f(x)^2$ であることは同値である．

[証明]　$f(x) = f_k x^k + \cdots + f_1 x + f_0$ としよう．このとき，$f(x)^2 = (f_k x^k + \cdots + f_1 x + f_0)^2 = f_k^2 x^{2k} + \cdots + f_1^2 x^2 + f_0^2$，かつ，$f(x^2) = f_k x^{2k} + \cdots + f_1 x^2 + f_0$ である．したがって，$f(x)^2 = f(x^2) \Leftrightarrow f_i^2 = f_i \Leftrightarrow f_i \in \mathbb{F}_2$ である． □

系 2.4.1　$f(x) \in \mathbb{F}_2[x]$ に対し，$\gamma \in \mathbb{F}_{2^m}$ が $f(x)$ の根であるならば，γ^2 も根である．

定理 2.4.2 $(x^m - 1)|(x^n - 1)$ であるための必要十分条件は, $m|n$ である.

[証明] このことは次の恒等式から得られる.
$$x^n - 1 = (x^m - 1)(x^{n-m} + x^{n-2m} + \cdots + x^{n-km}) + x^{n-km} - 1 \qquad \square$$

定理 2.4.3 $\mathbb{F}_{2^m}$ が $\mathbb{F}_{2^n}$ の部分体 (subfield) (部分集合であり, それ自身体であるもの) であるための必要十分条件は, $m|n$ である.

[証明] $\mathbb{F}_{2^m}$ が $\mathbb{F}_{2^n}$ の部分体であれば, $\mathbb{F}_{2^n}$ は位数 $2^m - 1$ の元を含む. したがって, $(2^m - 1)|(2^n - 1)$, それゆえ, $m|n$ である. もし $m|n$ であるならば, $(2^m - 1)|(2^n - 1)$ であり, したがって, $(x^{2^m - 1} - 1)|(x^{2^n - 1} - 1)$, それゆえ, $(x^{2^m} - x)|(x^{2^n} - x)$ となる. 結局, $\mathbb{F}_{2^m} = \{x \mid x^{2^m} = x\} \subset \mathbb{F}_{2^n} = \{x \mid x^{2^n} = x\}$ である. $\square$

◆**例 2.4.1 (奇数 n_1, n_2 をともなう多項式 $(x^{n_1 n_2} - 1)$)** 位数 n_1 の元 $\beta \in \mathbb{F}_{2^d}$ に対し,
$$x^{n_1} - 1 = (x - 1)(x - \beta) \cdots (x - \beta^{n_1 - 1})$$
が成立する. したがって, 次式を得る.
$$x^{n_1 n_2} - 1 = (x^{n_2} - 1)(x^{n_2} - \beta)(x^{n_2} - \beta^2) \cdots (x^{n_2} - \beta^{n_1 - 1})$$

定義 2.4.1 γ を $\mathbb{F}_{2^m}$ の元としよう. γ の**最小多項式** (minimal polynomial) $m_\gamma(x)$ とは, γ を根としてもつ, $\mathbb{F}_2[x]$ の最小次数のモニック (monic) (すなわち, 最大次数係数が 1 の) 多項式である.

γ は $x^{2^m} - x$ の根であるから, γ を根としてもつ $\mathbb{F}_2[x]$ の多項式が存在する. 最小多項式が一意であることは, もし相異なる二つの最小次数の多項式が存在すると仮定すると, それらの差の多項式はより小さい次数をもち, かつ, γ を根としてもつことになり, 矛盾であることからわかる.

定理 2.4.4 γ を $\mathbb{F}_{2^m}$ の元とし, $m_\gamma(x) \in \mathbb{F}_2[x]$ を γ の最小多項式とする. このとき, 以下が成り立つ.

1. $m_\gamma(x)$ は既約である.
2. $f(x) \in \mathbb{F}_2[x]$ が $f(\gamma) = 0$ を満たすならば, $m_\gamma(x)|f(x)$ である.
3. $x^{2^m} - x$ は $\mathbb{F}_{2^m}$ の元の相異なる最小多項式の積である.
4. $\deg(m_\gamma(x)) \leq m$ であり, γ が原始元である (この場合, 最小多項式 $m_\gamma(x)$ は**原始多項式** (primitive polynomial) とよばれる) とき, 等式が成り立つ.

[証明] 1. もし $m_\gamma(x) = a(x)b(x)$ であるならば, $a(\gamma) = 0$ または $b(\gamma) = 0$ となるが, これは $m_\gamma(x)$ の次数の最小性に反する.

2. $f(x) = m_\gamma(x)q(x) + r(x), \deg(r(x)) < \deg(m_\gamma(x))$ であるとしよう．このとき，$r(\gamma) = 0$ であり，したがって，$r(x) = 0$ である．

3. $\mathbb{F}_{2^m}$ の任意の元は $x^{2^m} - x$ の根であり，したがって，2 よりこの結論を得る．

4. $\mathbb{F}_{2^m}$ は $\mathbb{F}_2$ 上の m 次元ベクトル空間とみなせるので，$m+1$ 個の元 $1, \gamma, \ldots, \gamma^m$ は1次従属であり，したがって，$a_m\gamma^m + \cdots + a_1\gamma + a_0 = 0$ となるような $(a_0, a_1, \ldots, a_m) \neq 0, a_i \in \mathbb{F}_2$ が存在する．γ が原始元ならば，$1, \gamma, \ldots, \gamma^{m-1}$ は1次独立でなければならない．もしそうでないとすると，γ のべきにより，$2^m - 1$ より少ない個数の異なる元だけしか得られないことになる． □

定理 2.4.5 $x^{2^m} - x$ は，次数が m の約数であるようなすべての 2 元既約多項式の積に等しい．

[証明] $f(x)$ を，$d|m$ であるような次数 d をもつ既約多項式であるとする．$f(x)|(x^{2^m} - x)$ を証明したい．$f(x) = x$ ならばこれは自明であり，したがって，$f(x) \neq x$ であると仮定しよう．$f(x)$ は既約であるから，それを用いて $\mathbb{F}_{2^d}$ を構成することができ，$f(x)$ は $\mathbb{F}_{2^d}$ のある元の最小多項式である．したがって，定理 2.4.4 の 2 により，$f(x)|(x^{2^d-1} - 1)$ となるが，$d|m$ から $(2^d - 1)|(2^m - 1)$ が得られ，それゆえ，$(x^{2^d-1} - 1)|(x^{2^m-1} - 1)$ である．逆に，$f(x)$ が $x^{2^m} - x$ を割り切る次数 d の既約多項式であるならば，$d|m$ であることを示そう．ふたたび $f(x) \neq x$ であると仮定できるので，$f(x)|(x^{2^m-1} - 1)$ となる．$f(x)$ を用いて $\mathbb{F}_{2^d}$ を構成することができる．$\beta \in \mathbb{F}_{2^d}$ を $f(x)$ の根とし，α を $\mathbb{F}_{2^d}$ の原始元であるとして，次のようにおく．

$$\alpha = a_{d-1}\beta^{d-1} + \cdots + a_1\beta + a_0 \tag{2.1}$$

$f(\beta) = 0$ であるから，$\beta^{2^m} = \beta$ となり，式 (2.1) と補題 2.4.1 により $\alpha^{2^m} = \alpha$ となる．したがって，$\alpha^{2^m-1} = 1$ を得る．このとき，α の位数 $2^d - 1$ は $2^m - 1$ を割り切らねばならないので，定理 2.4.2 より，結局，$d|m$ となることがわかる． □

定義 2.4.2 n を奇数，j を $0 \leq j < n$ なる整数とする．j を含む**円分コセット** (cyclotomic coset) とは，次の整数の集合である．

$$\{j, 2j \bmod n, \ldots, 2^i j \bmod n, \ldots, 2^{s-1} j \bmod n\}$$

ここで，s は $2^s j \bmod n = j$ を満たす最小正整数である．

数 $2^i j \bmod n, i = 0, 1, \ldots$ を見ればわかるように，これらの数がすべて異なるということはありえないので，上で定義したような最小正整数 s が存在する．

$n = 15$ の場合，次のような円分コセットを得る．

$$\{0\}, \quad \{1, 2, 4, 8\}, \quad \{3, 6, 12, 9\}, \quad \{5, 10\}, \quad \{7, 14, 13, 11\}$$

円分コセットを，その中の最小数 j によって，C_j と記すことにしよう．この添字 j は，**コセット代表元** (coset representative) とよばれる．したがって，上記の円分コセットは，それぞれ C_0, C_1, C_3, C_5, C_7 である．もちろん，常に $C_0 = \{0\}$ である．

定義から，$n = 2^m - 1$ のとき，数 i を 2 元 m 次元ベクトルで表すならば，i を含む円分コセットは，その m 次元ベクトルとそのすべての巡回シフトからなる．

以下で述べるアルゴリズムは，次の定理に基づいている．

定理 2.4.6 n が奇数であって，円分コセット C_1 が m 個の元を含むとする．α が $\mathbb{F}_{2^m}$ の原始元であり，$\beta = \alpha^{(2^m-1)/n}$ であるならば，$m_{\beta^j}(x) = \prod_{i \in C_j}(x - \beta^i)$ である．

[証明] $f_j(x) = \prod_{i \in C_j}(x - \beta^i)$ とすると，定義 2.4.2 と β が位数 n をもつという事実により，$f_j(x^2) = (f_j(x))^2$ が成り立つ．それゆえ，定理 2.4.1 より $f_j(x) \in \mathbb{F}_2[x]$ である．また，$f_j(\beta^j) = 0$ であるから，定理 2.4.4 により $m_{\beta^j}(x) | f_j(x)$ となる．系 2.4.1 より，$i \in C_j$ である β^i も $m_{\beta^j}(x)$ の根であり，したがって，$m_{\beta^j}(x) = f_j(x)$ である． □

系 2.4.2 上記の記号を用いると，次式が成り立つ．
$$x^n - 1 = \prod_j f_j(x)$$

以上により，次のアルゴリズムを与えることができる．アルゴリズムを示すのはここがはじめてなので，われわれが用いる**アルゴリズム** (algorithm) という概念は，普通の堅苦しくない意味での計算手続き，すなわち，一個人または適当なプログラムされたコンピュータによって有効に実行できる計算手順を表していることを強調しておく．計算可能な関数が，有限個の特定の基本命令の選び方やプログラム言語に依存しないということには，多くの証拠がある．一つのアルゴリズムは，有限の入力を与えられて，有限回のステップの後で終了し，有限の出力を生成する．本書では，アルゴリズムを標準的な代数的記法を用いて示すが，その記述から特定の言語によるプログラムへの変換は，文脈より明らかになるであろう．

アルゴリズム 2.4.1 ($x^n - 1$ の因数分解)

入力：奇数 n
[1] n を法とする円分コセットを求める．
[2] C_1 に含まれる元の個数 m を求める．

[3] 有限体 $\mathbb{F}_{2^m}$ を構成し，その原始元 α を選んで $\beta = \alpha^{(2^m-1)/n}$ とおく．

[4] 以下を計算する．

$$f_j(x) = \prod_{i \in C_j}(x-\beta^i), \quad j = 0, 1, \ldots$$

出力：$x^n - 1$ の因子 $f_0(x), f_1(x), \ldots$

ステップ 3 で，$\mathbb{F}_2[x]$ における次数 m の既約多項式を必要としているので，これが実際にはアルゴリズムとはいえないという議論をすることもできる．

付録 C の表は，$\mathbb{F}_2[x]$ における次数 16 までの既約多項式を与えている．さらに，原始元の最小多項式をとくに選んで示してある．そのうえ，$m \leq 8$ については，コセット代表元 j に対応する α^j の最小多項式を与えてある．

◆例 2.4.2 ($x^{51} - 1$ の因数分解)　51 を法とする円分コセットは，以下のとおりである．

$$C_0 = \{0\}$$
$$C_1 = \{1, 2, 4, 8, 16, 32, 13, 26\}$$
$$C_3 = \{3, 6, 12, 24, 48, 45, 39, 27\}$$
$$C_5 = \{5, 10, 20, 40, 29, 7, 14, 28\}$$
$$C_9 = \{9, 18, 36, 21, 42, 33, 15, 30\}$$
$$C_{11} = \{11, 22, 44, 37, 23, 46, 41, 31\}$$
$$C_{17} = \{17, 34\}$$
$$C_{19} = \{19, 38, 25, 50, 49, 47, 43, 35\}$$

よって，$|C_1| = 8$ であることがわかる．$(2^8 - 1)/51 = 5$ であるので，$\mathbb{F}_{2^8}$ の原始元 α に対し，$\beta = \alpha^5$ とおく．付録 C の表 ($m = 8$ の部分) を用いて，以下の最小多項式を得る．

$$m_1(x) = 1 + x$$
$$m_\beta(x) = m_{\alpha^5}(x) = x^8 + x^7 + x^6 + x^5 + x^4 + x + 1$$
$$m_{\beta^3}(x) = m_{\alpha^{15}}(x) = x^8 + x^7 + x^6 + x^4 + x^2 + x + 1$$
$$m_{\beta^5}(x) = m_{\alpha^{25}}(x) = x^8 + x^4 + x^3 + x + 1$$
$$m_{\beta^9}(x) = m_{\alpha^{45}}(x) = x^8 + x^5 + x^4 + x^3 + 1$$
$$m_{\beta^{11}}(x) = m_{\alpha^{55}}(x) = x^8 + x^7 + x^5 + x^4 + 1$$
$$m_{\beta^{17}}(x) = m_{\alpha^{85}}(x) = x^2 + x + 1$$

$$m_{\beta^{19}}(x) = m_{\alpha^{95}}(x) = x^8 + x^7 + x^4 + x^3 + x^2 + x + 1$$

2.5 有限体上の幾何

本節では，有限体上のアフィン平面と射影平面を導入する．第5章や第8章で，さまざまな符号の構成のためにこれらを利用する．

2.5.1 アフィン平面

有限体 $\mathbb{F}_q$ に対し，$\mathbb{F}_q$ 上の**アフィン平面** (affine plane) とは，座標 $x, y \in \mathbb{F}_q$ をもつ**点** (point) (x, y)，および元 $a, b \in \mathbb{F}_q$ に対して定まる点の集合 $\{(x, y) \mid y = ax + b\}$ と $\{(x, y) \mid x = a\}$ である**直線** (line) からなる．

以下の各事項が成立することは容易にわかる．

1. 点の総数は，q^2 である．
2. 直線の総数は，$q^2 + q$ である．
3. 1直線上の点の総数は，q である．
4. 1点を通る直線の総数は，$q + 1$ である．

体 $\mathbb{F}_q$ 上のアフィン平面を $\mathrm{A}(2, q)$ と記す．

相異なる 2 点 $(x_1, y_1), (x_2, y_2)$ を通る，ただ一つの直線が存在する．それは以下のとおりである．

$$\begin{aligned} x_1 = x_2 \text{ の場合} \quad & \{(x, y) \mid x = x_1\} \\ x_1 \neq x_2 \text{ の場合} \quad & \left\{(x, y) \,\middle|\, y = \frac{y_2 - y_1}{x_2 - x_1} x + \frac{y_1 x_2 - y_2 x_1}{x_2 - x_1}\right\} \end{aligned}$$

相異なる 2 直線は，共通の 1 点をもつか，共通点をまったくもたない，すなわち，平行であるかのいずれかである．

◆例 2.5.1 ($\mathrm{A}(2, 3)$) 体 $\mathbb{F}_3$ 上のアフィン平面 $\mathrm{A}(2, 3)$ は，9 個の点 $(0, 0), (1, 0), (2, 0), (0, 1), (1, 1), (2, 1), (0, 2), (1, 2), (2, 2)$ と，以下の方程式で表される 12 個の直線をもつ．

$$\begin{aligned} & x = 0, \quad x = 1, \quad x = 2, \quad y = 0, \quad y = 1, \quad y = 2 \\ & y = x, \quad y = x + 1, \quad y = x + 2 \\ & y = 2x, \quad y = 2x + 1, \quad y = 2x + 2 \end{aligned}$$

直線は，それぞれ 3 個の平行な直線からなる 4 個のクラスに分けられる．

2.5.2 射影平面

有限体 $\mathbb{F}_q$ に対し,集合 $\mathbb{F}_q^3 \setminus \{(0,0,0)\}$ の元の間の関係 $\sim$ が以下によって定義される.すなわち,$(x_1, x_2, x_3) = t(y_1, y_2, y_3)$ を満たす $t \in \mathbb{F}_q \setminus \{0\}$ が存在するとき,関係 $(x_1, x_2, x_3) \sim (y_1, y_2, y_3)$ が成立するという.この関係 $\sim$ が同値関係であることは容易にわかる.この同値類の集合を $\mathcal{P}$ とする.$(x_1, x_2, x_3) \in \mathbb{F}_q^3 \setminus \{(0,0,0)\}$ を含む同値類を $(x_1 : x_2 : x_3)$ と記す.

有限体 $\mathbb{F}_q$ 上の**射影平面** (projective plane) とは,$\mathcal{P}$ の元である**点** (point),および以下の形の点の集合である**直線** (line) からなる.

$$\{(x_1 : x_2 : x_3) \mid ax_1 + bx_2 + cx_3 = 0\} \quad (\text{ただし } (a, b, c) \neq (0, 0, 0))$$

この定義が意味をもつことは,同値類 $(x_1 : x_2 : x_3)$ のすべての元が,$t \in \mathbb{F}_q \setminus \{0\}$ に対し $t(x_1, x_2, x_3)$ の形をしており,したがって,同じ方程式を満たすことからわかる.もし $(a_1, b_1, c_1) \sim (a_2, b_2, c_2)$ であるならば,それらに対応する同値類は同一であることにも注意しよう.以下が成立する.

1. 点の総数は,$(q^3 - 1)/(q - 1) = q^2 + q + 1$ である.
2. 直線の総数は,$(q^3 - 1)/(q - 1) = q^2 + q + 1$ である.
3. 1 直線上の点の総数は,$q + 1$ である.
4. 1 点を通る直線の総数は,$q + 1$ である.

体 $\mathbb{F}_q$ 上の射影平面を $\mathrm{PG}(2, q)$ と記す.

アフィン平面と同様に,相異なる 2 点が唯一の直線を定めること,相異なる直線が,唯一の共通点をもつことが成立する.しかし,アフィン平面と異なり,射影平面上ではどの直線もほかの直線と共通点をもつ.

◆**例 2.5.2** ($\mathrm{PG}(2, 2)$) 体 $\mathbb{F}_2$ 上の射影平面 $\mathrm{PG}(2, 2)$ は,7 個の点 $P_0 = (0:0:1)$, $P_1 = (0:1:0)$, $P_2 = (1:0:0)$, $P_3 = (0:1:1)$, $P_4 = (1:1:0)$, $P_5 = (1:1:1)$, $P_6 = (1:0:1)$ と,以下の 7 個の直線をもつ.

$$
\begin{aligned}
&l_0 : x_1 = 0 && \text{は } P_0, P_1, P_3 \text{ を含む} \\
&l_1 : x_3 = 0 && \text{は } P_1, P_2, P_4 \text{ を含む} \\
&l_2 : x_2 + x_3 = 0 && \text{は } P_2, P_3, P_5 \text{ を含む} \\
&l_3 : x_1 + x_2 + x_3 = 0 && \text{は } P_3, P_4, P_6 \text{ を含む} \\
&l_4 : x_1 + x_2 = 0 && \text{は } P_4, P_5, P_0 \text{ を含む} \\
&l_5 : x_1 + x_3 = 0 && \text{は } P_5, P_6, P_1 \text{ を含む} \\
&l_6 : x_2 = 0 && \text{は } P_6, P_0, P_2 \text{ を含む}
\end{aligned}
$$

平面を表す有用な方法は,**接続行列** (incidence matrix) を用いることである.この平面

の場合，接続行列は 7×7 行列 $A = [a_{ij}]$ である．ただし，

$$a_{ij} = \begin{cases} 1 & (P_i \in l_j \text{ の場合}) \\ 0 & (P_i \notin l_j \text{ の場合}) \end{cases}$$

とする．上記の点 P_i と直線 l_j の番号を用いると，以下のとおりである．

$$A = \begin{bmatrix} 1 & 0 & 0 & 0 & 1 & 0 & 1 \\ 1 & 1 & 0 & 0 & 0 & 1 & 0 \\ 0 & 1 & 1 & 0 & 0 & 0 & 1 \\ 1 & 0 & 1 & 1 & 0 & 0 & 0 \\ 0 & 1 & 0 & 1 & 1 & 0 & 0 \\ 0 & 0 & 1 & 0 & 1 & 1 & 0 \\ 0 & 0 & 0 & 1 & 0 & 1 & 1 \end{bmatrix}$$

この行列が巡回行列であること，すなわち，すべての行が第 1 行の巡回シフトであることに注意しよう．これが偶然の一致ではないことは，後でわかる．

2.6 問 題

問題 2.6.1 $\mathbb{F}_{17}$ を考えよう．
(1) すべての元の和の値はいくつか？
(2) すべての非零元の積の値はいくつか？
(3) 2 の位数はいくつか？
(4) 元の位数として可能な値はいくつか？
(5) すべての可能な位数について，それぞれ，その位数をもつ元を一つ求めよ．
(6) 原始元はいくつあるか？
(7) 方程式 $x^2 + x + 1 = 0$ を解いてみよ．
(8) 方程式 $x^2 + x - 6 = 0$ を解いてみよ．

問題 2.6.2 F を体とする．
(1) $a, b \in F$ に対して $a \cdot b = 0$ ならば $a = 0$ または $b = 0$ となることを示せ．
(2) 集合 $\{0, 1, 2, 3\}$ は，加算と乗算を 4 を法として行うとき，体にならないことを示せ．

問題 2.6.3 $a \in \mathbb{F}_q$ とする．次の値を求めよ．

$$\sum_{j=0}^{q-2} (a^i)^j$$

問題 2.6.4 次数 3 の 2 元既約多項式をすべて求めよ．

問題 2.6.5 $\mathbb{F}_2$ 上の既約多項式 $f(x) = x^3 + x + 1$ を用いて $\mathbb{F}_8$ を構成し，それによって，元の加算と乗算がどのように行われるかを説明せよ．

$\mathbb{F}_8 \setminus \{0, 1\}$ の元の乗算表を作成せよ．

問題 2.6.6 $\mathbb{F}_{16}$ を構成するのに，以下のうち，どの多項式を用いればよいか？
$$x^4 + x^2 + x, \quad x^4 + x^3 + x^2 + 1, \quad x^4 + x + 1, \quad x^4 + x^2 + 1$$

問題 2.6.7 例 2.3.3 において構成された $\mathbb{F}_{16}$ を考えよう．
(1) $\mathbb{F}_{16}$ のすべての元の和を求めよ．
(2) $\mathbb{F}_{16}$ のすべての非零元の積を求めよ．
(3) $\mathbb{F}_{16}$ のすべての原始元を求めよ．

問題 2.6.8
(1) 多項式 $z^4 + z^3 + 1$ は $\mathbb{F}_{16}$ 内に根をもつ．いくつあるか？
(2) 多項式 $z^4 + z^2 + z$ は $\mathbb{F}_{16}$ 内に根をもつ．いくつあるか？

問題 2.6.9 $f(x) = (x^2 + x + 1)(x^3 + x + 1)$ とする．$f(x)$ が $\mathbb{F}_{2^m}$ 内に 5 個の根をもつような m の最小数を求めよ．

問題 2.6.10 $\mathbb{F}_{2^5}$ の元の可能な位数をすべて求めよ．$\mathbb{F}_{2^6}$ についてはどうか？

問題 2.6.11 トレース写像 $\mathrm{Tr}: \mathbb{F}_{2^m} \to \mathbb{F}_2$ は，以下の式で定義されていた（定義 2.3.1）．
$$\mathrm{Tr}(x) = x + x^2 + x^4 + \cdots + x^{2^{m-1}}$$

(1) $\mathrm{Tr}(x) \in \mathbb{F}_2$ を示せ．
(2) $\mathrm{Tr}(x + y) = \mathrm{Tr}(x) + \mathrm{Tr}(y)$ を示せ．
(3) $\mathrm{Tr}(\beta) = 1$ を満たす，少なくとも一つの元 $\beta \in \mathbb{F}_{2^m}$ が存在することを示せ．
(4) 以下が成立することを示せ．
$$|\{x \in \mathbb{F}_{2^m} : \mathrm{Tr}(x) = 0\}| = |\{x \in \mathbb{F}_{2^m} : \mathrm{Tr}(x) = 1\}|$$
（したがって，上記の値は 2^{m-1} である．）

問題 2.6.12 有限体 $\mathbb{F}_{q^m}$ と $\mathbb{F}_q$ に対し，定義 2.3.1 と同様にトレース写像 $\mathrm{Tr}: \mathbb{F}_{q^m} \to \mathbb{F}_q$ を以下の式で定義する．
$$\mathrm{Tr}(x) = x + x^q + x^{q^2} + \cdots + x^{q^{m-1}}$$

（2 元体 $\mathbb{F}_2$ から拡大体 $\mathbb{F}_{2^m}$ を導いたように，有限体 $\mathbb{F}_q$ 上の m 次既約多項式を用いて，その拡大体 $\mathbb{F}_{q^m}$ を定義することができる．）

(1) $\mathrm{Tr}(x) \in \mathbb{F}_q$ を示せ．
(2) $\mathrm{Tr}(x + y) = \mathrm{Tr}(x) + \mathrm{Tr}(y)$ を示せ．
(3) 元 $\gamma \in \mathbb{F}_q$ に対し，$\mathrm{Tr}(\gamma x) = \gamma\, \mathrm{Tr}(x)$ が成り立つことを示せ．
(4) $\mathrm{Tr}(x)$ の値が，$\mathbb{F}_q$ の元を同じ回数（すなわち q^{m-1} 回ずつ）とることを示せ．
（ヒント：各元 $\beta \in \mathbb{F}_q$ に対し，多項式 $x^{q^{m-1}} + \cdots + x^q + x - \beta$ を考えよ．）

問題 2.6.13 $\mathbb{F}_2$ 上で，$x^9 - 1$ を因数分解せよ．

問題 2.6.14 $\mathbb{F}_2$ 上で，$x^{73} - 1$ を因数分解せよ．

問題 2.6.15 $\mathbb{F}_2$ 上で，$x^{85} - 1$ を因数分解せよ．

問題 2.6.16 $\mathbb{F}_2$ 上で，$x^{18} - 1$ を因数分解せよ．

問題 2.6.17 $x^8 + x^7 + x^6 + x^5 + x^4 + x + 1$ は，$\mathbb{F}_2$ 上で既約多項式か？

問題 2.6.18
(1) $f(x) = x^4 + x^3 + x^2 + x + 1$ が，$\mathbb{F}_2[x]$ において既約であることを示せ．
(2) $f(x)$ を用いて $\mathbb{F}_{16}$ を構成せよ．すなわち，その元を示し，元の加算と乗算がどのように行われるかを説明せよ．
(3) 原始元を求めよ．
(4) 多項式 $x^4 + x^3 + x^2 + x + 1$ が $\mathbb{F}_{16}$ において 4 個の根をもつことを示せ．

問題 2.6.19 $f(x) \in \mathbb{F}_2[x]$ が次数 m の既約多項式であるとする．このとき，$f(x)$ は $\mathbb{F}_{2^m}$ 内の根 γ をもつ．以下の問 (1)〜(7) を解くことによって，$f(x)$ は $\mathbb{F}_{2^m}$ 内に m 個の相異なる根をもち，それらがすべて同じ位数をもつことを証明せよ．
(1) $f(\gamma^2) = f(\gamma^4) = \cdots = f(\gamma^{2^{m-1}}) = 0$ であることを示せ．
(2) $\gamma, \gamma^2, \ldots, \gamma^{2^{m-1}}$ が同じ位数をもつことを示せ．
(3) $\gamma^{2^i} = \gamma^{2^j}$, $j > i$ ならば $\gamma^{2^{j-i}} = \gamma$ であることを示せ ($a^2 = b^2$ ならば $a = b$ であるという事実を用いることができる)．

s を，$\gamma^{2^s} = \gamma$ であるような最小正整数とする．
(4) $\gamma, \gamma^2, \ldots, \gamma^{2^{s-1}}$ が互いに異なることを示せ．
(5) $g(x) = (x - \gamma)(x - \gamma^2) \cdots (x - \gamma^{2^{s-1}})$ が $f(x)$ を割り切ることを示せ．
(6) $g(x) \in \mathbb{F}_2[x]$ であることを示せ．
(7) $g(x) = f(x)$ であることを示し，それによって $s = m$ であることを証明せよ．

問題 2.6.20
(1) $\mathbb{F}_{32}$ の原始元の個数を決定せよ．
(2) 多項式 $x^5 + x^2 + 1$ が $\mathbb{F}_2$ 上で既約であることを示せ．
(3) $\mathbb{F}_{32}$ の元 γ で，位数 15 をもつものは存在するか？
(4) $\mathbb{F}_{16}$ は $\mathbb{F}_{32}$ の部分体か？

多項式 $x^5 + x^2 + 1$ を用いて $\mathbb{F}_{32}$ を構成しよう．α を，$\alpha^5 + \alpha^2 + 1 = 0$ を満たす $\mathbb{F}_{32}$ の元とする．
(5) $(x - \alpha)(x - \alpha^2)(x - \alpha^4)(x - \alpha^8)(x - \alpha^{16})$ を計算せよ．
(6) $\alpha^4 + \alpha^3 + \alpha = \alpha^i$ とする．i はいくつか？

$\mathbb{F}_{32}$ は $\mathbb{F}_2$ 上のベクトル空間とみなせる．
(7) このベクトル空間の次元が 5 であることを示せ．

γ を $\gamma \neq 0, 1$ であるような $\mathbb{F}_{32}$ の元であるとする．
(8) γ は，5 より小さい次数の 2 元多項式の根にはならないことを示せ．
(9) $1, \gamma, \gamma^2, \gamma^3, \gamma^4$ がこのベクトル空間の基底となることを示せ．
(10) 基底 $1, \alpha, \alpha^2, \alpha^3, \alpha^4$ に関して，α^8 の座標を求めよ．

問題 2.6.21 C を $\mathbb{F}_q$ 上の線形 (n, k, d) 符号であるとしよう．
(1) d は，検査行列 H の 1 次従属な列の最小個数に等しいことを示せ．
(2) $\mathbb{F}_q$ 上の $(n, k, 3)$ 符号の最大符号長はいくつか？

(3) $\mathbb{F}_q$ 上の最大の符号長をもつ $(n,k,3)$ 符号を構成し,それが完全符号であること,すなわち,ハミング限界を等式 $1+(q-1)n = q^{n-k}$ で満たすことを示せ.

第 3 章

通信路と誤り確率
Communication Channels and Error Probability

本章では,誤り訂正符号の性能を,その復号誤り確率に基づいて議論する.復号誤り確率や復号失敗確率を計算する方法を導くか,あるいは,少なくともこれらの確率の上界を求める.確率論のいくらかの基本的な予備知識を前提としているが,ほとんどは本書の解説だけで理解できるようにしてある.

誤り訂正符号の概念は,シャノンの論文 "A Mathematical Theory of Communication" (1948) においてはじめて現れた.情報理論において,**通信路** (communication channel) とは,メッセージを入力とし,その不完全な再現を出力とする通信リンク,あるいは,それに関連したシステムのモデルである.

復号をソフトウェアによってシミュレーションすることはしばしば有用である.その際,必要な確率分布は適当な擬似乱数生成器から得られる.章末の問題では,プログラミングの課題(プロジェクト)についてのヒントを提示する.

3.1 確率とエントロピー

3.1.1 確率分布

2元アルファベット $\{0,1\}$ の記号の生起確率が $P(1) = p$, $P(0) = 1-p$ であるとしよう.記号系列中の各記号が独立に生起するならば,系列の生起確率は次のようになる.

$$P(x_1, x_2, \ldots, x_n) = \prod_{i=1}^{n} P(x_i) \tag{3.1}$$

補題 3.1.1 j 個の 1 と $n-j$ 個の 0 からなる,長さ n の記号系列が生起する確率は,次の **2 項分布** (binomial distribution) で与えられる.

$$P(n, j) = \binom{n}{j} p^j (1-p)^{n-j} \tag{3.2}$$

[証明] 式 (3.1) による. □

2項分布において，j の期待値は $\mu = np$ であり，分散は $\sigma^2 = np(1-p)$ である．

n が大きいとき，2項分布を次の**ポアソン分布** (Poisson distribution) で近似すると便利なことがある．

$$P(j) = e^{-\mu} \frac{\mu^j}{j!} \tag{3.3}$$

ここでも j の期待値は μ であり，分散は $\sigma^2 = \mu$ である．式 (3.3) は，式 (3.2) において，$\mu = np$ を一定に保ったまま，n を無限大にし，かつ p を 0 に近づけるとき，その極限として得ることもできる．

3.1.2 離散メッセージとエントロピー

誤りを生じる通信路を通してどのように情報が送られるか議論するために，少なくとも，送りたいメッセージの単純なモデルが必要になる．送信者は，受信者へ送りたいデータを，無制限に多量にもっていると仮定する．データはメッセージに分けられるが，通常，それらは独立に生起する記号の系列であると仮定する．

離散無記憶情報源 (discrete memoryless source) においては，出力は同じ特性をもつ独立な確率変数の列である．それぞれの出力 X は，有限アルファベット $\{x_1, x_2, \ldots, x_q\}$ 中に値をもつ．x_j の確率を $P(x_j) = p_j$ とする．X の確率分布をベクトル $P(X) = (p_1, p_2, \ldots, p_q)$ によって表すと，都合のよいことが多い．X が表す情報量の尺度として，次を定義する．

> **定義 3.1.1** 離散情報源 X の**エントロピー** (entropy) とは，
> $$H(X) = E[-\log P(x)] = -\sum_{j=1}^{q} p_j \log p_j \tag{3.4}$$
> である．ここで，E は期待値を示す．情報理論では，通常は底 2 の対数をとり，情報量の（無次元の）単位はビットである．

q 個の記号からなるアルファベットに対し，H の最大値は $\log q$ であり，この値は，すべての記号が同じ確率 $1/q$ をもつとき達成されることに注意する．独立に生起した n 個の記号からなるベクトルのエントロピーは，各記号のエントロピーの n 倍である．

◆**例 3.1.1（離散情報源のエントロピー）** 4 個の記号からなるアルファベットと，確率分布 $(1/2, 1/4, 1/8, 1/8)$ をもつ情報源を考えよう．もし，すべての記号が同じ確率 $1/4$ をもつならば，エントロピーは $\log_2 4 = 2$ になる．いまの場合は，次のようになる．

$$H = \frac{1}{2}\log 2 + \frac{1}{4}\log 4 + \frac{1}{8}\log 8 + \frac{1}{8}\log 8 = \frac{1}{2} + \frac{1}{2} + \frac{3}{4} = \frac{7}{4}$$

情報源符号化 $a \to 0$, $b \to 10$, $c \to 110$, $d \to 111$ を用いるならば，これらの情報源記号は平均 7/4 ビットにより表現される．

この情報理論的な量の重要性は，とくに（情報源）符号化定理によって正当化される．その定理は，記号の系列を，同じ情報量をもつ標準的な表現，すなわち，通常は 2 元記号の系列へ写像できるということを示している．こうして，符号器は（固定あるいは可変の）ある個数の情報源記号を（固定あるいは可変の）ある個数の 2 元の符号記号に写像し，その結果，N 個の情報源記号を，（平均として）$NH(X)$ 個に近い個数の符号記号へ写像する．例 3.1.1 の符号は，可変長の情報源符号の簡単な例である．興味あるたいていの情報源はより複雑な，とくに記憶をもつものである．このような情報源に対する符号化は，データ圧縮といわれることが多い．

3.2 相互情報量と離散通信路の通信路容量

通信路とは，入力アルファベットからの記号系列を入力とし，その不完全な再現を出力とする通信リンクや記録媒体，あるいは，それらに関連するシステムであった．なお，入力アルファベットと出力アルファベットは異なっていてもよい．通信路として，メッセージに対する多くの制限やさまざまな送信状態の劣化を記述するものもある．

本節では，通信路を流れる情報量の尺度として，相互情報量の概念を導入し，通信路容量を定義する．

3.2.1 離散無記憶通信路

離散無記憶通信路 (discrete memoryless channel) とは，入力と出力がともに記号の系列であり，各時点の出力はその時点の入力のみに依存するモデルである．この通信路は，有限アルファベット $\{x_1, x_2, \ldots, x_r\}$ および $\{y_1, y_2, \ldots, y_s\}$ に値をもつ確率変数の対 (X, Y) を関連付ける．通信路の特性は，x_j が与えられたという条件のもとでの y_i が得られる条件付き確率 $P(y_i|x_j) = p_{ji}$ により記述される．通信路を遷移確率行列 $P(Y|X) = [p_{ji}]$ によって表すと，都合のよいことが多い．このとき，出力変数 Y の確率分布は，入力変数の確率分布 $P(X)$ に遷移確率行列を乗じて与えられる．

$$P(Y) = P(X)P(Y|X)$$

出力 Y が与える，入力 X に関する情報量の尺度を以下に定義しよう．

> **定義 3.2.1** 対 (X, Y) の**相互情報量** (mutual information) を次で定義する.
> $$I(X; Y) = E\left[\log \frac{P(y|x)}{P(y)}\right] = \sum_j P(x_j) \sum_i p_{ji} [\log p_{ji} - \log P(y_i)] \quad (3.5)$$

X が与えられたとき，相互情報量 $I(X; Y)$ は $H(X)$ を超えられないことに注意しよう．$I(X; Y) = H(X)$ は，$(r = s$ で$)$ $P(Y|X)$ が単位行列のとき，すなわち X のそれぞれの値が Y の一意の値に対応するとき達成される．そのとき，$P(x, y) = P(y)$ であるからである．

$I(Y; X) = I(X; Y)$ にも注意しよう．この対称性は，I の定義において $P(y|x)$ を $P(y, x)/P(x)$ で置き換えることで得られる．われわれは，(エネルギーの流れにより運ばれる) X から Y への情報の流れを考えがちなので，これは予期しない性質である．しかし実際は，I を，X によって与えられる Y に関する情報量として解釈することもできる．

補題 3.2.1 $I(X; Y) = H(Y) - H(Y|X) = H(X) - H(X|Y)$

この補題は定義からただちに導かれるもので，相互情報量 I を計算する便利な方法を与える．通常，I は第 1 の形を使ったほうが計算が容易で，式 (3.5) の右辺がこの計算法を示している．項 $H(Y|X)$ は通信路の遷移確率から求めることができて，$H(Y)$ は出力分布から求めることができる．第 2 の形を使うためには，逆向きの遷移確率から $H(X|Y)$ を計算する必要がある．

> **定義 3.2.2 離散通信路の通信路容量** (capacity of a discrete channel) $C(Y|X)$ とは，$P(X)$ に関する I の最大値である．

通信路容量の定義は直接的に見えるが，通信路容量を解析的に計算するのは困難なことが多い．多くの興味ある場合において，遷移確率の対称性は，I の最大値が対称な入力確率に対して得られることを示唆する．必要ならば，少数個のパラメータ値にわたっての I の最大値を数値的に求めることもできる．

最も重要な通信路モデルは，**2 元対称通信路** (binary symmetric channel, **BSC**) である．この通信路は，2 元データに対しランダムな誤りが確率 p で起こる状況をモデル化したものである．遷移確率行列は次のようになる．

$$P(Y|X) = \begin{bmatrix} 1-p & p \\ p & 1-p \end{bmatrix}$$

等確率の分布をもつ入力に対し，出力は同じ分布をもち，相互情報量は，補題 3.2.1 から（ビット/記号の単位で）次の通信路容量に等しい．

$$C = 1 - H(p) \tag{3.6}$$

ここで，H は次のような 2 元エントロピー関数である．

$$H(p) = -p \log p - (1-p) \log(1-p) \tag{3.7}$$

2 元エントロピー関数は $p = 1/2$ について対称的であり，そこで最大値 1 をとる．このとき BSC の通信路容量 C は 0 に下がるが，これは，出力が入力に対して独立であることから予測できるとおりである．小さい p の範囲で，通信路容量は p が増加するとともに急激に減少し，すでに，$p = 0.11$ のとき $C = 1/2$ となる．

無記憶通信路に対しては，独立な入力を用いることにより，相互情報量 I の最大値 C を得ることができる．しかしながら，情報を効率的に送るために，どのようにしてそのような記号を用いればよいかは明らかでない．もし，k 個の情報ビットを確実に送りたいならば，通信路を使って，少なくとも $n = k/C$ ビットを送信しなければならない．ブロック符号とは，まさに受信語から高い確率で情報を復元することができるように n 個の記号のベクトルを選ぶ規則である．

◆例 3.2.1 (2 元消失通信路 (binary erasure channel, BEC))　通信路が送信記号の代わりに特別な記号 "?" を出力するとき，記号を**消失する** (erase) という．もし実際の誤りが起こらないときは，遷移確率行列は次のようになる．

$$P(Y|X) = \begin{bmatrix} 1-p & p & 0 \\ 0 & p & 1-p \end{bmatrix}$$

この BEC の通信路容量は，補題 3.2.1 の最後の式から容易に求められ，$C = 1 - p$ となる．このように，消失した送信記号の割合だけ情報量が減る．BEC において長い (n, k) 符号を使うならば，シンドローム方程式は連立 1 次方程式となり，それを解けば消失記号を求めることができる．約 np 個の記号が消失し，符号化率が $1 - p$ より小さいとき，未知数より方程式の個数のほうが大きい．少なくとも送信語が一つの解であることがわかっているから，通常それは一意の解である．しかしながら，検査行列における任意の j 個の列が 1 次独立であるのは，$j < d$ のときに限る．しかも，2 元符号では，d は $n - k$ よりもずっと小さい．したがって，消失の訂正は必ずしも可能ではない．

多くのアルファベットをもつ類似の消失通信路は，通信ネットワークにおけるパケット消失や記録媒体における部分欠落を記述するために有用である．

◆例 3.2.2 次の遷移確率行列をもつ離散通信路を考えよう.
$$P(Y|X) = \begin{bmatrix} \frac{1}{2} & \frac{3}{8} & \frac{1}{8} & 0 \\ 0 & \frac{1}{8} & \frac{3}{8} & \frac{1}{2} \end{bmatrix}$$

対称性により，各入力記号が確率 1/2 をもつように選ぶことができる．そのとき，相互情報量は補題 3.2.1 より $I = (3\log 3)/8 = 0.594$ と容易に計算される．われわれはこの通信路を，確率 1/2 で誤りのない記号を出力し，また確率 1/2 で反転確率 1/4 と通信路容量 0.189 をもつ BSC となる，と解釈できる．もし，出力 1 と 2，および 3 と 4 を区別しないならば，反転確率 1/8 と通信路容量 0.456 をもつ BSC となる．

ほかの離散通信路モデルを，変調器／復調器（モデム）における信号処理に対して使うこともできる．多くの興味ある実用的な通信路モデルが，実数値である入力記号，および，通信路において，平均が 0 で一定の分散をもつガウス雑音がその入力に加わることを仮定することによって導かれる．付録 B において，このような（連続的）通信路に対する符号化について議論し，ガウス雑音通信路の通信路容量を与える．

大きな記号アルファベット上の符号に対しては，異なる確率をもつ，さまざまな誤りの種類がある．しかし，p が，受信記号が送信記号と異なる確率であって，誤りが互いに独立に生起するならば，式 (3.2) や式 (3.3) をやはり用いることができる．

3.2.2　長い系列に対する近似

符号長 n の大きい (n,k) ブロック符号に対し，誤りの個数は np に近いと予想できる．この符号がその個数の誤りを訂正するためには，シンドロームの個数 2^{n-k} は，少なくとも誤りパターンの個数と同じである必要がある（これはハミング限界である）．このことを，2 項係数についての次の有用な近似式を用いて，通信路容量に関連付けよう．

補題 3.2.2　$m/n \leq 1/2$ ならば，次が成り立つ[†].
$$\sum_{j=0}^{m} \binom{n}{j} \leq 2^{nH(m/n)} \tag{3.8}$$

[証明]　$m/n \leq 1/2$ について，2 項展開を用いることができ，

[†] 訳者注：さらに，$\dfrac{2^{nH(m/n)}}{\sqrt{8m(1-m/n)}} \leq \sum_{j=0}^{m} \binom{n}{j}$ が成り立つ．証明は，巻末に挙げる [MacWilliams-Sloane] Chapter 10, Section 11, Corollary 9 を参照されたい．

$$1 = \left[\frac{m}{n} + \left(1 - \frac{m}{n}\right)\right]^n = \sum_{j=0}^{m} \binom{n}{j} \left(\frac{m}{n}\right)^j \left(1 - \frac{m}{n}\right)^{n-j}$$

$$= \sum_{j=0}^{m} \binom{n}{j} \left(\frac{m/n}{1-m/n}\right)^j \left(1 - \frac{m}{n}\right)^n \geq \sum_{j=0}^{m} \binom{n}{j} \left(\frac{m/n}{1-m/n}\right)^m \left(1 - \frac{m}{n}\right)^n$$

$$= 2^{-nH(m/n)} \sum_{j=0}^{m} \binom{n}{j}$$

により不等式を得る. □

こうして,長い符号についてはハミング限界は $H(t/n) < 1 - k/n$ となり, np 個の誤りを訂正することができるためには, $H(p) < 1 - k/n$, すなわち $R = k/n < C$ でなくてはならない[†].

通信路容量に近い符号化率に対し,復号誤りを小さい確率に抑えられることを証明するうえでのおもな困難は,ハミング限界に達する長い符号が構成できないという事実と関係する.この節の最後において,重みが np に近いすべての誤りを訂正することはできないが,このような誤りを高い確率で訂正できることを示す.

2 項分布を長い系列に適用する際,次の関係式が有用である.

$$p^j (1-p)^{n-j} = 2^{-n[-(j/n)\log p - (1-j/n)\log(1-p)]} = 2^{-n T_p(j/n)} \tag{3.9}$$

ここで,関数 T_p は, j/n の関数として,エントロピー関数の点 $j/n = p$ における接線である.エントロピー関数の傾きは, $\log[(1-p)/p]$ であることが容易にわかる.これらの関数を図 3.1 に示す.

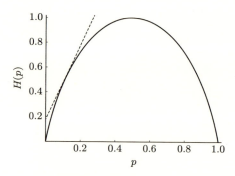

図 3.1 2 元エントロピー関数 $H(p)$ (実線) および $p = 0.11$ における接線 $T_p(\epsilon)$ (破線)

[†] 訳者注:正確には,この式は漸近的に成り立つ.すなわち,直前の脚注を用いて, np 個の誤りが訂正できるならば, $n \to \infty$ のとき $\varepsilon(n) \to 0$ となる関数 $\varepsilon(n)$ があって, $H(p) - \varepsilon(n) < 1 - k/n$ となることが示される.

3.3 特定の符号に対する誤り確率

3.3.1 限界距離復号の失敗確率と誤り確率

(n, k) 2元線形符号を通信に用いるとき，通常，すべての符号語が等確率で生起する．すなわち，各符号語 c_i の生起確率が次のようになっているものと仮定する．

$$P(c_i) = 2^{-k}$$

誤りが確率 p で生起し，互いに独立で，かつ，送信記号によらないならば，この通信路は **2元対称通信路** となる．

本節では，**限界距離復号** (bounded distance decoding)，すなわち，t 個以下のすべての誤りパターンを訂正し，ほかの誤りパターンは訂正しない復号を考える．とくに，$t = \lfloor (d-1)/2 \rfloor$ の場合，そのような復号は，第1章で述べたように，**最小距離復号** (minimum distance decoding) とよばれる．

t 個を超える誤りが生じている場合の限界距離復号においては，受信語は復号されないか，または，間違った符号語に復号される．**復号誤り** (decoding error) とは，復号器が送信語と異なる符号語を出力することを意味する．また，**復号失敗** (decoding failure) とは，正しい符号語が復元できないことを意味する．したがって，復号失敗は復号誤りを含む．復号誤り確率 P_{err} は，ほとんどの場合，復号失敗確率 P_{fail} よりかなり小さいので，本書では復号失敗をこの復号誤りを含んだ意味で用いる．どのような符号語も出力されないとき，**復号不能** という（定義 1.3.1 参照）．復号不能の確率は $P_{\text{fail}} - P_{\text{err}}$ である．

式 (3.2) より，次の定理を得る．

定理 3.3.1　限界距離復号の復号失敗確率は，次のとおりである．

$$P_{\text{fail}} = 1 - \sum_{j=0}^{t} \binom{n}{j} p^j (1-p)^{n-j} = \sum_{j=t+1}^{n} \binom{n}{j} p^j (1-p)^{n-j} \qquad (3.10)$$

p が小さいとき，最後の和の値はより容易に計算できる．その場合，一つの項，あるいは少数個の項だけで十分に正確な近似値を与える．明らかに，最小距離復号に対する復号誤り確率は，その符号の最小距離だけに依存する．

t 個を超える誤りが生じると，間違った符号語が復号器によって出力されることがある．限界距離復号に対しては，このような復号誤りの確率を厳密に求めることができる．ここでは，2元の場合だけを考えよう．

補題 3.3.1 零符号語が送信されたとし，復号語の重みが w であるとしよう．誤りパターンの重みが j であり，受信語から復号語への距離が l であるとき，以下が成り立つ．
$$j + l - w = 2i \geq 0$$

[証明] j と w は，それぞれ送信語から受信語と復号語への距離であり，l は受信語から復号語への距離であるから，三角不等式によって $j + l - w \geq 0$ が成り立つことがわかる．ある整数 $i, 0 \leq i \leq j$ に対し，誤りベクトルは，復号語の w 個の非零成分中の $j-i$ 個の誤り，および，零成分中の i 個の誤りから成り立っている．したがって，$l = i + (w - j + i)$ である．　□

補題 3.3.1 に述べられた条件を満たす誤りパターンの個数は，以下のように求められる．

補題 3.3.2 復号語の重みを w としよう．このとき，送信語から距離 j で，復号語から距離 l であるベクトルの個数は，以下のようになる．
$$T(j,l,w) = \binom{w}{j-i}\binom{n-w}{i} \tag{3.11}$$
ここで，$j + l - w$ が偶数で，かつ $w - l \leq j \leq w + l$ のときは，$i = (j + l - w)/2$ であり，それ以外の場合は T は 0 である．

[証明] 補題 3.3.1 による．　□

補題 3.3.2 で定義された関数を計算するプログラムが使えるか，または，ある範囲のパラメータ値に対して計算されている場合，以下に示す復号誤り確率（式 (3.12) および式 (3.17)）の値はすぐ求めることができる．

線形符号の重み分布母関数が，1.4 節において，次式で定義されていた．
$$A(z) = \sum_{w=0}^{n} A_w z^w$$
ここで，A_w は重み w の符号語の個数である．結局，復号誤り確率は，すべての符号語，および，すべての j と $l \leq t$ について，重み分布 A_w と式 (3.11) を計算に組み入れることによって求められる．

定理 3.3.2 ビット誤り率 p をもつ 2 元対称通信路における限界距離復号の誤り確率は，次のとおりである．

$$P_{\text{err}} = \sum_{w>0} \sum_{j=w-t}^{w+t} \sum_{l=0}^{t} A_w T(j,l,w) p^j (1-p)^{n-j} \tag{3.12}$$

[証明] 線形符号を考えているので，零符号語が送信されたと仮定してよい．受信語は，高々 1 個の非零符号語から距離 t 内にありうるので，復号誤り確率は上記の総和によって厳密に計算することができる． □

定理 3.3.2 は，重み分布が復号誤り確率を求めるのに必要な情報を含んでいることを意味している．しかし，実際に重み分布を求めることはかなりの計算を要するのが普通である．しばしば，式 (3.12) を p のべきに展開し，その最初の数項を計算すれば，十分よい近似値を得ることができる．

復号されるシンドロームの割合を乗じた P_{fail} によって，P_{err} を近似することが有用な場合がある．サイズ q のアルファベットに対するこの近似は，次のようになる．

$$P_{\text{err}} \simeq P_{\text{fail}}\, q^{-n+k} \sum_{j=0}^{t} \binom{n}{j}(q-1)^j \tag{3.13}$$

◆例 3.3.1 ($(16,11,4)$ 拡大ハミング符号の復号誤り確率) この符号は 1 個の誤りを訂正することができる．2 個の誤りは検出できるが，訂正はできない．したがって，復号失敗の確率は，式 (3.10) から次のようになる．

$$P_{\text{fail}} = 1 - (1-p)^{16} - 16p(1-p)^{15} = 120p^2 + \cdots$$

p があまり大きくないときは，復号誤りはたいてい，3 個誤りの結果として生じる．式 (3.11) から $T(3,1,4) = 4$ が得られ，P_{err} は式 (3.12) から $A_4 = 140$ を用いて計算することができる．実際は，3 個誤りは常に間違った符号語に復号される．したがって，p のべきへの展開の第 1 項は，次式のようになる．

$$P_{\text{err}} = 560p^3 + \cdots$$

3.3.2 2元ブロック符号の最尤復号に対する限界

多くの場合，$d/2$ を超える個数の誤りを訂正することが可能であるが，そのようなアルゴリズムに対して，厳密な復号誤り確率を計算することはさらに困難である．本節では，そのような場合における，復号誤り確率のいくつかの限界を与える．

次の概念はとくに重要である．

定義 3.3.1 **最尤 (ML) 復号** (maximum likelihood decoding) とは，任意の受信語 r を，距離 $d(r,c)$ が最小であるような符号語 c に復号するものをいう．

尤度 (likelihood) という用語は，c が送信されたとき，r が受信される条件付き確率 $P(r|c)$ を意味する．最尤復号器は，この尤度を最大化する符号語を選んで復号する．すべての符号語が等確率で送信されることを仮定すれば，最尤復号は，復号誤り確率を最小にする．もし最も近い符号語が一意でないときには，それらのうちの一つを選ぶ．そのとき，選んだ符号語に対応する誤りパターンは訂正されるが，同じ重みをもつほかの符号語に対応する誤りパターンは，復号誤りの原因となる．1.3 節において，シンドロームのリストに基づいて，どのように復号ができるかを議論した．原理的には，各コセット中の一つの誤りパターンを訂正することができて，これらの誤りパターンがわかっているときには，式 (3.10) の総和を拡張して，誤り確率を計算することもできる．しかし，このアプローチは短い符号にしか適用できない．

本節では，2 元符号の最尤復号に対する誤り確率の，いくつかの上界を与える．これらの上界は重み分布だけに依存し，さらに，定理 3.3.1 と同様に，展開式の最初の数項を知れば十分な近似となることが多い．

定理 3.3.3 重み分布母関数 $A(z)$ をもつ符号をビット誤り率 p の BSC で用いたとき，復号誤り確率の一つの上界が以下で与えられる．

$$P_{\text{err}} \leq \sum_{w>0} \sum_{j>w/2} A_w \binom{w}{j} p^j (1-p)^{w-j} + \frac{1}{2} \sum_{j>0} A_{2j} \binom{2j}{j} p^j (1-p)^j \quad (3.14)$$

[証明] 符号が線形であるので，零符号語が送信されたと仮定してよい．もし受信語が零符号語よりもある非零の符号語に近いならば，誤りが生じる．重み $w > 0$ をもつ各符号語に対し，受信語が零符号語よりこの符号語に近い確率は，以下のとおりである．

$$\sum_{j>w/2} \binom{w}{j} p^j (1-p)^{w-j}$$

なぜならば，その非零符号語が成分 1 をもつ位置のうち，$w/2$ 個を超える位置で誤りが存在しなければならないからである．そこで，これらの事象の和の確率に対する上界を，それらの確率の和をとることによって求めている．w が偶数で，それらの位置の半数で誤りが存在するならば，少なくとも二つの符号語が距離 $w/2$ に存在する．もし重み $w/2$ のあるパターンがただ一つの非零符号語においてだけ生じるならば，復号誤りは確率 1/2 で生起する．もし同じパターンが 2 個以上の符号語で生じるならば，復号誤り確率はより大きくなるが，そのとき，そのパターンは，式 (3.14) において，確率 1/2 で少なくとも 2 回計算に組み入れられている．　□

たいていの誤りは $w/2$ に近い j の値で生じるから，あらゆる誤りパターンに対して，j のこの値を用いることができる．誤りパターンの半分が $w/2$ より大きい重みを

もつので，より簡単な以下の近似式を得る．

$$P_{\mathrm{err}} < \sum_{w>0} A_w 2^{w-1}(p-p^2)^{w/2} \tag{3.15}$$

通信路だけに依存する関数 $Z = \sqrt{4p(1-p)}$ を導入することによって，次式を得る．

$$P_{\mathrm{err}} < \frac{1}{2}\sum_{w>0} A_w Z^w \tag{3.16}$$

これは，訂正される誤りの個数がかなり大きいときに有用な限界式である．式 (3.14) と式 (3.16) は，誤り確率が最小距離だけでなく，小さい重みの符号語の個数にも依存することを示している．大きな重みの符号語の個数のほうがずっと大きいので，p が大きくなるにつれて，誤り確率に対するそれらの寄与はより大きくなる．

一つのベクトルが零符号語よりも二つ以上の非零符号語により近い場合，式 (3.14) は誤り確率を過大に評価している．実際には，重み $d/2$ をもつ誤りパターンが，零符号語といくつかの非零符号語に対し同じ距離をもつことがあるが，そのようなことはほとんど生じない．

式 (3.14) の各項を計算する際，考えている w 個の位置以外における誤りパターンの値は特定していない．したがって，ほかの位置にいくつかの誤りがあるときは，そのベクトルはほかの符号語にも近いという可能性が高くなり，大きな重みのベクトルが明らかに多数回繰り返し組み入れられる（もちろん，それらは小さい確率をもっているが）．すべての誤りパターンの重みをきちんと考慮することによって，よりよい限界を得ることができる．

重み $j > w/2$ をもち，零符号語よりも重み w をもつ特定の非零符号語により近い誤りパターンの個数は，補題 3.3.2 を用いて以下の式によって求めることができる．

$$\sum_{j>w/2}\sum_{l<j} T(j,l,w)$$

ここでも，この数を A_w 倍し，w に関して総和をとることによって，ユニオン限界 (union bound) を得る．この和は，重み j をもち，復号誤りを生じさせる可能性のある誤りの個数に対する上界である．第 j 項が重み j のベクトルの総数より小さいときに限って，それをこの上界式に含ませる．しかし，j が大きい場合，単に重み j をもつすべてのベクトルが誤りを生じさせると仮定する．したがって，次の上界（**ポルチレフ限界** (Poltyrev bound)）を得る．

定理 3.3.4 (n, k, d) 符号をビット誤り率 p の BSC で用いたとき，復号誤り確率の一つの上界が以下で与えられる．

$$P_{\text{err}} \leq \sum_{w>0} A_w \sum_{w/2<j\leq J} \sum_{l<j} T(j,l,w) p^j (1-p)^{n-j}$$
$$+ \sum_{j>J} \binom{n}{j} p^j (1-p)^{n-j}$$
$$+ \frac{1}{2} \sum_{0>j>J} \sum_{l<j} A_{2j} T(j,l,2j) p^j (1-p)^{n-j} \qquad (3.17)$$

式 (3.17) は任意の J の値に対して成立するが，その値は右辺が最小になるように選ばなくてはならない．式 (3.14) と同様に，重み $w/2$ の誤りパターンを考慮した項が追加されている．この限界は，通常，関心のある p の値すべてにおいて，最尤復号による実際の誤り確率に対するきわめてよい近似値を与える．

◆**例 3.3.2** 重み分布関数 $A(z) = 1 + 15z^7 + 15z^8 + z^{15}$ をもつ $(15, 5, 7)$ 符号を考えよう．式 (3.14) を用いて，次の上界を得る．

$$P_{\text{err}} \leq 15 \left[\binom{7}{4} p^4 (1-p)^3 + \binom{7}{5} p^5 (1-p)^2 + \binom{8}{5} p^5 (1-p)^3 + \cdots \right]$$
$$+ \frac{15}{2} \binom{8}{4} p^4 (1-p)^4$$

定理 3.3.4 において，同様に重み 4 の誤りを含めてよく，ふたたびそれらの 1050 個から第 1 項を得る．上記の式における重み 5 の誤りパターンの数は，15 の中の五つの位置の組合せの数をはるかに超えている．さらに，符号語の零成分のいずれかにおいて，重み 4 の誤りパターンに単一の誤りを加えることによって得られる誤りパターンが存在する．これらの誤りは第 1 項に陰に含まれていた．したがって，ポルチレフ限界は次のようになる．

$$P_{\text{err}} \leq 1050 p^4 (1-p)^{11} + \binom{15}{5} p^5 (1-p)^{10} + \binom{15}{6} p^6 (1-p)^9$$

より詳しく解析すると，いくつかの四つ組が複数の符号語に共通に含まれることがわかる．重み 4 の誤りパターンの数は 1050 ではなく 945 なので，誤り確率は 10 ％ほど過大に評価されている．この符号は 1024 個のおのおののコセットについて一つずつの誤りパターンを訂正でき，また，重み 1～4 の誤りパターンの $15 + 105 + 455 + 420 = 995$ 個の誤りパターンが訂正されるので，重み 5 の 28 個の誤りパターンもまた訂正される．

3.4 長い符号と通信路容量

通信路容量の重要性は（通信路）符号化定理と関係している．その定理は，通信路を使って $n = k/C$ よりほんのわずか多くのビットを送信することによって，k 個の情報ビットを確実に送信できることを示している．したがって，符号器は，k 個の情報ビットを，2^k 個の符号語からなる符号を用いて n 個の符号記号の系列へ変換する．符号化定理は，任意の符号化率 $R < C$（ビット/記号の単位で）に対し，**誤り指数**とよばれる正定数 $E(R)$ が存在し，十分大きな n に対し，誤り確率が次を満たすような符号が存在することを述べている．

$$P_{\text{err}} < 2^{-nE(R)} \tag{3.18}$$

興味のある通信路のほとんどでは，よい符号を構成して定理を直接証明することは不可能であった．その代わりに，符号の大きな集合にわたって平均をとることで証明されている．ここでは，BSC に対する証明の概略を与える．

すべての非零ベクトルを等確率で用いる線形ブロック符号の 1 クラスを考えると，重み分布多項式の平均は，次のように 2 項係数を符号語の個数比倍することによって得られる．

$$A(z) = 1 + \sum_{w>0} 2^{-n+k} \binom{n}{w} z^w \tag{3.19}$$

このような分布において，定理 1.4.1 は $k' = n - k$ として同じ形の $B(z)$ を与えることに注意しよう．小さい重み w をもつ符号語の個数は，平均的に 1 より小さい．また，ギルバート・ヴァルシャモフ限界（定理 1.2.2）は，累積分布の値が 1 を超える重みの最小値を示している．

大部分の符号は式 (3.19) の平均にかなり近い重み分布をもつ．とくに，以下の事実に注意する．

補題 3.4.1 2 元符号において，すべての符号語が特定の位置で，常に成分 0 をもつことがないならば，符号語の平均重みは以下で与えられる．

$$E[w] = 2^{-k} \sum_j A_j j = 2^{-k} \sum_{c_i \in C} \sum_j c_{ij} = 2^{-k} \sum_j \sum_{c_i \in C} c_{ij} = \frac{n}{2} \tag{3.20}$$

ここで c_{ij} は，符号語 c_i における j 番目の成分である．

式 (3.20) の証明では，和の順序を交換し，各成分が 0 か 1 である頻度は同程度であるという事実を用いる．同様に，よい符号は記号の繰返しを含まないという事実を

用い，すべての重み分布は同じ分散をもつということを証明する．

定理 3.4.1 符号 C が，任意の符号語 $c_i \in C$ に対し，$c_{ij'} = c_{ij''}$ であるような二つの位置 j' と j'' をもたないならば，重み分布の分散は以下で与えられる．

$$\sigma_w^2 = E[w^2] - \frac{n^2}{4} = \frac{n}{4} \tag{3.21}$$

[証明] 重みの平方を，一つの符号語における記号のすべての対の積の和によって表現する．

$$\sum_{j',j''} c_{ij'} c_{ij''} = w^2$$

もし二つの記号が同一でない (00 や 11 でない) ならば，それらは同じ頻度で値 00, 01, 10, および 11 となる．こうして，積の平均値は 1/4 となる．いま，補題 3.4.1 にあるとおり和の順序を交換する．このとき，$p = 1/2$ における 2 項分布と同じく，分散は常に同じ値 $n/4$ となることがわかる．異なる符号の性能の違いは，おもに比較的少数個の，小さい重みの符号語によっている． □

限界式 (3.16) と重み分布 (3.19) を組み合わせて，次の結果を得る．

定理 3.4.2 $R < R_0$ のとき，十分大きな n に対し BSC 上の誤り確率が以下を満たすような，符号化率 R のブロック符号が存在する．

$$P_{\text{err}} < 2^{-n(R_0 - R)} \tag{3.22}$$

ここで，R_0 は次のように定められる．

$$R_0 = 1 - \log(1 + Z), \qquad Z = \sqrt{4p(1-p)} \tag{3.23}$$

[証明] 式 (3.16), (3.19) および (3.8) から次を得る．

$$P_{\text{err}} < \sum_w 2^{-n+k+nH(w/n)+w\log Z}$$

w' を

$$\frac{w'}{n} = \frac{Z}{1+Z}$$

によって定義すると，限界式右辺の指数部分は，$w = w'$ のとき最大値となり，証明が完結する． □

このように，符号化率のある範囲において，誤り指数は R の 1 次関数である．ほとんどの誤りは，受信語が，距離 w' にある符号語に復号されるときに起こり，またこの距離は符号化率とは独立である．これらの誤り事象は性能を左右する．なぜならば，

符号語の数と関与する誤り確率との積は最大だからである．こうして，符号は，より多数の，より小さい重みの符号語があっても，依然として，ほぼ同じ誤り率に達する．符号化率が非常に小さいときは，符号の最小距離は w' よりも大きくなることがあり，その場合，性能は最小重みの符号語によって決まる．

符号化率が大きいときは，限界式は誤りパターンの数を過大評価しているので，ポルチレフ限界と同様に，ある特定の重みのすべての誤りパターンが誤りとなると仮定することにより，よりよい結果が得られる．距離 w' にある符号語に復号される誤りパターンは，典型的な場合には，相対的な重み $\delta_c = w'/2n + (1-w'/n)p$ をもつとしてよい．なぜならば，ほかのランダムな位置に平均 $(n-w')p$ 個の誤りがあるからである．この数は R に依存しないが，符号語の個数が増加するので，誤り確率は R とともに増加する．以下で定義される符号化率 R_c に対し，式 (3.22) で評価される誤り確率は，受信語が少なくとも $n\delta_c$ 個の誤りを含む確率に等しいことが，式変形によって示される．

$$R_c = 1 - H(\delta_c)$$

こうして，訂正される誤りの割合は，この符号化率に対するハミング限界によって与えられる．符号化率が大きいときは，誤り確率への寄与は，送信された語からの距離とともに増加し，その最大項は，誤りパターンの重みがハミング限界を超える確率によって与えられる．

定理 3.4.3 $R_c < R < 1 - H(p)$（$1-H(p)$ は BSC の通信路容量）を満たす符号化率 R について，n が十分大きいとき，復号誤りの確率は以下を満たす．

$$P_{\text{err}} < 2^{-n[T_p(\delta_c) - H(\delta_c)]} \tag{3.24}$$

ここで，関数 T_p は式 (3.9) で定義される $(T_p(\delta_c) = -\delta_c \log p - (1-\delta_c)\log(1-p))$．

したがって，誤り指数は，エントロピー関数 H の接線と H 自身との差であり，通信路容量より小さい符号化率に対して正である．さらに，ハミング限界が与える個数より多くの誤りを訂正する符号は存在しないから，その値は誤り指数の上限でもある．それゆえ，たとえわれわれが特定のよい符号を知らなくても，また，δ_c までの重みのすべての誤りを訂正できる符号がなくても，最良の符号の性能は，事実上，平均的な符号と同じである．そして，もし符号の最小距離がハミング限界ならば，それが最良のものである．現時点では，中程度の長さの符号に対して，このような性能を達成する方法はまだ知られていない．

◆例 3.4.1　ここでは，典型的な BSC 上で，中程度の長さの符号の誤り指数および誤り確率を計算することによって，2 元符号の能力を示そう．通信路の誤り確率を $p = 0.0417$ とするとき，通信路容量 (3.6) は 0.75 となる．$n = 8192$ の 2 元記号について，平均 342 個の誤りがある．$Z = 0.400$ となるので，こうして $w' = 2340$ および $\delta_c = 1415$ となる（大きいと感じるかもしれない）†．符号化率 $2/3$，よって $n - k = 2730$ の符号の性能を考えよう．1.3 節におけるハミング限界を用いると，この符号によって訂正できる誤り個数の上限 $t_H = 505$ を得る．出てくる 2 項係数はとても大きいが，それらの対数を直接計算できることに注意する．近似 (3.8) は 504 を与えることからもわかるように，この範囲においてもかなり正確である．式 (3.24) により，誤り指数は 0.0062 となることがわかり（指数のこの形式は符号化率 > 0.33 に対し有効である），また，復号誤りの確率はおよそ以下となる．

$$P_{\mathrm{err}} = 10^{-15}$$

長さ 8192 および符号化率 0.67 の符号の最小距離は，ギルバート・ヴァルシャモフ限界により，おそらく約 504 しかないことに注意すべきである．しかし，小さい重みの符号語によって誤り確率はそれほど増加しない．たとえば，重み分布 (3.19) に対する近似を用いると，重み 275 の符号語の予想される個数は，およそ 2^{180} であることがわかる．それぞれの語内で 275 個の誤りが起こる場合の数は 2^{550} より少ないが，誤り確率への寄与は依然として無視できる．なぜならば，それぞれの組合せの確率は 2^{-1750} のオーダーでしかないからである．第 5 章において，われわれは最小距離 426 をもつ 212 個誤りを訂正する $(8192, 5461)$ 符号の構成を与える．最小距離の減少は，必ずしも悪い性能を引き起こすとは限らないが，単なる $d/2$ 個誤りまでの訂正は，この通信路では十分ではない．後の章において，重みがより大きい誤りパターンを実用的に訂正できる長い符号について議論する．したがって，原理的には，中程度の長さの符号で，通信路容量に近い符号化率を得ることができる．

3.5　問　題

問題 3.5.1　ある無記憶情報源は，3 個の記号と確率分布 $(1/2, 1/4, 1/4)$ をもつとする．
(1) この情報源のエントロピーはどうなるか？
(2) 3 個の記号をもつ情報源の最大のエントロピーはどうなるか？
(3) この情報源に対する可変長の 2 元符号を示せ．
(4) u_i を ± 1 の値をとる確率分布 $(1/2, 1/2)$ をもつ独立変数の列とし，v_i は $v_i = (u_i - u_{i-1})/2$ として生成されるとする．v_i の確率分布を求めよ．この情報源 V は無記憶情報源か？　V のエントロピーは 1 であることを確かめよ．

---

† 訳者注：δ_c の正しい値は 0.1726 であり，この値に基づいて復号誤り確率を求めると，10^{-15} よりさらに小さな値になる．いずれにしても，復号誤り確率は極めて小さいと考えられる．

問題 3.5.2 ある無記憶通信路が，次の遷移確率行列をもつとする．

$$P(Y|X) = \begin{bmatrix} \frac{1}{2} & \frac{1}{3} & \frac{1}{6} \\ \frac{1}{6} & \frac{1}{3} & \frac{1}{2} \end{bmatrix}$$

(1) 入力分布が $(1/2, 1/2)$ であるとき，出力分布を求めよ．
(2) この分布に対する入力と出力の間の相互情報量を求めよ．
(3) 通信路容量はどうなるか？

問題 3.5.3 ある 2 元対称通信路が遷移確率 $p = 0.05$ をもつとする．
(1) この通信路の通信路容量はどうなるか？
(2) もし符号長 256 が用いられるならば，誤りの平均個数はどうなるか？
(3) $(256, 160)$ 符号で訂正することができる，誤り個数についてのハミング限界はどうなるか？
(4) もしこのような符号が用いられるならば，復号誤り確率はどうなるか？
(5) 同じパラメータについての GV 限界はどうなるか？

問題 3.5.4 (2 元 Z 通信路) ある 2 元通信路においては，入力記号の一つはほかよりもずっと誤りやすい．次の遷移確率行列をもつ通信路を考える．

$$P(Y|X) = \begin{bmatrix} 1 & 0 \\ 1-p & p \end{bmatrix}$$

(1) 入力記号はそれぞれ確率 $1/2$ をもつとする．相互情報量はどうなるか？
(2) $p = 0.1$, $p = 1/4$, $p = 1/2$ のそれぞれの場合に対して，通信路容量はどのくらい大きいか？
(3) 通信路容量の解析的な式を求めよ．

問題 3.5.5 離散無記憶通信路が 17 個の入力記号と出力記号をもち，それらはともに $\{x_1, x_2, x_3, \ldots, x_{17}\}$ であるとする．誤りの確率，すなわち $Y \neq X$ となる確率は p である．
(1) もし入力記号と異なる出力記号がすべて同じ確率 $p/16$ で起これば，通信路容量はどうなるか？
(2) x_j が送信されるとき，間違った出力記号が $x_{(j\pm 1 \bmod 17)}$ だけであり，それらの確率が $p/2$ であるならば，通信路容量はどうなるか？
(3) $p = 0.11$ のときの通信路容量を計算せよ．

問題 3.5.6 $(16, 11, 4)$ 符号をビット誤り率 $p = 0.01$ の BSC で用いることを考えよう．
(1) 1 ブロック中における誤り個数の平均値と標準偏差はいくらか？
(2) $0, 1, 2, 3, 4$ 個の各誤りの確率はいくらか？
(3) これらの値を，ポアソン分布を用いて得られる近似値と比較せよ．
(4) 復号失敗の確率はいくらか？
(5) 復号誤り確率はいくらか？（例 3.3.1 で示されたように，この値は 3 個誤りの確率によって十分近似できる．）

問題 3.5.7 次の重み分布をもつ $(15,7)$ 符号を考えよう．

$$(1,0,0,0,0,18,30,15,15,30,18,0,0,0,0,1)$$

(1) この符号は何個の誤りを訂正することができるか？ ただし，最小距離復号を行うものとする．
(2) ビット誤り率が $p=0.01$ であるとき，復号失敗の確率はいくらか？
(3) 重み 3 の誤りパターンのうち，何個が復号誤りを生じさせるか？（正確な個数，または，そのよい上界を求めよ．）
(4) 式 (3.12) を用いて，復号誤り確率の近似値を求めよ．

問題 3.5.8 重み分布関数 $A(z)=1+112z^6+30z^8+112z^{10}+z^{16}$ をもつ $(16,8,6)$ 符号が存在する．（これは本書で述べる数少ない非線形符号の一つであるが，以下の問いは，線形符号に対するものと同様に答えることができる．）

(1) この符号は何個の誤りを訂正することができるか？
(2) $p=0.01$ のときの復号失敗確率はいくらか？
(3) 重み 4 と 6 の誤りパターンのうち，何個が重み 6 の特定の符号語に対し距離 2 をもつか？

問題 3.5.9 符号長 $n=256$ の符号でビット誤り率 $p=0.01$ の場合に，誤り個数の確率分布を考えよう．

(1) 平均誤り個数はいくらか？
(2) 8 個を超える誤りが生じる確率はいくらか？
(3) この場合，ポアソン分布は十分正確な近似となるか？

問題 3.5.10 次の重み分布をもつ $(32,16,8)$ 符号を考えよう．

$$A(z)=1+620z^8+13888z^{12}+36518z^{16}+13888z^{20}+620z^{24}+z^{32}$$

(1) 最尤復号を行う場合，誤り確率の上界を求めよ．
(2) 式 (3.16) は意味のある近似値を与えるか？
(3) この上界は，式 (3.17) を用いることによってかなり改善されるか？
　　すべての符号語が偶数重みをもっているので，コセットの半分が偶数重みの誤りパターンだけを含み，残りの半分は奇数重みの誤りパターンだけを含むことに注意しよう．
(4) 重み 4 をもつ誤りパターン 2 個を含む，$35A_8$ 個のコセットが存在することは可能か？

問題 3.5.11 ある BSC が誤り確率 $p=0.1$ をもつとする．

(1) 通信路容量を求めよ．
(2) 式 (3.22) および式 (3.24) より，誤り指数を求めよ．それらが一致する符号化率はいくつか？
(3) 符号化率 $1/3$ の符号についての誤り指数と $n=1024$ のときの復号失敗確率の近似を求めよ．

問題 3.5.12 (プロジェクト)

(1) $(32, 16, 8)$ 符号に対し，シンドローム復号器を用いた最小距離復号のシミュレーションを行え．

(2) その復号誤り確率は，計算値と一致するか？

(3) 同様に，最尤復号を実行し，その結果を理論値と比較せよ．

第4章 リード・ソロモン符号とその復号
Reed–Solomon Codes and Their Decoding

この章から，多項式とその根を使った符号および復号の解析を始める．このアプローチは，1959年に発表された**リード・ソロモン符号**の構成にはじめて用いられた．本章では，まずリード・ソロモン符号のパラメータを導出した後，代数的復号，すなわち方程式を解くことによる復号を紹介する．リード・ソロモン符号は符号理論の基礎として重要なだけでなく，CDやDVDから高速光通信にまで広がる応用においても有用である．

4.1 基本的な定義

リード・ソロモン符号の導入の前に，まず，あらゆる符号の最小距離の上界を証明する．

定理 4.1.1（シングルトン限界 (Singleton bound)） C を最小距離が d の (n,k) 符号とする．このとき，次が成り立つ．

$$d \leq n - k + 1$$

[証明] 三つの異なる証明を与える．最後のものは，符号が線形であることを仮定しない．

1. $k-1$ 個の 0 と，残り一つが 0 でない成分からなる情報ベクトルを選ぼう．そのとき，対応する符号語の重みは $(n-k)+1$ 以下である．

2. C のパリティ検査行列 H の階数は $n-k$ だから，H の $n-k+1$ 個の列は1次従属である．ゆえに，従属列の最小個数（すなわち d）は $n-k+1$ 以下である．

3. q^k 個のすべての符号語のそれぞれから，固定した $d-1$ 個の位置を除去すると，残る成分をもつベクトルはやはり互いに異なる．なぜなら，もとの符号語のどの二つをとっても，少なくとも d 個の位置で異なるからである．残りの位置であらゆる可能な値をもつ q^{n-d+1} 個のベクトルが存在するから，$k \leq n-d+1$ が得られる． □

4.1 基本的な定義

定義 4.1.1 (リード・ソロモン符号) $x_1, \ldots, x_n$ を体 $\mathbb{F}_q$ の異なる元とする．$k \leq n$ に対し，$\mathbb{F}_q[x]$ における次数が k より小さいすべての多項式の集合 $\mathbb{P}_k$ を考える．**リード・ソロモン (RS) 符号** (Reed–Solomon code) は，以下の符号語の全体からなる．

$$(f(x_1), f(x_2), \ldots, f(x_n)) \quad (ただし f \in \mathbb{P}_k)$$

リード・ソロモン符号の符号長が $n \leq q$ であることは明らかである．もし $c_1 = (f_1(x_1), \ldots, f_1(x_n))$, $c_2 = (f_2(x_1), \ldots, f_2(x_n))$ かつ $a, b \in \mathbb{F}_q$ ならば，$g(x) = af_1(x) + bf_2(x)$ に対し $ac_1 + bc_2 = (g(x_1), \ldots, g(x_n))$ であるから，この符号は線形である．

$\mathbb{P}_k$ に含まれる多項式の全体は，それらの係数が k 個あるから，$\mathbb{F}_q$ 上の k 次元のベクトル空間をなす．ここで，定理 2.2.2 を 2 回使う．まず，相異なる二つの多項式は同じ符号語を生成しない．なぜなら，それらの差は次数が k より小さい多項式となり，k 個の根をもつことができないからである．よって，符号の次元は k となる．また，非零の符号語の重みは $n - k + 1$ 以上である．なぜなら，次数が k より小さい多項式は高々 $k - 1$ 個の根しかもつことができないからである．これと定理 4.1.1 より，次を得る．

定理 4.1.2 (n, k) リード・ソロモン符号の最小距離は $n - k + 1$ である．

実用上は，$x_i = \alpha^{i-1}, i = 1, 2, \ldots, q-1$ とすることが多い．ここで，α は $\mathbb{F}_q$ の原始元である．この場合は $n = q - 1$ であり，$x_i^n = 1, i = 1, \ldots, n$ である．

リード・ソロモン符号の定義から，符号化の一つの方法として，k 個の情報記号 $u_0, u_1, \ldots, u_{k-1}$ に対し $u(x) = u_{k-1}x^{k-1} + \cdots + u_1 x + u_0$ をとり，以下のようにおけばよいことがわかる．

$$(u(x_1), u(x_2), \ldots, u(x_n))$$

しかし，これは**組織的でない符号化**である．この符号の組織的符号化法については，問題 5.5.9 の中で述べる．

リード・ソロモン符号については，$n \leq q$ でなければならないから，興味のある 2 元リード・ソロモン符号は存在しない．q が素数である $\mathbb{F}_q$ 上の符号はわかりやすい例となる．とくに $\mathbb{F}_{11}$ は，10 個の元からなる体はないので，10 進表示に近い符号を作るのに有用である．しかしながら，たいていの実用的な場合には，$q = 2^m$ ととる．

◆例 4.1.1 ($\mathbb{F}_{11}$ 上のリード・ソロモン符号)　2 は $\mathbb{F}_{11}$ の原始元であるから，$x_i = 2^{i-1}$ mod 11, $i = 1, 2, \ldots, 10$ をとり，$k = 5$ として $u(x) = u_4 x^4 + \cdots + u_1 x + u_0$ とする．対応する符号語は，

$$(u(1), u(2), u(4), u(8), u(5), u(10), u(9), u(7), u(3), u(6))$$

であるから，$(u_0, u_1, \ldots, u_4)$ は以下のように符号化される．

$$
\begin{array}{rcl}
(1,0,0,0,0) & \to & (1,1,1,1,1,1,1,1,1,1) \\
(0,1,0,0,0) & \to & (1,2,4,8,5,10,9,7,3,6) \\
(0,0,1,0,0) & \to & (1,4,5,9,3,1,4,5,9,3) \\
(0,0,0,1,0) & \to & (1,8,9,6,4,10,3,2,5,7) \\
(0,0,0,0,1) & \to & (1,5,3,4,9,1,5,3,4,9)
\end{array}
$$

これら 5 個の符号語は，生成行列の行として用いることができ，$\mathbb{F}_{11}$ 上の $(10, 5, 6)$ 符号を生成する．

一般に，リード・ソロモン符号の生成行列は

$$
G = \begin{bmatrix}
1 & 1 & \cdots & 1 \\
x_1 & x_2 & \cdots & x_n \\
\vdots & \vdots & \cdots & \vdots \\
x_1^{k-1} & x_2^{k-1} & \cdots & x_n^{k-1}
\end{bmatrix}
$$

となり，$\mathbb{F}_q$ における位数 n の元 β に対し，$x_j = \beta^{j-1}$ である場合には，

$$
G = \begin{bmatrix}
1 & 1 & \cdots & 1 \\
1 & \beta & \cdots & \beta^{n-1} \\
\vdots & \vdots & \cdots & \vdots \\
1 & \beta^{k-1} & \cdots & \beta^{(n-1)(k-1)}
\end{bmatrix}
$$

となる．このとき，補題 A.1.1 により，検査行列

$$
H = \begin{bmatrix}
1 & \beta & \cdots & \beta^{n-1} \\
1 & \beta^2 & \cdots & (\beta^2)^{n-1} \\
\vdots & \vdots & \cdots & \vdots \\
1 & \beta^{n-k} & \cdots & (\beta^{n-k})^{n-1}
\end{bmatrix} \tag{4.1}
$$

が得られる．

◆例 4.1.2 (例 4.1.1 の続き)　$\mathbb{F}_{11}$ 上の $(10, 5, 6)$ 符号の検査行列は次のようになる．

$$\begin{bmatrix} 1 & 2 & 4 & 8 & 5 & 10 & 9 & 7 & 3 & 6 \\ 1 & 4 & 5 & 9 & 3 & 1 & 4 & 5 & 9 & 3 \\ 1 & 8 & 9 & 6 & 4 & 10 & 3 & 2 & 5 & 7 \\ 1 & 5 & 3 & 4 & 9 & 1 & 5 & 3 & 4 & 9 \\ 1 & 10 & 1 & 10 & 1 & 10 & 1 & 10 & 1 & 10 \end{bmatrix}$$

4.2 リード・ソロモン符号の復号

リード・ソロモン符号に対しては3種類の最小距離復号法があるが，本節においては，その最初のものを述べる（次節では，より多くの誤りを訂正するアルゴリズムを述べる）．まずアイデアを述べ，後に正式のアルゴリズムを示す．

$r = c + e$ を受信語とし，$w(e) \leq t = \lfloor (n-k)/2 \rfloor$ を仮定する．復号法のアイデアは，2変数多項式

$$Q(x,y) = Q_0(x) + yQ_1(x) \in \mathbb{F}_q[x,y]\setminus\{0\}$$

であって，以下の条件を満たすものを決定することである．

1. $Q(x_i, r_i) = 0,\ i = 1, \ldots, n$
2. $\deg(Q_0) \leq n - 1 - t$
3. $\deg(Q_1) \leq n - 1 - t - (k-1)$

この多項式 $Q(x,y)$ を，受信語に対する補間多項式とよぶ．まず，次を示す．

定理 4.2.1 $d/2$ より小さい個数の誤りが生じていたならば，条件1~3を満たす非零多項式 $Q(x,y)$ が少なくとも一つ存在する．

[証明] 条件1は未知係数についての n 個の同次1次方程式からなる同次連立1次方程式を与え，その未知係数の個数は $n-1-t+1+n-1-t-(k-1)+1 \geq n+1$ であるから，この同次連立方程式は非零の解をもつ． □

また，次がいえる．

定理 4.2.2 送信語が $g(x)$ で生成され，そして，誤りの個数が $d/2$ より小さければ，$g(x) = -Q_0(x)/Q_1(x)$ が成り立つ．

[証明] $c = (g(x_1), \ldots, g(x_n))$，$r = c + e$ であり $w(e) \leq t$ とする．このとき，多項式 $Q(x,y)$ は $Q(x_i, g(x_i) + e_i) = 0$ を満たし，また $n - t$ 個以上の i について $e_i = 0$ となるから，1変数多項式 $Q(x, g(x))$ は $n - t$ 個以上の根をもつことがわかる．つまり，その根は $g(x_i) = r_i$ なる x_i である．しかし，$Q(x, g(x))$ の次数は高々 $n - t - 1$ であるから，

恒等的に $Q(x,g(x)) = 0$ でなくてはならない．したがって，$Q_0(x) + g(x)Q_1(x) = 0$ より $g(x) = -Q_0(x)/Q_1(x)$ を得る． □

Q の成分 Q_0, Q_1 の次数に対する最大値は以降で頻繁に使うので，

$$l_0 := n - 1 - t, \quad l_1 := n - 1 - t - (k-1)$$

と定義しておく．$Q(x,y) = Q_1(x)(y + Q_0(x)/Q_1(x)) = Q_1(x)(y - g(x))$ であるから，誤りが生じた位置 x_i は $Q_1(x)$ の根の中にある．ゆえに，多項式 $Q_1(x)$ を**誤り位置多項式** (error locator polynomial) とよぶ．

この復号法のアルゴリズムは次のようになる．

アルゴリズム 4.2.1

入力：受信語 $r = (r_1, r_2, \ldots, r_n)$

[1] 次の連立1次方程式の非零解を求める．

$$\begin{bmatrix} 1 & x_1 & x_1^2 & \cdots & x_1^{l_0} & r_1 & r_1 x_1 & \cdots & r_1 x_1^{l_1} \\ 1 & x_2 & x_2^2 & \cdots & x_2^{l_0} & r_2 & r_2 x_2 & \cdots & r_2 x_2^{l_1} \\ \vdots & \vdots & \vdots & & \vdots & \vdots & \vdots & & \vdots \\ 1 & x_n & x_n^2 & \cdots & x_n^{l_0} & r_n & r_n x_n & \cdots & r_n x_n^{l_1} \end{bmatrix} \begin{bmatrix} Q_{0,0} \\ Q_{0,1} \\ Q_{0,2} \\ \vdots \\ Q_{0,l_0} \\ Q_{1,0} \\ Q_{1,1} \\ \vdots \\ Q_{1,l_1} \end{bmatrix} = \begin{bmatrix} 0 \\ 0 \\ 0 \\ \vdots \\ 0 \\ 0 \\ 0 \\ \vdots \\ 0 \end{bmatrix}$$
(4.2)

[2] 次のようにおく．

$$Q_0(x) = \sum_{j=0}^{l_0} Q_{0,j} x^j, \quad Q_1(x) = \sum_{j=0}^{l_1} Q_{1,j} x^j, \quad g(x) = -\frac{Q_0(x)}{Q_1(x)}$$

[3] もし $g(x) \in \mathbb{F}_q[x]$ かつ $d(r, (g(x_1), g(x_2), \ldots, g(x_n))) \leq t$ ならば，

出力：$(g(x_1), g(x_2), \ldots, g(x_n))$

そうでなければ，

出力：復号不能

上記の連立1次方程式において，係数行列の各行は組 (x_i, r_i) に対応していることに注意しよう．誤りの個数が最小距離の半分より小さければ，アルゴリズムの出力が送信語となることをすでに見てきた．

◆例 4.2.1 ($\mathbb{F}_{11}$ 上の $(10, 5, 6)$ リード・ソロモン符号の復号）例 4.1.1 の符号をとり，受信語 $r = (5, 9, 0, 9, 0, 1, 0, 7, 0, 5)$ を仮定しよう．$l_0 = 7, l_1 = 3$ であるので，10個の方程式と12個の未知数を得る．係数行列は以下のとおりである．

$$\begin{bmatrix}
1 & 1 & 1 & 1 & 1 & 1 & 1 & 5 & 5 & 5 & 5 \\
1 & 2 & 4 & 8 & 5 & 10 & 9 & 7 & 9 & 7 & 3 & 6 \\
1 & 4 & 5 & 9 & 3 & 1 & 4 & 5 & 0 & 0 & 0 & 0 \\
1 & 8 & 9 & 6 & 4 & 10 & 3 & 2 & 9 & 6 & 4 & 10 \\
1 & 5 & 3 & 4 & 9 & 1 & 5 & 3 & 0 & 0 & 0 & 0 \\
1 & 10 & 1 & 10 & 1 & 10 & 1 & 10 & 1 & 10 \\
1 & 9 & 4 & 3 & 5 & 1 & 9 & 4 & 0 & 0 & 0 & 0 \\
1 & 7 & 5 & 2 & 3 & 10 & 4 & 6 & 7 & 5 & 2 & 3 \\
1 & 3 & 9 & 5 & 4 & 1 & 3 & 9 & 0 & 0 & 0 & 0 \\
1 & 6 & 3 & 7 & 9 & 10 & 5 & 8 & 5 & 8 & 4 & 2
\end{bmatrix}$$

この連立方程式は，$Q_0(x) = x^6 + 9x^5 + 2x^4 + 2x^3 + 2x^2 + x + 4$ と $Q_1(x) = 10x^2 + 3x + 7$ に対応する解 $(4, 1, 2, 2, 2, 9, 1, 0, 7, 3, 10, 0)$ をもつ．よって，符号語 $c = (5, 9, 0, 6, 0, 1, 0, 7, 0, 4)$ に対応する $g(x) = x^4 + x^3 + x^2 + x + 1$ を得る．したがって，$2^3(=8)$ と $2^9(=6)$ に対応する2個の位置の誤りを訂正したことになる．実際，8 と 6 は $Q_1(x)$ の根である．

4.3 リスト復号アルゴリズム

本節では，リード・ソロモン符号の復号法（アルゴリズム 4.2.1）を拡張した，最小距離の半分を超える個数の誤りを訂正できる復号法を述べる．この場合，復号器は最も近い符号語のリストを出力するので，この方法は**リスト復号** (list decoding) とよばれる．

受信語 $r \in \mathbb{F}_q^n$ は，符号語 c と，τ 以下の重みをもつ誤りベクトル e の和であると仮定する．この復号法のアイデアは，前節に示した方法を拡張することである．すなわち，2変数多項式

$$Q(x, y) = Q_0(x) + Q_1(x)y + Q_2(x)y^2 + \cdots + Q_l(x)y^l$$

で，以下の条件を満たすものを求めることである．

1. $Q(x_i, r_i) = 0, \ i = 1, 2, \ldots, n$
2. $\deg(Q_j(x)) \leq n - \tau - 1 - j(k-1), \ j = 0, 1, \ldots, l$
3. $Q(x, y) \neq 0$

このとき，次が成り立つ．

補題 4.3.1 次数 $\deg(f(x)) < k$ の多項式 $f(x)$ に対し，$c = (f(x_1), \ldots, f(x_n))$ として，$r = c + e$ かつ $w(e) \leq \tau$ のとき，$Q(x, y)$ が上の条件を満たすならば，$(y - f(x)) | Q(x, y)$ である．

[証明] 1 変数多項式 $Q(x, f(x))$ の次数は $n - \tau - 1$ 以下であるが，高々 τ 個の i を除いて $r_i = f(x_i)$ であるから，少なくとも $n - \tau$ 個の i に対し $Q(x_i, f(x_i)) = 0$ が成り立つ．これは，恒等的に $Q(x, f(x)) = 0$ であることを意味する．2 変数多項式 $Q(x, y)$ を多項式環 $\mathbb{F}_q[x]$ 上の y の多項式と見ると，$y - f(x)$ が $Q(x, y)$ を割り切ることがわかる． □

この補題から，次数 $\deg(f(x)) < k$ をもつ多項式 $f(x)$ に対し，$y - f(x)$ の形をした $Q(x, y)$ の因子を求めることによって，受信語から τ 以下の距離にあるすべての符号語が得られることがわかる．τ が最小距離の半分より大きいときは 2 個以上の符号語を得る可能性があるが，$Q(x, y)$ の y についての次数が高々 l であるから，そのリストは l 個以下の符号語しか含まない．また，すべての因子が受信語から距離 τ 以下にある符号語に対応するとは限らない．

条件 1～3 を満たす多項式 $Q(x, y)$ が実際に存在するための，数 τ と l に対する条件が何であるかは明らかではないが，以下の分析は，この疑問に対する手がかりになる．

第 1 の条件は，$Q_0(x), \ldots, Q_l(x)$ の係数についての n 個の同次 1 次方程式からなる同次連立 1 次方程式であるから，未知数の個数が n より大きければ，この連立方程式は実際，非零の解をもつ．未知数の個数は

$$(n - \tau) + [n - \tau - (k-1)] + [n - \tau - 2(k-1)] + \cdots + [n - \tau - l(k-1)]$$
$$= (l+1)(n - \tau) - \frac{1}{2}l(l+1)(k-1)$$

に等しく，したがって，解をもつための条件は次のようになる．

$$(l+1)(n - \tau) - \frac{1}{2}l(l+1)(k-1) > n \tag{4.3}$$

ただし，l は次を満たす最大の整数である．

$$(n - \tau) - l(k-1) > 0 \tag{4.4}$$

これは $Q_l(x) \neq 0$ を成立させる条件である．

$l = 2$ のとき，$k - 1 < (n - \tau)/2$ となる．これは $k - 1 \leq n - 2\tau$ よりも強い条件であり，最小距離の半分を超える復号ができるためには，

$$\tau > \frac{n}{3}$$

つまり

$$\frac{k}{n} < \frac{1}{3} + \frac{1}{n} \tag{4.5}$$

でなければならない†．

この例は一般の l の場合の条件を示唆している．訂正できる誤り個数が最小距離の半分を超えるような改良が得られるためには，次の条件が成立しなければならない．

$$\frac{k}{n} < \frac{1}{l+1} + \frac{1}{n}$$

そして，この場合，

$$\tau < n\frac{l}{l+1} - \frac{l}{2}(k-1)$$

である．

このアイデアに基づいたリストサイズ l のリスト復号アルゴリズムを以下に示す．

アルゴリズム 4.3.1 (スダンアルゴリズム (Sudan algorithm))

入力：受信語 $r = (r_1, r_2, \ldots, r_n)$ と自然数 $\tau, l \ (\geq 2)$

[1] 次の連立1次方程式の非零解を求める．

$$\sum_{j=0}^{l} \begin{bmatrix} r_1^j & \cdots & 0 & 0 \\ 0 & r_2^j & \cdots & 0 \\ \vdots & \vdots & \ddots & 0 \\ 0 & 0 & \cdots & r_n^j \end{bmatrix} \begin{bmatrix} 1 & x_1 & \cdots & x_1^{l_j} \\ 1 & x_2 & \cdots & x_2^{l_j} \\ \vdots & \vdots & \cdots & \vdots \\ 1 & x_n & \cdots & x_n^{l_j} \end{bmatrix} \begin{bmatrix} Q_{j,0} \\ Q_{j,1} \\ Q_{j,2} \\ \vdots \\ Q_{j,l_j} \end{bmatrix} = \begin{bmatrix} 0 \\ 0 \\ 0 \\ \vdots \\ 0 \end{bmatrix}$$

ただし，$j = 0, 1, \ldots, l$ に対し，l_j は以下で定義される．

$$l_j = n - \tau - 1 - j(k-1)$$

[2] 次のようにおく．

$$Q_j(x) = \sum_{r=0}^{l_j} Q_{j,r} x^r, \quad Q(x,y) = \sum_{j=0}^{l} Q_j(x) y^j$$

---

† 訳者注：式 (4.3), (4.4) のいずれからも示される．

[3] 次数 $\deg(f(x)) < k$ をもつ $f(x)$ に対し，$y - f(x)$ の形をした $Q(x,y)$ の因子を求める．

出力：以下を満たす $f(x)$ のリスト
$$d((f(x_1), f(x_2), \ldots, f(x_n)), (r_1, r_2, \ldots, r_n)) \leq \tau$$

$Q(x,y)$ を因数分解する問題については，次のようなアプローチがある．われわれは，次を満たすような多項式 $u(x) = u_{k-1}x^{k-1} + \cdots + u_1 x + u_0$ を求めたい．

$$Q(x, u(x)) = \sum_{j=0}^{l} \sum_{i=0}^{l_j} Q_{ij} x^i (u_{k-1} x^{k-1} + \cdots + u_1 x + u_0)^j = 0 \tag{4.6}$$

そのためのアイデアは，この等式に対し x のべきの次数を順次上げていき，それを法として計算すれば，u_i を再帰的に決定できるというものである．適切な u_i を代入し，x のべきの因子を除することによって，多項式 $M_i(x,y)$ の列を求める．初期値として $M_0(x,y) = Q(x,y)$ とおく．最初のステップにおいて，x を法とした等式に注目するが，これは方程式 $M_0(0, u_0) = 0$ と同じである．ここで，$M_0(x,y)$ を割り切る x の最大次数のべき x^m を求め，$x^{-m} M_0(x,y)$ を改めて $M_0(x,y)$ とする．次のステップを $i = 0$ から繰り返し適用することにより，M_i を再帰的に求める．

1. $M_i(0, y)$ における y に対する根として u_i を求める．
2. 定数項を消去するために，M_i の y に $xy + u_i$ を代入する．
3. $M_i(x, xy + u_i)$ を割り切る x の最大次数のべきを x^{m_i} とする．
4. $M_{i+1} = x^{-m_i} M_i(x, xy + u_i)$

u_{k-1} を求めた後，$y + u(x)$ が実際に因子であることを検証するために，$M_{k-1}(x, u_{k-i})$ が恒等的に 0 であることを確認する．$M_i(x,y)$ における y についての次数は，すべての i に対して等しく l であるため，m_i は矛盾なく定まる．係数 u_i は次数 l の方程式を解くことにより求めることができ，解 $u(x)$ の個数は高々 l であることがわかる．これは以下のように証明できる．

補題 4.3.2 β を $M_i(0, y)$ の重複度 m_β の根とする．そして，
$$M_{i+1}(x,y) = x^{-m_i} M_i(x, xy + \beta)$$
と定める．ただし，m_i は x^{m_i} が $M_i(x, xy + \beta)$ を割り切る最大の整数とする．このとき，$\deg_y M_{i+1}(0, y) \leq m_\beta$ が成り立つ．

[証明] $\hat{M}(x,y) = M_i(x, y+\beta) = \sum_{j=0}^{l} q_j(x) y^j$ とおく．このとき，$0 \le j < m_\beta$ に対し $q_j(0) = 0$ かつ $q_{m_\beta} \ne 0$ であり，またこれは，$0 \le j < m_\beta$ に対し x が $q_j(x)$ を割り切るが $q_{m_\beta}(0)$ を割り切らないことと同値である．これは，x が $\hat{M}(x, xy)$ を割り切るが $x^{m_\beta+1}$ を割り切らないことを意味するから，$m_i \le m_\beta$ が成り立つ．

$$M_{i+1}(x,y) = x^{-m_i} M_i(x, xy+\beta) = \sum_{j=m_\beta}^{l} q_j(x) x^{j-m_i} y^j$$

であるから，

$$M_{i+1}(0,y) = \sum_{j=m_\beta}^{l} (q_j(x) x^{j-m_i})|_{x=0} y^j$$

となるため，$\deg_y M_{i+1}(0,y) \le m_\beta$ が得られる． □

系 4.3.1 異なる $u(x)$ の個数は l 以下である．

[証明] アルゴリズムによって i ステップまでに求められたすべての解 $u = (u_0, \ldots, u_i)$ の集合を U_i とおく．解の集合は，木 (tree) で表すことができる．その根から，頂点の集合を定める u_0 に対し，高々 l 個の解がある．そのような値ごとに，u_1 などの異なる値で枝分かれしていく．各頂点は，$M_i(0,y) = 0$ の解としての u_i の重複度を示す多重度をもっている．i についての帰納法によって，深さ i のすべての頂点にわたる重複度の和が l 以下であることが示される． □

◆**例 4.3.1** ($\mathbb{F}_{16}$ 上の $(15, 3)$ リード・ソロモン符号に対するリストサイズ 2 のリスト復号)
$\alpha^4 + \alpha + 1 = 0$ を満たす $\mathbb{F}_{16}$ の原始元 α に対し，α のべきを次数 2 以下の $\mathbb{F}_{16}$ 上の多項式に代入して得られる値によって定義される $(15, 3)$ リード・ソロモン符号を考えよう．この符号は最小距離 13 をもつので，6 個誤り訂正可能である．しかし，上記のリストサイズ $l = 2$ の場合の議論より，2 個以下のリストを用いて 7 個の誤りを訂正することができる．

受信語が $r = (\alpha^4, \alpha^5, 1, \alpha^{11}, \alpha^{10}, \alpha^8, \alpha^{13}, \alpha^7, \alpha^2, 1, \alpha, \alpha^5, \alpha^5, 0, \alpha^{10})$ であるならば，$Q(x,y) = x^4 + x^3 + x^2 + \alpha x + \alpha^5 + (x+1)y + y^2$ が得られる．因数分解アルゴリズムを用いて，2 個の解 $(u_0, u_1, u_2) = (\alpha, 0, 1)$ および $(u_0, u_1, u_2) = (\alpha^4, 1, 1)$ が得られ，よって，$Q(x,y) = (y + x^2 + \alpha)(y + x^2 + x + \alpha^4)$ となる．このとき，対応する二つの符号語は

$$(\alpha^4, \alpha^5, 1, \alpha^{11}, \alpha^{10}, \alpha^8, \alpha^{13}, \alpha^7, 0, \alpha^9, \alpha^2, \alpha^{14}, \alpha^3, \alpha^6, \alpha^{12})$$

および

$$(\alpha^4, \alpha^8, \alpha^2, \alpha^{10}, \alpha^8, \alpha, 0, 1, \alpha^2, 1, \alpha, \alpha^5, \alpha^5, 0, \alpha^{10})$$

となる．

4.4 ピーターソン復号アルゴリズム

本節では，RS 符号のもう一つの最小距離復号法を示す（歴史的には，これが最小距離復号のアルゴリズムの中で最初に与えられたものである）．

$\mathbb{F}_q$ の位数 n の元 β に対し，$x_i = \beta^{i-1}$ である場合を扱う．

ここで，復号問題を二つの段階に分ける．第 1 段階で誤り位置多項式，すなわち $Q_1(x)$ を求め，第 2 段階で誤り値を決定する．

$r = c + e$ を，$w(e) < d/2$ であるような受信語とする．式 (4.1) のパリティ検査行列 H に対し，受信語のシンドローム $S = (S_1, S_2, \ldots, S_{n-k})^T$ は次で与えられる．

$$S = Hr^T$$

$r = (r_1, r_2, \ldots, r_n)$ に対応する多項式 $r(x) = r_n x^{n-1} + \cdots + r_2 x + r_1$ をとると，$S_i = r(\beta^i) = e(\beta^i)$ が成立する．今後，個々の S_i もシンドロームとよぶ．

以後，本節においては，d を奇数と仮定する．もし d が偶数のときは，l_1 は $l_1 - 1$ に取り換えて定義する．その際，4.2 節の事項はそのまま成立することがわかる．

定理 4.4.1 誤り位置多項式 Q_1 の係数は，次の連立 1 次方程式の解である．

$$\begin{bmatrix} S_1 & S_2 & \cdots & S_{l_1+1} \\ S_2 & S_3 & \cdots & S_{l_1+2} \\ \vdots & \vdots & \cdots & \vdots \\ S_{l_1} & S_{l_1+1} & \cdots & S_{2l_1} \end{bmatrix} \begin{bmatrix} Q_{1,0} \\ Q_{1,1} \\ Q_{1,2} \\ \vdots \\ Q_{1,l_1} \end{bmatrix} = \begin{bmatrix} 0 \\ 0 \\ 0 \\ \vdots \\ 0 \end{bmatrix}$$

[証明] 4.2 節の結果を用いて，まず，$Q_1(x)$ が誤り位置多項式ならば，その係数は上の連立 1 次方程式を満たすこと，次に，この連立 1 次方程式の一つの解がわかっているとき，補間多項式 $Q(x,y)$ が得られることを示す．

$Q(x,y) = Q_0(x) + Q_1(x)y$ を決定する連立 1 次方程式は，次のように書けることに注意する．

$$\begin{bmatrix} 1 & x_1 & x_1^2 & \cdots & x_1^{l_0} \\ 1 & x_2 & x_2^2 & \cdots & x_2^{l_0} \\ \vdots & \vdots & \vdots & \cdots & \vdots \\ 1 & x_n & x_n^2 & \cdots & x_n^{l_0} \end{bmatrix} \begin{bmatrix} Q_{0,0} \\ Q_{0,1} \\ Q_{0,2} \\ \vdots \\ Q_{0,l_0} \end{bmatrix} + \begin{bmatrix} r_1 & r_1 x_1 & \cdots & r_1 x_1^{l_1} \\ r_2 & r_2 x_2 & \cdots & r_2 x_2^{l_1} \\ \vdots & \vdots & \cdots & \vdots \\ r_n & r_n x_n & \cdots & r_n x_n^{l_1} \end{bmatrix} \begin{bmatrix} Q_{1,0} \\ Q_{1,1} \\ Q_{1,2} \\ \vdots \\ Q_{1,l_1} \end{bmatrix}$$

$$= \begin{bmatrix} 0 \\ 0 \\ 0 \\ \vdots \\ 0 \end{bmatrix} \quad (4.7)$$

この連立 1 次方程式の左辺第 1 項は受信語によらないから，補題 A.1.1 により，

$$B = \begin{bmatrix} x_1 & x_2 & \cdots & x_n \\ x_1^2 & x_2^2 & \cdots & x_n^2 \\ \vdots & \vdots & \cdots & \vdots \\ x_1^{l_1} & x_2^{l_1} & \cdots & x_n^{l_1} \end{bmatrix}$$

を連立 1 次方程式に乗じることによって消すことができる．よって，次を得る．

$$\begin{bmatrix} x_1 & x_2 & \cdots & x_n \\ x_1^2 & x_2^2 & \cdots & x_n^2 \\ \vdots & \vdots & \cdots & \vdots \\ x_1^{l_1} & x_2^{l_1} & \cdots & x_n^{l_1} \end{bmatrix} \begin{bmatrix} r_1 & r_1 x_1 & \cdots & r_1 x_1^{l_1} \\ r_2 & r_2 x_2 & \cdots & r_2 x_2^{l_1} \\ \vdots & \vdots & \cdots & \vdots \\ r_n & r_n x_n & \cdots & r_n x_n^{l_1} \end{bmatrix} \begin{bmatrix} Q_{1,0} \\ Q_{1,1} \\ Q_{1,2} \\ \vdots \\ Q_{1,l_1} \end{bmatrix} = \begin{bmatrix} 0 \\ 0 \\ 0 \\ \vdots \\ 0 \end{bmatrix}$$

これは，次式と同等である．

$$\begin{bmatrix} x_1 & x_2 & \cdots & x_n \\ x_1^2 & x_2^2 & \cdots & x_n^2 \\ \vdots & \vdots & \cdots & \vdots \\ x_1^{l_1} & x_2^{l_1} & \cdots & x_n^{l_1} \end{bmatrix} \begin{bmatrix} r_1 & \cdots & 0 & 0 \\ 0 & r_2 & \cdots & 0 \\ \vdots & \vdots & \ddots & 0 \\ 0 & 0 & \cdots & r_n \end{bmatrix} \begin{bmatrix} 1 & x_1 & \cdots & x_1^{l_1} \\ 1 & x_2 & \cdots & x_2^{l_1} \\ \vdots & \vdots & \cdots & \vdots \\ 1 & x_n & \cdots & x_n^{l_1} \end{bmatrix}$$

$$\times \begin{bmatrix} Q_{1,0} \\ Q_{1,1} \\ Q_{1,2} \\ \vdots \\ Q_{1,l_1} \end{bmatrix} = \begin{bmatrix} 0 \\ 0 \\ 0 \\ \vdots \\ 0 \end{bmatrix}$$

そこで，

$$D(r) = \begin{bmatrix} x_1 & x_2 & \cdots & x_n \\ x_1^2 & x_2^2 & \cdots & x_n^2 \\ \vdots & \vdots & \cdots & \vdots \\ x_1^{l_1} & x_2^{l_1} & \cdots & x_n^{l_1} \end{bmatrix} \begin{bmatrix} r_1 & \cdots & 0 & 0 \\ 0 & r_2 & \cdots & 0 \\ \vdots & \vdots & \ddots & 0 \\ 0 & 0 & \cdots & r_n \end{bmatrix} \begin{bmatrix} 1 & x_1 & \cdots & x_1^{l_1} \\ 1 & x_2 & \cdots & x_2^{l_1} \\ \vdots & \vdots & \cdots & \vdots \\ 1 & x_n & \cdots & x_n^{l_1} \end{bmatrix}$$

とおくと，この行列の成分は，簡単な計算により，$d_{ij} = S_{i+j-1}$, $i = 1, \ldots, l_1$, $j =$

$1,\ldots,l_1+1$ であること,および $D(r)=D(e)$ が成り立つことがわかる.

よって,$Q_1(x)$ は次の連立 1 次方程式の解である.

$$\begin{bmatrix} S_1 & S_2 & \cdots & S_{l_1+1} \\ S_2 & S_3 & \cdots & S_{l_1+2} \\ \vdots & \vdots & \cdots & \vdots \\ S_{l_1} & S_{l_1+1} & \cdots & S_{2l_1} \end{bmatrix} \begin{bmatrix} Q_{1,0} \\ Q_{1,1} \\ Q_{1,2} \\ \vdots \\ Q_{1,l_1} \end{bmatrix} = \begin{bmatrix} 0 \\ 0 \\ 0 \\ \vdots \\ 0 \end{bmatrix} \quad (4.8)$$

逆に,$Q_1(x)$ が方程式 (4.8) の解であるならば,

$$\begin{bmatrix} x_1 & x_2 & \cdots & x_n \\ x_1^2 & x_2^2 & \cdots & x_n^2 \\ \vdots & \vdots & \cdots & \vdots \\ x_1^{l_1} & x_2^{l_1} & \cdots & x_n^{l_1} \end{bmatrix} \begin{bmatrix} r_1 & r_1 x_1 & \cdots & r_1 x_1^{l_1} \\ r_2 & r_2 x_2 & \cdots & r_2 x_2^{l_1} \\ \vdots & \vdots & \cdots & \vdots \\ r_n & r_n x_n & \cdots & r_n x_n^{l_1} \end{bmatrix} \begin{bmatrix} Q_{1,0} \\ Q_{1,1} \\ Q_{1,2} \\ \vdots \\ Q_{1,l_1} \end{bmatrix} = \begin{bmatrix} 0 \\ 0 \\ 0 \\ \vdots \\ 0 \end{bmatrix}$$

が成り立ち,ゆえに,ベクトル

$$\begin{bmatrix} r_1 & r_1 x_1 & \cdots & r_1 x_1^{l_1} \\ r_2 & r_2 x_2 & \cdots & r_2 x_2^{l_1} \\ \vdots & \vdots & \cdots & \vdots \\ r_n & r_n x_n & \cdots & r_n x_n^{l_1} \end{bmatrix} \begin{bmatrix} Q_{1,0} \\ Q_{1,1} \\ Q_{1,2} \\ \vdots \\ Q_{1,l_1} \end{bmatrix}$$

は B の行ベクトルで張られる部分空間の直交補空間に含まれる.したがって,式 (4.7) および A.1 節の訳者注により,このベクトルは

$$\begin{bmatrix} 1 & x_1 & x_1^2 & \cdots & x_1^{l_0} \\ 1 & x_2 & x_2^2 & \cdots & x_2^{l_0} \\ \vdots & \vdots & \vdots & \cdots & \vdots \\ 1 & x_n & x_n^2 & \cdots & x_n^{l_0} \end{bmatrix}$$

の列ベクトルで張られる部分空間に含まれる.よって,方程式 (4.7) は解 $Q_0(x)$ をもつ. □

上の議論は $Q_1(x)$ の任意の解について成り立つから,選択の余地がある場合は**最小次数の解**を選ぶ.

$Q_1(x)$ が決まれば,その根 $\beta^{i_1}, \beta^{i_2}, \ldots, \beta^{i_t}$ は,通常 $\mathbb{F}_q$ の q 個の元すべてを逐一試すことで求められる.このとき $He^T = (S_1, S_2, \ldots, S_{2l_1})^T$ であるから,次の連立 1 次方程式を解くことによって,誤り値を決定することができる.

$$\begin{bmatrix} x_{i_1} & x_{i_2} & \cdots & x_{i_t} \\ x_{i_1}^2 & x_{i_2}^2 & \cdots & x_{i_t}^2 \\ \vdots & \vdots & \ddots & \vdots \\ x_{i_1}^t & x_{i_2}^t & \cdots & x_{i_t}^t \end{bmatrix} \begin{bmatrix} e_{i_1} \\ e_{i_2} \\ \vdots \\ e_{i_t} \end{bmatrix} = \begin{bmatrix} S_1 \\ S_2 \\ \vdots \\ S_t \end{bmatrix} \tag{4.9}$$

クラメルの公式により,

$$e_{i_s} = \frac{\begin{vmatrix} x_{i_1} & x_{i_2} & \cdots & x_{i_{s-1}} & S_1 & x_{i_{s+1}} & \cdots & x_{i_t} \\ x_{i_1}^2 & x_{i_2}^2 & \cdots & x_{i_{s-1}}^2 & S_2 & x_{i_{s+1}}^2 & \cdots & x_{i_t}^2 \\ \vdots & \vdots & \cdots & \vdots & \vdots & \vdots & \cdots & \vdots \\ x_{i_1}^t & x_{i_2}^t & \cdots & x_{i_{s-1}}^t & S_t & x_{i_{s+1}}^t & \cdots & x_{i_t}^t \end{vmatrix}}{\begin{vmatrix} x_{i_1} & x_{i_2} & \cdots & x_{i_{s-1}} & x_{i_s} & x_{i_{s+1}} & \cdots & x_{i_t} \\ x_{i_1}^2 & x_{i_2}^2 & \cdots & x_{i_{s-1}}^2 & x_{i_s}^2 & x_{i_{s+1}}^2 & \cdots & x_{i_t}^2 \\ \vdots & \vdots & \cdots & \vdots & \vdots & \vdots & \cdots & \vdots \\ x_{i_1}^t & x_{i_2}^t & \cdots & x_{i_{s-1}}^t & x_{i_s}^t & x_{i_{s+1}}^t & \cdots & x_{i_t}^t \end{vmatrix}}$$

であるから,系 A.1.1 と系 A.1.2 を用いて次を得る.

$$e_{i_s} = \frac{x_{i_1} \cdots x_{i_{s-1}} x_{i_{s+1}} \cdots x_{i_t} \prod_{1 \leq l < j \leq t; l,j \neq s} (x_{i_j} - x_{i_l})}{x_{i_1} \cdots x_{i_t} \prod_{1 \leq l < j \leq t} (x_{i_j} - x_{i_l})} \sum_{r=1}^{t} P_r^{(s)} S_r$$

$$= \frac{\sum_{r=1}^{t} P_r^{(s)} S_r}{P^{(s)}(x_{i_S})} \tag{4.10}$$

以上をまとめる.

アルゴリズム 4.4.1 (ピーターソンアルゴリズム (Peterson algorithm))

入力:受信語 $r = (r_1, r_2, \ldots, r_n)$

[1] $r(x) = r_{n-1}x^{n-1} + \cdots + r_1 x + r_0$ に対し,シンドローム $S_i = r(\beta^i), i = 1, 2, \ldots, n-k$ を計算する.

[2] 次の連立 1 次方程式の最小次数の解 $Q_1(x)$ を求める.

$$\begin{bmatrix} S_1 & S_2 & \ldots & S_{l_1+1} \\ S_2 & S_3 & \ldots & S_{l_1+2} \\ \vdots & \vdots & \ldots & \vdots \\ S_{l_1} & S_{l_1+1} & \ldots & S_{2l_1} \end{bmatrix} \begin{bmatrix} q_{1,0} \\ q_{1,1} \\ \vdots \\ q_{1,l_1} \end{bmatrix} = \begin{bmatrix} 0 \\ 0 \\ \vdots \\ 0 \end{bmatrix}$$

[3] $Q_1(x)$ の根 $\beta^{i_1}, \ldots, \beta^{i_t}$ を求める.

[4] 連立 1 次方程式 (4.9) を解くか,または公式 (4.10) を用いることにより,誤り値を求める.

出力:誤りベクトル $(e_1, e_2, \ldots, e_n)$

◆**例 4.4.1（例 4.2.1 の続き）** $\mathbb{F}_{11}$ 上の $(10, 5, 6)$ 符号を考え,$r = (5, 9, 0, 9, 0, 1, 0, 7, 0, 5)$ を受信語とする.$r(x) = 5x^9 + 7x^7 + x^5 + 9x^3 + 9x + 5$ より,シンドローム

$$S_1 = r(2) = 8, \quad S_2 = r(4) = 8, \quad S_3 = r(8) = 3, \quad S_4 = r(5) = 10$$

を得る.対応する連立 1 次方程式は,次のとおりである.

$$\begin{bmatrix} 8 & 8 & 3 \\ 8 & 3 & 10 \end{bmatrix} \begin{bmatrix} Q_{1,0} \\ Q_{1,1} \\ Q_{1,2} \end{bmatrix} = \begin{bmatrix} 0 \\ 0 \end{bmatrix}$$

一つの解は $Q_1(x) = 10x^2 + 3x + 7$ であり,根は $8 \,(= 2^3)$ と $6 \,(= 2^9)$ であるから,誤り多項式は $bx^9 + ax^3$ の形となる.連立 1 次方程式 $He^T = S$ をなす二つの方程式 $8a + 6b = 8$ と $9a + 3b = 8$ を解いて,$a = 3$ と $b = 1$ を得る.よって,誤り多項式は $x^9 + 3x^3$,符号語は $c(x) = r(x) - e(x) = 4x^9 + 7x^7 + x^5 + 6x^3 + 9x + 5$ となり,これは例 4.2.1 で得た結果と一致する.

4.5 問題

問題 4.5.1
(1) シングルトン限界（定理 4.1.1）を等式で満たす,長さ 4 の 2 元符号を三つ見つけよ.
(2) シングルトン限界（定理 4.1.1）を等式で満たす,$(4, 2)$ 3 元符号を見つけよ.

問題 4.5.2 $\mathbb{F}_7$ 上,$x_i = 3^{i-1}$ で定められる $(6, 4)$ リード・ソロモン符号を考えよう.
(1) 多項式 $1, x, x^2, x^3$ を用いて符号の生成行列を求めよ.
(2) 組織的符号化形の生成行列を求めよ.どの多項式が行を生成するか？
(3) 最小距離はいくつか？
(4) $f(x) = x^3 + x$ から得られる符号語を求め,位置 3 に 2 を加えよ.
(5) その場合,$Q_0(x)$ と $Q_1(x)$ の次数,および $Q(x, y)$ の係数の個数はいくつか？

(6) 誤りを訂正するために，4.2 節の復号アルゴリズム（アルゴリズム 4.2.1）を用いよ．
(7) 符号のパリティ検査行列を求めよ．
(8) 二つのシンドロームから，どのようにすれば 1 個の誤りを訂正できるか？

問題 4.5.3 $\mathbb{F}_8$ 上，$x_i = \alpha^{i-1}$ で定められる $(7,3)$ リード・ソロモン符号を考える．ただし α は原始元である．

(1) $f(x) = x^2 + x$ に対する符号語は何か？
(2) $x_8 = 0$ を含めることにより新しい位置を加えよ．新たな符号のパラメータはどうなるか？
(3) (1) の符号語に誤りを二つ加え，4.2 節の復号アルゴリズムを用いて復号せよ．
(4) 符号のパリティ検査行列を求めよ．
(5) 受信語が一つか二つのどちらの誤りを含むかについて，シンドロームからどうすればわかるか？

問題 4.5.4 $\mathbb{F}_{11}$ 上の $(10,3,8)$ リード・ソロモン符号を考え，$x_i = 2^{i-1}$, $i = 1, 2, \ldots, 10$ とおく．

(1) リストサイズ 2 のリスト復号では，いくつの誤りが訂正できるか？
(2) 受信語 $(0, 0, 6, 9, 1, 6, 0, 0, 0, 0)$ に対し，リストサイズ 2 のリスト復号では，次が得られることを示せ．
$$Q(x, y) = y^2 - y(x^2 - 3x + 2)$$
(3) 可能な送信語は何か？

問題 4.5.5

(1) 問題 4.5.3 (3) の受信語に対する誤り位置多項式を，ピーターソンアルゴリズム（アルゴリズム 4.4.1）を用いて求めよ．
(2) 誤り位置が誤り位置多項式の根であることを確かめよ．
(3) 誤り値を計算せよ．

問題 4.5.6

(1) 3 は $\mathbb{F}_{17}$ の原始元であることを示せ．

$\mathbb{F}_{17}$ 上の $x_i = 3^{i-1}$, $i = 1, \ldots, 16$ をとり，$u(x) = u_9 x^9 + \cdots + u_1 x + u_0$ を符号化して得られるリード・ソロモン符号を考えよう．

(2) この符号のパラメータはどうなるか？
(3) 位置として 0 を加え，符号語として
$$(u(0), u(x_1), \ldots, u(x_{16}))$$
をとるとき，この符号のパラメータはどうなるか？

さらに，特別な記号位置をもう一つ追加し，そこに情報記号 u_9 を挿入せよ．（これを $u(\infty)$ とみなしてもよいが，なぜか？）

(4) もし $u_9 = 0$ ならば，いくつのほかの位置が 0 にできるか？ この符号のパラメータを求めよ．(3) の符号を用いて，3 個の誤りを訂正せよ．

(5) $y = r(x)$ が受信語のとき，補間多項式 $Q(x,y)$ の係数はどうなるか？ $u(x) = 0$ を仮定して，$Q(x,y)$ を求めるための方程式を書け．$u(x) = 1$ についても試みよ．

問題 4.5.7 (プロジェクト：$\mathbb{F}_{16}$ 上のリード・ソロモン符号) α を $\alpha^4 + \alpha + 1 = 0$ を満たす $\mathbb{F}_{16}$ の原始元とし，$x_i = \alpha^{i-1}$, $i = 1, 2, \ldots, 15$ で定まる $\mathbb{F}_{16}$ 上の $(15, 9, 7)$ リード・ソロモン符号を考える．

(1) α のべき，逆元のリスト，および乗算表を作るプログラムを書け（体の元は 0 から 15 までの整数で表現せよ）．
(2) (1) の結果を用いて，情報系列 1,1,1,1,1,1,1,1,1 を符号化せよ．
(3) 同様に，受信語 $(\alpha^4, \alpha, \alpha^2, \alpha^3, \alpha, \alpha^5, \alpha^6, \alpha^7, \alpha, \alpha^9, \alpha^{10}, \alpha^{11}, \alpha^{12}, \alpha^{13}, \alpha^{14})$ のシンドロームを計算するプログラムを書け．
(4) $\mathbb{F}_{16}$ における連立 1 次方程式を解くプログラムを書け．このプログラムを用いて，誤り位置多項式を求めよ．
(5) 誤り位置多項式に $\mathbb{F}_{16}$ の各元を代入することによって，誤り位置を求めよ．
(6) 連立 1 次方程式を解くことによって，誤り位置を求めよ．

第 5 章

巡 回 符 号
Cyclic Codes

前章から始まった，多項式による符号の記述は，**巡回符号**とよばれる美しい数学的な構造をもつ符号につながる．少なくとも中程度の符号長の場合は，最良の符号のほとんどは，巡回符号，または巡回符号と密接に関係する符号である．本章では，いくつかの重要なクラスの巡回符号について説明し，それらのパラメータ（少なくとも，その推定値）を求める．

5.1 巡回符号の導入

定義 5.1.1 $\mathbb{F}_q$ 上の (n,k) 線形符号 C が**巡回符号** (cyclic code) または**巡回的** (cyclic) であるとは，符号語の任意の巡回シフトがやはり符号語であること，すなわち次の条件を満たすことをいう．

$$c = (c_0, c_1, \ldots, c_{n-1}) \in C \;\; \Rightarrow \;\; \widehat{c} = (c_{n-1}, c_0, \ldots, c_{n-2}) \in C$$

◆**例 5.1.1** 次の符号語からなる $\mathbb{F}_2$ 上の $(7,3)$ 符号

$(0,0,0,0,0,0,0)$, $(1,0,1,1,0,0)$, $(0,1,0,1,1,1,0)$, $(0,0,1,0,1,1,1)$

$(1,0,0,1,0,1,1)$, $(1,1,0,0,1,0,1)$, $(1,1,1,0,0,1,0)$, $(0,1,1,1,0,0,1)$

は巡回符号であることを確かめることができる．

巡回符号の性質は，符号語を $\mathbb{F}_q[x]$ の多項式として扱うと，より容易に理解できる．これは，$(a_0, a_1, \cdots, a_{n-1}) \in \mathbb{F}_q^n$ に多項式 $a(x) = a_{n-1}x^{n-1} + \cdots + a_1 x + a_0 \in \mathbb{F}_q[x]$ を対応させることを意味する．以降では，符号語とそれに対応した**符号多項式** (code polynomial) を区別しない．

まず，次のことに注意しよう．

補題 5.1.1 $\mathbb{F}_q$ 上の多項式
$$c(x) = c_{n-1}x^{n-1} + \cdots + c_1 x + c_0$$
に対して
$$\widehat{c}(x) = c_{n-2}x^{n-1} + \cdots + c_0 x + c_{n-1}$$
とおくと, 次式が成り立つ.
$$\widehat{c}(x) = xc(x) - c_{n-1}(x^n - 1)$$

この補題は, 直接計算すれば示される.

定理 5.1.1 C を $\mathbb{F}_q$ 上の (n,k) 巡回符号とし, $g(x)$ を $C\setminus\{0\}$ に含まれる最小次数のモニック (すなわち, 最高次係数が 1 の) 多項式とする. そのとき, 以下が成り立つ.
1. すべての $c \in C$ に対し, $g(x)$ は $c(x)$ を割り切る.
2. $g(x)$ は $\mathbb{F}_q[x]$ において $x^n - 1$ を割り切る[†].
3. $k = n - \deg(g(x))$

まず, 上記のような多項式 $g(x)$ が一意であることに注意しよう. なぜならば, そのような多項式 $g(x)$ が二つあったとすると, (符号が線形だから) それらの差は符号多項式であり, かつ, より小さい次数をもつことになり矛盾となるためである.

[証明] 3 を示す. まず, $g(x)$ の定義より $k \leq n - \deg(g(x))$ がわかる. なぜならば, $n - \deg(g(x))$ 個の位置だけが符号語に残っているからである. $g(x)$ の次数を s とすると, $g(x) = x^s + g_{s-1}x^{s-1} + \cdots + g_1 x + g_0$ と書ける. 補題 5.1.1 から, $x^j g(x)$ は $0 \leq j \leq n-1-s$ ならば C に含まれることがわかる. よって, $\deg(a(x)) \leq n-1-s$ のとき, $a(x)g(x)$ もまた C の符号語である. また, $0 \leq j \leq n-1-s$ である $x^j g(x)$ は C の 1 次独立な符号語だから, $k \geq n - s$ であり, 3 が示された.

1 を示すために, $c(x) \in C$ を仮定して, $c(x) = a(x)g(x) + r(x)$ と表す. ただし $\deg(r(x)) < \deg(g(x))$ である. $\deg(a(x)) \leq n-1-s$ であるから, $a(x)g(x)$ は符号語であり, よって $r(x) = c(x) - a(x)g(x)$ もまた符号に含まれることがわかる. $\deg(r(x)) < \deg(g(x))$ より, これは $r(x) = 0$ を意味する. よって, $g(x)$ は $c(x)$ を割り切るので, 1 が証明された.

2 は, $g(x)$ が符号多項式 $c(x)$ と $\widehat{c}(x)$ の両方とも割り切ることから, 補題 5.1.1 より

[†] 訳者注:一般に, $\mathbb{F}_q[x]$ の多項式 $g(x)$ が $x^n - 1$ を割り切る最小正整数 n を, $g(x)$ の **周期** (period) とよぶ.

ただちにわかる. □

上記定理中の多項式 $g(x)$ は，巡回符号 C の**生成多項式** (generator polynomial) とよばれる．

◆**例 5.1.2 (例 5.1.1 の続き)** $g(x) = x^4 + x^3 + x^2 + 1$ であり，かつ符号語はすべて $(a_2 x^2 + a_1 x + a_0)g(x)$ の形をもつことがわかる．ここで，$a_i \in \mathbb{F}_2$ である．なお，$x^7 - 1 = (x^4 + x^3 + x^2 + 1)(x^3 + x^2 + 1)$ であることに注意しよう．

定理 5.1.1 より，巡回符号の符号語は，$x^n - 1$ の因子 $g(x)$ により，$c(x) = u(x)g(x)$ の形をしている．一方，以下が成り立つ．

定理 5.1.2 $g(x) \in \mathbb{F}_q[x]$ はモニックで，$x^n - 1$ を割り切るとものする．このとき，$C = \{u(x)g(x) \,|\, u(x) \in \mathbb{F}_q[x], \deg(u(x)) < n - \deg(g(x))\}$ は生成多項式 $g(x)$ の巡回符号である．

[**証明**] C が線形符号であることは明らかであって，それが巡回的であるならば，生成多項式は $g(x)$ であるから，次元は $n - \deg(g(x))$ となる．したがって，C が巡回的であることだけを示せばよい．

そのために，$g(x) = x^s + g_{s-1}x^{s-1} + \cdots + g_1 x + g_0$ および $h(x) = (x^n - 1)/g(x) = x^{n-s} + h_{n-s-1}x^{n-s-1} + \cdots + h_1 x + h_0$ とおく．$\deg(u(x)) < n - s$ のとき，$c(x) = u(x)g(x)$ とすると，

$$\widehat{c}(x) = xc(x) - c_{n-1}(x^n - 1) = xu(x)g(x) - c_{n-1}h(x)g(x)$$
$$= (xu(x) - c_{n-1}h(x))g(x)$$

となるが，$c_{n-1} = u_{n-s-1}$ であるから $(xu(x) - c_{n-1}h(x))$ は次数 $< n - s$ をもつ．よって $\widehat{c}(x)$ も C の元である． □

上記の二つの定理を結びつけると，$x^n - 1$ の因子を調べることによって巡回符号を調べられることがわかる．$q = 2$ で n が奇数のとき，$x^n - 1$ の因子を求める方法は 2.4 節で示していた．

◆**例 5.1.3 (符号長 21 の 2 元巡回符号)** 2.4 節のアルゴリズムを用いると，次の因数分解を得る．

$$x^{21} - 1 = (x-1)(x^6 + x^4 + x^2 + x + 1)(x^3 + x^2 + 1)$$
$$\cdot (x^6 + x^5 + x^4 + x^2 + 1)(x^2 + x + 1)(x^3 + x + 1)$$

$g(x) = (x^6 + x^4 + x^2 + x + 1)(x^3 + x^2 + 1)$ を使うと，$(21, 12)$ 2 元符号を得る．また，$g(x) = (x^6 + x^4 + x^2 + x + 1)(x^3 + x + 1)$ を使っても，やはり同じパラメータをもつ $(21, 12)$ 符号を得る．

5.2 巡回符号の生成行列とパリティ検査行列

C を $\mathbb{F}_q$ 上の (n,k) 巡回符号とする.定理 5.1.1 で証明したとおり,符号 C は次数 $n-k$ の生成多項式 $g(x) = x^{n-k} + g_{n-k-1}x^{n-k-1} + \cdots + g_1 x + g_0$ をもつこと,そして $x^j g(x)$, $j = 0, 1, \ldots, k-1$ が 1 次独立な符号語を与えることを見てきた.これは,C の生成行列が次の形をしていることを意味する.

$$G = \begin{bmatrix} g_0 & g_1 & g_2 & \cdots \\ 0 & g_0 & g_1 & \cdots \\ 0 & 0 & g_0 & \cdots \\ \vdots & \vdots & \vdots & \ddots \end{bmatrix}$$

つまり,G はその第 1 行に $g(x)$ の係数を昇べきの順番で並べ,さらに残りの $k-1$ 個の行にその引き続く巡回シフトを並べることによって得られる.

パリティ検査行列を得るためには,$g(x)h(x) = x^n - 1$ に注意すればよい.実際,$h(x)$ はこのように定義されていた.$k-1$ 次以下の多項式 $u(x)$ に対し,$c(x) = u(x)g(x)$ であるならば,$c(x)h(x) = u(x)g(x)h(x) = u(x)(x^n - 1)$ であるから,多項式 $c(x)h(x)$ は次数 $k, k+1, \ldots, n-1$ の項を含まず,したがって,$j = k, k+1, \ldots, n-1$ に対して $\sum_{i=0}^{n-1} c_i h_{j-i} = 0$ が成り立つ.ここで,$s < 0$ のとき $h_s = 0$ とおく.これから,ベクトル

$$(h_k, h_{k-1}, \ldots, h_0, 0, \ldots, 0), \ldots, (0, \ldots, h_k, h_{k-1}, \ldots, h_0)$$

が $n-k$ 個の 1 次独立なパリティ検査方程式を与えるので,パリティ検査行列は次のとおりであることがわかる.

$$H = \begin{bmatrix} h_k & h_{k-1} & h_{k-2} & \cdots \\ 0 & h_k & h_{k-1} & \cdots \\ 0 & 0 & h_k & \cdots \\ \vdots & \vdots & \vdots & \ddots \end{bmatrix}$$

つまり,H はその第 1 行に $h(x)$ の係数を逆順に(すなわち,降べきの順番で)並べ,さらに残りの $n-k-1$ 個の行に第 1 行の引き続く巡回シフトを並べたものである.ゆえに,次を得る.

定理 5.2.1 C が生成多項式 $g(x)$ をもつ (n,k) 巡回符号ならば,双対符号 $C^{\perp}$ もまた巡回符号であって,生成多項式 $g^{\perp}(x) = h_0 x^k + \cdots + h_{k-1} x + h_k = x^k h(x^{-1})$ をもつ.ここで,$h(x) = (x^n - 1)/g(x)$ である.

◆例 5.2.1　例 5.1.1 で考えた符号に対し，次を得る．

$$G = \begin{bmatrix} 1 & 0 & 1 & 1 & 1 & 0 & 0 \\ 0 & 1 & 0 & 1 & 1 & 1 & 0 \\ 0 & 0 & 1 & 0 & 1 & 1 & 1 \end{bmatrix}, \quad H = \begin{bmatrix} 1 & 1 & 0 & 1 & 0 & 0 & 0 \\ 0 & 1 & 1 & 0 & 1 & 0 & 0 \\ 0 & 0 & 1 & 1 & 0 & 1 & 0 \\ 0 & 0 & 0 & 1 & 1 & 0 & 1 \end{bmatrix}$$

5.3　巡回リード・ソロモン符号と BCH 符号

本節において，第 4 章で定義したリード・ソロモン符号が巡回符号であることを確かめて，それらの生成多項式を決定する．また，($q = 2^m$ の場合に）もとの符号の 2 元の符号語からなる部分符号についても考察し，それがやはり巡回符号であって，その生成多項式を容易に決定できることを示す．このとき，その定義から，最小距離についての下界がわかる．また，このような 2 元符号に対して，ピーターソン復号アルゴリズム（アルゴリズム 4.4.1）がどのように機能するかも示す．

5.3.1　巡回リード・ソロモン符号

α を $\mathbb{F}_q$ の原始元，n を $q-1$ の約数とし，$\beta = \alpha^{(q-1)/n}$ とする．$x_i = \beta^{i-1}$, $i = 1, 2, \ldots, n$ として，C_s を，$\mathbb{P}_s = \{f(x) \in \mathbb{F}_q[x] \mid \deg(f(x)) < s\}$ に含まれる多項式の値を計算することにより得られるリード・ソロモン符号としよう．

> **定理 5.3.1**　C_s は $\mathbb{F}_q$ 上の (n, s) 巡回符号であって，その生成多項式は次のとおりである．
> $$g(x) = (x - \beta)(x - \beta^2) \cdots (x - \beta^{n-s})$$

[証明]　$c = (f(\beta^0), f(\beta), \ldots, f(\beta^{n-1}))$ のとき，

$$\widehat{c} = (f(\beta^{n-1}), f(\beta^0), \ldots, f(\beta^{n-2}))$$

であるが，$f_1(x) = f(\beta^{-1}x)$ と定義すると，$\beta^n = 1$ より，

$$\widehat{c} = (f_1(\beta^0), f_1(\beta), \ldots, f_1(\beta^{n-1}))$$

と書けるから，この符号は巡回的である．補題 A.1.1 から，符号 C_s のパリティ検査行列は次のとおりである．

$$H = \begin{bmatrix} 1 & \beta & \cdots & \beta^{n-1} \\ 1 & \beta^2 & \cdots & \beta^{2(n-1)} \\ \vdots & \vdots & \cdots & \vdots \\ 1 & \beta^{n-s} & \cdots & (\beta^{n-s})^{n-1} \end{bmatrix}$$

これは，生成多項式が根 $\beta, \beta^2, \ldots, \beta^{n-s}$ をもつことを意味するので，このリード・ソロモン符号の生成多項式は次のようになる．

$$g(x) = (x - \beta)(x - \beta^2) \cdots (x - \beta^{n-s}) \qquad \square$$

5.3.2 BCH 符号

$q = 2^m$ という特別な場合に，リード・ソロモン符号 C_s に含まれる 2 元符号語全体を $C_s(\mathrm{sub})$ と記すことにする．これはいわゆる**部分体部分符号**である．

定理 5.3.2 $C_s(\mathrm{sub})$ は線形巡回符号であり，生成多項式は $\beta, \beta^2, \ldots, \beta^{n-s}$ の最小多項式の中で相異なるものすべての積である．この符号は $n - s + 1$ 以上の最小距離をもつ．

> [証明] 二つの符号語の和がやはりこの符号に含まれるから，線形であって，リード・ソロモン符号が巡回的であったから，この部分符号も巡回的である．生成多項式は $\beta, \beta^2, \ldots, \beta^{n-s}$ を根としてもち，これらの根をもつ最小次数の 2 元多項式は，ちょうど $\beta, \beta^2, \ldots, \beta^{n-s}$ の最小多項式の中で相異なるものすべての積である．符号語はリード・ソロモン符号の符号語でもあるから，最小距離は $n - s + 1$ 以上である． $\square$

いまの場合，γ がある 2 元多項式の根ならば γ^2 もその多項式の根であるから，β の偶数べきをすべて省略してよい．$\mathbb{F}_2$ 上のベクトル空間としての $\mathbb{F}_{2^m}$ の基底を一つ選び，リード・ソロモン符号のパリティ検査行列における β のべきを，（座標からなる）2 元 m 次元列ベクトルで取り換えれば，部分体部分符号のパリティ検査行列を得る（その中には 1 次従属な行も含まれることがある）．このことから，$C_s(\mathrm{sub})$ の次元は $n - m(n - s)/2$ 以上であることが導かれる．通常，これは非常に弱い限界である．生成多項式 $g(x)$ がわかっている場合は，もちろん $k = n - \deg(g(x))$ だから問題はない．これらの符号の真の最小距離を求めることは難しいが，限界式が実際は真の値を与えることも多い．$n = 2^m - 1$ と $d = 2t + 1$ から $n - k \leq t \log n$ を得る．符号化率が高ければ，これはハミング限界に非常に近い．

このようにして得られた符号は，ボーズ (Bose) とチャウドゥリ (Chaudhuri)，そしてオッケンゲム (Hocquenghem) によってはじめて考案され，頭文字をとって（狭い意味での）**BCH 符号** (BCH code) とよばれる．符号の最小距離（の下界）を保証

できる点が長所の一つであって，元来それを目指して，この種の符号は構成されたのだった．

◆例 5.3.1（例 5.1.3 の続き） α を $\mathbb{F}_{2^6}$ の原始元とし，$\beta = \alpha^3$ とおくとき，生成多項式 $g(x) = m_\beta(x) m_{\beta^3}(x) = (x^6 + x^4 + x^2 + x + 1)(x^3 + x^2 + 1) = x^9 + x^8 + x^7 + x^5 + x^4 + x + 1$ をもつ 2 元 $(21, 12)$ 符号は，$(21, 17, 5)$ リード・ソロモン符号の部分体部分符号となる．よって，最小距離は 5 以上である．$c(x) = (x^2 + x + 1)g(x) = x^{11} + x^9 + x^4 + x^3 + 1$ は符号語であるから，最小距離は 5 となり，確かに最良である．

以下の実例で示すように，BCH 符号もリード・ソロモン符号と同様にピーターソン復号アルゴリズム（アルゴリズム 4.4.1）を適用して復号することができる．

◆例 5.3.2（$(15, 5, 7)$ BCH 符号の復号） $\alpha^4 + \alpha + 1 = 0$ を満たす原始元 α をもつ $\mathbb{F}_{16}$ を考える．この符号は $n = 15$，$s = 9$，$q = 2^4$ の場合であり，$\beta = \alpha$ として，生成多項式は根の中に $\beta, \beta^2, \ldots, \beta^6$ をもつ．$m_\beta(x) = m_{\beta^2}(x) = m_{\beta^4}(x)$ および $m_{\beta^3}(x) = m_{\beta^6}(x)$ であるから，最小多項式を求める表（付録 C）を用いて，生成多項式 $g(x) = m_\beta(x) m_{\beta^3}(x) m_{\beta^5}(x) = x^{10} + x^8 + x^5 + x^4 + x^2 + x + 1$ を得る．よって，符号の次元は $15 - 10 = 5$ であり，最小距離は 7 以上であるが，この生成多項式が重み 7 をもつことから $d = 7$ を得る．

受信語 $r(x) = x^{11} + x^{10} + x^9 + x^8 + x^7 + x^2$ に対し，まずシンドロームを求める．

$$S_1 = r(\alpha) = \alpha^{14}, \quad S_2 = r(\alpha^2) = S_1^2 = \alpha^{13}, \quad S_3 = r(\alpha^3) = \alpha^6$$
$$S_4 = r(\alpha^4) = S_2^2 = \alpha^{11}, \quad S_5 = r(\alpha^5) = \alpha^5, \quad S_6 = r(\alpha^6) = S_3^2 = \alpha^{12}$$

次に，連立 1 次方程式

$$\begin{bmatrix} S_1 & S_2 & S_3 & S_4 \\ S_2 & S_3 & S_4 & S_5 \\ S_3 & S_4 & S_5 & S_6 \end{bmatrix} \begin{bmatrix} Q_{1,0} \\ Q_{1,1} \\ Q_{1,2} \\ Q_{1,3} \end{bmatrix} = \begin{bmatrix} 0 \\ 0 \\ 0 \end{bmatrix}$$

を解いて，

$$Q_{1,0} = \alpha^7, \quad Q_{1,1} = \alpha^4, \quad Q_{1,2} = \alpha^{14}, \quad Q_{1,3} = 1$$

すなわち $Q_1(x) = x^3 + \alpha^{14} x^2 + \alpha^4 x + \alpha^7$ を得る．その根は $1 (= \alpha^0), \alpha^{10}$ および α^{12} である．これから符号語 $c(x) = r(x) + x^{12} + x^{10} + 1 = x^{12} + x^{11} + x^9 + x^8 + x^7 + x^2 + 1$ を得る．$c(x) = (x^2 + x + 1)g(x)$ である．

5.4 射影平面 $\mathrm{PG}(2, \mathbb{F}_{2^m})$ から作られる巡回符号

本節では，容易に復号できる巡回符号のクラスを与える．そのアイデアは，接続行

列が巡回的であるように，射影平面 $\mathrm{PG}(2, \mathbb{F}_{2^m})$ における点と直線に番号をつけることである．この行列を符号のパリティ検査行列として用いると，この符号は巡回的となる．最小距離の半分までのすべての誤りを訂正する，効率的な復号器を紹介する．

2.5.2 項から，$q = 2^m$ として，$\mathrm{PG}(2, q)$ は $n = q^2 + q + 1$ 個の点および直線をもち，一つの直線は $q+1$ 個の点を含み，また 2 個の異なる直線は 1 点で交わるということを思い出そう．原始元 $\alpha \in \mathbb{F}_{q^3}$ が $f(\alpha) = 0$ を満たすような，次数 3 の既約多項式 $f(x) \in \mathbb{F}_q[x]$ で構成される体 $\mathbb{F}_{q^3}$ を考える．$\mathbb{F}_q$ 上のベクトル空間として $\mathbb{F}_{q^3}$ の基底を選び，α のすべてのべきを，$\mathbb{F}_q$ の元の 3 次元ベクトル (x, y, z) に対応させる．$n = (q^3 - 1)/(q - 1)$ だから，$\alpha^n \in \mathbb{F}_q$ であり，よって，べき $\alpha^i, i = 0, 1, \ldots, n-1$ は，$\mathrm{PG}(2, q)$ の異なる点を表現するのに使える．問題 2.6.12 において，$\mathrm{Tr}(x) = x + x^q + x^{q^2}$ で定まるトレース写像 $\mathrm{Tr} : \mathbb{F}_{q^3} \to \mathbb{F}_q$ を導入した．Tr は線形写像だから，$\mathrm{Tr}(\alpha^i) = 0$ であるような元 α^i は $\mathrm{PG}(2, q)$ におけるある直線 l を構成し，ほかの $n-1$ 個の直線は多項式 $\mathrm{Tr}(\alpha^{-j}x), j = 1, 2, \ldots, n-1$ の根からなる．このことは，l の点を α のべき $i_1, i_2, \ldots, i_{q+1}$ によってラベル付けすると，直線は l の巡回シフトとなることを示している．よって，$P_j \in l_i$ は $\mathrm{Tr}(\alpha^{-i}\alpha^j) = 0$ と同値であり，このラベル付けを用いて接続行列 M を構成すると，その成分 m_{ij} は

$$m_{ij} = 1 - [\mathrm{Tr}(\alpha^{j-i})]^{q-1} = \begin{cases} 1 & (P_j \in l_i \text{ の場合}) \\ 0 & (P_j \notin l_i \text{ の場合}) \end{cases}$$

となる．ここで，最後の等式は，$\mathrm{Tr}(x) \in \mathbb{F}_q$ より，$\mathrm{Tr}(x) \neq 0$ ならば $[\mathrm{Tr}(x)]^{q-1} = 1$，$\mathrm{Tr}(x) = 0$ ならば $[\mathrm{Tr}(x)]^{q-1} = 0$ であることより従う．

異なる二つの直線はただ一つの交点をもつから，一つの点を通る $q+1$ 本の直線は全平面を覆う．これは，$(q+1)q$ 個の差 $i_j - i_s \mod n, j \neq s \in \{1, 2, \ldots, q+1\}$ が $1, 2, \ldots, n-1$ のおのおのを 1 度ずつとることに注意しても示すことができる．この事実を確かめるために，$j_1 \neq j_2$ のとき $i_{j_1} - i_{s_1} = i_{j_2} - i_{s_2} \mod n$ となることを仮定してみる．このとき，点 α^{j_1} を点 α^{j_2} に移す直線 l の巡回シフトは，l と 2 点で交わるような新たな直線を与えるが，それは矛盾である．

[**定義 5.4.1** M をパリティ検査行列とする符号を，$C(m)$ と表す．]

◆**例 5.4.1** ($\mathrm{PG}(2,4)$)　$\mathbb{F}_4 = \{0, 1, \beta, \beta^2\}$ を $\beta^2 + \beta + 1 = 0$ で定め，$\mathbb{F}_{64}$ を $\mathbb{F}_4$ 上の既約多項式 $f(x) = x^3 + x^2 + x + \beta$ で定める．α を $f(\alpha) = 0$ を満たす $\mathbb{F}_{64}$ の原始元とし，$\mathbb{F}_{64}$ の $\mathbb{F}_4$ 上の基底として $1, \alpha, \alpha^2$ を用いる．このとき，多項式 $\mathrm{Tr}(x) = x + x^4 + x^{16}$ の根は $\alpha^7, \alpha^9, \alpha^{14}, \alpha^{15}, \alpha^{18}$ であり，接続行列は以下のとおりである．

$$M = \begin{bmatrix} 0 & 0 & 0 & 0 & 0 & 0 & 0 & 1 & 0 & 1 & 0 & 0 & 0 & 0 & 1 & 1 & 0 & 0 & 1 & 0 & 0 \\ 0 & 0 & 0 & 0 & 0 & 0 & 0 & 0 & 1 & 0 & 1 & 0 & 0 & 0 & 0 & 1 & 1 & 0 & 0 & 1 & 0 \\ 0 & 0 & 0 & 0 & 0 & 0 & 0 & 0 & 0 & 1 & 0 & 1 & 0 & 0 & 0 & 0 & 1 & 1 & 0 & 0 & 1 \\ 1 & 0 & 0 & 0 & 0 & 0 & 0 & 0 & 0 & 0 & 1 & 0 & 1 & 0 & 0 & 0 & 0 & 1 & 1 & 0 & 0 \\ 0 & 1 & 0 & 0 & 0 & 0 & 0 & 0 & 0 & 0 & 0 & 1 & 0 & 1 & 0 & 0 & 0 & 0 & 1 & 1 & 0 \\ 0 & 0 & 1 & 0 & 0 & 0 & 0 & 0 & 0 & 0 & 0 & 0 & 1 & 0 & 1 & 0 & 0 & 0 & 0 & 1 & 1 \\ 1 & 0 & 0 & 1 & 0 & 0 & 0 & 0 & 0 & 0 & 0 & 0 & 0 & 1 & 0 & 1 & 0 & 0 & 0 & 0 & 1 \\ 1 & 1 & 0 & 0 & 1 & 0 & 0 & 0 & 0 & 0 & 0 & 0 & 0 & 0 & 1 & 0 & 1 & 0 & 0 & 0 & 0 \\ 0 & 1 & 1 & 0 & 0 & 1 & 0 & 0 & 0 & 0 & 0 & 0 & 0 & 0 & 0 & 1 & 0 & 1 & 0 & 0 & 0 \\ 0 & 0 & 1 & 1 & 0 & 0 & 1 & 0 & 0 & 0 & 0 & 0 & 0 & 0 & 0 & 0 & 1 & 0 & 1 & 0 & 0 \\ 0 & 0 & 0 & 1 & 1 & 0 & 0 & 1 & 0 & 0 & 0 & 0 & 0 & 0 & 0 & 0 & 0 & 1 & 0 & 1 & 0 \\ 0 & 0 & 0 & 0 & 1 & 1 & 0 & 0 & 1 & 0 & 0 & 0 & 0 & 0 & 0 & 0 & 0 & 0 & 1 & 0 & 1 \\ 1 & 0 & 0 & 0 & 0 & 1 & 1 & 0 & 0 & 1 & 0 & 0 & 0 & 0 & 0 & 0 & 0 & 0 & 0 & 1 & 0 \\ 0 & 1 & 0 & 0 & 0 & 0 & 1 & 1 & 0 & 0 & 1 & 0 & 0 & 0 & 0 & 0 & 0 & 0 & 0 & 0 & 1 \\ 1 & 0 & 1 & 0 & 0 & 0 & 0 & 1 & 1 & 0 & 0 & 1 & 0 & 0 & 0 & 0 & 0 & 0 & 0 & 0 & 0 \\ 0 & 1 & 0 & 1 & 0 & 0 & 0 & 0 & 1 & 1 & 0 & 0 & 1 & 0 & 0 & 0 & 0 & 0 & 0 & 0 & 0 \\ 0 & 0 & 1 & 0 & 1 & 0 & 0 & 0 & 0 & 1 & 1 & 0 & 0 & 1 & 0 & 0 & 0 & 0 & 0 & 0 & 0 \\ 0 & 0 & 0 & 1 & 0 & 1 & 0 & 0 & 0 & 0 & 1 & 1 & 0 & 0 & 1 & 0 & 0 & 0 & 0 & 0 & 0 \\ 0 & 0 & 0 & 0 & 1 & 0 & 1 & 0 & 0 & 0 & 0 & 1 & 1 & 0 & 0 & 1 & 0 & 0 & 0 & 0 & 0 \\ 0 & 0 & 0 & 0 & 0 & 1 & 0 & 1 & 0 & 0 & 0 & 0 & 1 & 1 & 0 & 0 & 1 & 0 & 0 & 0 & 0 \\ 0 & 0 & 0 & 0 & 0 & 0 & 1 & 0 & 1 & 0 & 0 & 0 & 0 & 1 & 1 & 0 & 0 & 1 & 0 & 0 & 0 \end{bmatrix}$$

いま,

$$\theta(x) = x^{i_1} + x^{i_2} + \cdots + x^{i_{q+1}} \tag{5.1}$$

と定めると,以上のことにより

$$\theta(x)\theta(x^{-1}) = 2^m + 1 + x + x^2 + \cdots + x^{n-1} \mod (x^n - 1)$$

が成り立つから,mod 2 をとることにより,

$$\theta(x)\theta(x^{-1}) = 1 + x + x^2 + \cdots + x^{n-1} \mod (x^n - 1)$$

が得られ,したがって,以下の式が得られる.

$$(x-1)\theta(x)\theta(x^{-1}) = 0 \mod (x^n - 1)$$

◆例 5.4.2 (PG(2,4) についての続き)

$$h(x) = \gcd(x^{18} + x^{15} + x^{14} + x^9 + x^7, x^{21} - 1) = x^{11} + x^8 + x^7 + x^2 + 1$$

および $g(x) = x^{10} + x^7 + x^6 + x^4 + x^2 + 1$ が得られ，最小距離が 6 以下である $(21, 11)$ 符号が得られた（$x+1$ が $g(x)$ を割り切るから，最小距離は偶数である）．この符号は 2 個の誤りを訂正し，よって最小距離は 6 に等しいことを示そう．M から得られる，c_0 を含むパリティ検査方程式は，以下となる．

$$c_0 + c_{10} + c_{12} + c_{17} + c_{18} = 0$$
$$c_0 + c_3 + c_{13} + c_{15} + c_{20} = 0$$
$$c_0 + c_1 + c_4 + c_{14} + c_{16} = 0$$
$$c_0 + c_5 + c_6 + c_9 + c_{19} = 0$$
$$c_0 + c_2 + c_7 + c_8 + c_{11} = 0$$

2 個の誤りを含む $(r_0, r_1, \ldots, r_{20})$ を受信し，上記の方程式に対応する和を計算すると，次を得る．

$r_0 \neq c_0$ ならば $1, 1, 1, 1, 0$（あるいはその並び替え）
$r_0 = c_0$ ならば $1, 1, 0, 0, 0$ または $0, 0, 0, 0, 0$

よって，c_0 をこれらの 5 個の和の多数決によって決定できる．1 個または 0 個の誤りがあるとき，これが正しいことは容易にわかる．符号は巡回的なので，残りのビットは，巡回シフトを行った符号語に対する上記の方程式について，同様の多数決投票を行うことにより決定できる．

いまの場合，α は $\mathbb{F}_{64}$ の原始元であり $\beta = \alpha^3$ であるので，$g(x) = (x+1)(x^6 + x^4 + x^2 + x + 1)(x^3 + x^2 + 1) = (x+1)m_\beta(x)m_{\beta^3}(x)$ が成り立ち，$g(x)$ は $\beta^0, \beta, \beta^2, \beta^3, \beta^4$ を根にもつ．よって，この方法でも最小距離は 6 以上であることがわかる．

定理 5.4.1 符号 $C(m)$ の最小距離は $2^m + 2$ である．

[証明] 例 5.4.2 で取り上げた復号方法により，一般に 2^{m-1} 個の誤りを訂正できるので，符号は最小距離 $2^m + 2$ 以上をもつ（偶数だから）．他方，次の点の集合を考える．

$$S = \{(t : 1 : t^2) \mid t \in \mathbb{F}_q\} \cup \{(0 : 0 : 1)\} \cup \{(1 : 0 : 0)\}$$

このとき，S はすべての直線 $ax + by + cz = 0$ と 2 個または 0 個の点を共有し（問題 5.5.17 を参照），よって S の接続ベクトルは，M のすべての行と直交するので，符号語である．よって，符号の最小距離はちょうど $q + 2 = 2^m + 2$ である． □

定理 5.4.2 符号 $C(m)$ の次元は $n - (3m + 1)$ である．

定理 5.4.1 とあわせて，以下のパラメータをもつ巡回符号のクラスが得られる．

$$(2^{2m} + 2^m + 1, 2^{2m} + 2^m - 3m, 2^m + 2)$$

よって，最小距離の半分まで容易に復号できることがわかった．

[証明] 以前に注意したように，次元 k は検査多項式 $h(x) = \gcd(\theta(x), x^n - 1)$ の次数に等しい．よって，α を以前のとおり $\mathbb{F}_{q^3}$ の原始元とし，$\beta = \alpha^{q-1}$ とおくとき，

$$k = |\{u \in \{0, 1, \ldots, n-1\} : h(\beta^u) = 0\}|$$

が得られる．$h(x)$ は検査行列 M の行に対応するから，$h(x) = \sum_{j=0}^{n-1} c_j x^j$ であり，$c_j = 1 - [\text{Tr}(\alpha^j)]^{q-1}$ だから，

$$d_u = \sum_{j=0}^{n-1} c_j \beta^{uj} = \sum_{j=0}^{n-1} c_j \alpha^{ju(q-1)}$$

とおくとき，$k = |\{u \in \{0, 1, \ldots, n-1\} : d_u = 0\}|$ となる．とくに，$u = 0$ ならば，$d_0 = \sum_{j=0}^{n-1} c_j = q + 1 \equiv 1 \mod 2$ を得る．以下において，$0 < u \leq n-1$ のときのみを考える．c_j の値を代入し，

$$d_u = \sum_{j=0}^{n-1} \{1 - [\text{Tr}(\alpha^j)]^{q-1}\} \alpha^{ju(q-1)}$$

を得る．A.1 節の意味（有限体上の離散フーリエ変換）において，ベクトル c と d は互いに変換／逆変換の関係にあるペアである．

$$d_u = \sum_{j=0}^{n-1} \alpha^{ju(q-1)} - \sum_{j=0}^{n-1} [\text{Tr}(\alpha^j)]^{q-1} \alpha^{ju(q-1)}$$
$$= \sum_{j=0}^{n-1} [(\alpha^j + \alpha^{jq} + \alpha^{jq^2}) \alpha^{ju}]^{q-1}$$

1 行目の最初の和は 0 となることから，2 行目が得られる．ここで，$y = \alpha^j$ とおくとき，次を得る．

$$\widehat{c_j} = (y + y^q + y^{q^2})^{q-1} = (y + y^q + y^{q^2})^{2^m - 1}$$
$$= (y + y^q + y^{q^2})^{1 + 2 + \cdots + 2^{m-1}} = \prod_{l=0}^{m-1} (y^{2^l} + y^{2^{l+m}} + y^{2^{l+2m}})$$

ただし，$\widehat{c_j}$ は c_j の否定（すなわち $1 - c_j$）である．$0 < b < q^3 - 1$ を $a_i, b_i, c_i \in \{0, 1\}$ を用いて以下で定め，

$$b = \sum_{i=0}^{m-1} a_i 2^i + 2^m \sum_{i=0}^{m-1} b_i 2^i + 2^{2m} \sum_{i=0}^{m-1} c_i 2^i$$

S を次で定める．

$$S = \{b \mid a_i + b_i + c_i = 0, (a_i, b_i, c_i) \neq (0, 0, 0), i = 0, 1, \ldots, m-1\}$$

このとき，

$$\widehat{c_j} = \prod_{l=0}^{m-1} (y^{2^l} + y^{2^{l+m}} + y^{2^{l+2m}}) = \sum_{b \in S} y^b$$

となる．S に含まれる元の個数は明らかに 3^m であり，これは $\hat{c}$ における非零係数の個数で

ある．これらの係数はある多項式の値の変換であるから，$d_u \neq 0$ を満たす $1 \leq u \leq n-1$ である u は，ちょうど S に含まれる元の個数である．$d_0 = 1$ だから，$C(m)$ の次元は $n - (3^m + 1)$ となる． □

5.5 問 題

問題 5.5.1 $g(x) = x^6 + x^3 + 1$ は $x^9 - 1$ を $\mathbb{F}_2[x]$ において割り切る．
(1) そのことを示せ．したがって，$g(x)$ は次の 2 元 $(9, k)$ 巡回符号 C の生成多項式として用いることができる．
$$C = \{i(x)g(x) \mid i(x) \in \mathbb{F}_2[x], \deg(i(x)) < 3\}$$
(2) C の次元はいくつか？
(3) C の生成行列を決定せよ．
(4) $x^8 + x^6 + x^5 + x^3 + x^2 + 1$ は C の符号語か？
(5) C の最小距離について何がいえるか？

問題 5.5.2 多項式 $x^{15} - 1$ は，次のように，$\mathbb{F}_2$ 上の既約多項式の積に分解できる．
$$x^{15} - 1 = (x+1)(x^2 + x + 1)(x^4 + x + 1)(x^4 + x^3 + 1)(x^4 + x^3 + x^2 + x + 1)$$
C を，次の生成多項式をもつ符号長 15 の 2 元巡回符号とする．
$$g(x) = (x+1)(x^4 + x + 1)$$
(1) C の次元はいくつか？
(2) $x^{14} + x^{12} + x^8 + x^4 + x + 1$ は C の符号語か？
(3) すべての 2 元 $(15, 8)$ 巡回符号を決定せよ．
(4) 符号長 15 の 2 元巡回符号はいくつあるか？

問題 5.5.3 C を，生成多項式 $g(x) = x^4 + x + 1$ をもつ符号長 15 の巡回符号とする．
(1) C のパリティ検査行列を決定せよ．
(2) C の最小距離を求めよ．
(3) C はどのような符号か？
(4) $C^\perp$ の次元はいくつか？

問題 5.5.4 $g(x)$ を，$\mathbb{F}_2$ 上の符号長 n の巡回符号に対する生成多項式とする．$g(1) = 0$ となるのは，すべての符号語が偶数重みをもつとき，かつ，そのときに限ることを示せ．

問題 5.5.5 C を奇数符号長 n の 2 元巡回符号とする．もし C が奇数重みの語を含めば，すべて 1 の語，つまり $(1, 1, 1, 1, \ldots, 1)$ を含むことを示せ．

問題 5.5.6 C を生成多項式 $g(x) = m_\beta(x) m_{\beta^3}(x)$ をもつ $\mathbb{F}_2$ 上の $(21, 12)$ 巡回符号とする．
(1) C の最小距離について何がいえるか？
(2) $C^\perp$ の生成多項式を決定せよ．

(3) $C^\perp$ の最小距離について何がいえるか？

問題 5.5.7 C を，生成多項式 $(x+1)(x^6+x+1)(x^6+x^5+1)$ をもつ $\mathbb{F}_2$ 上の符号長 63 の巡回符号とする．C の最小距離について何がいえるか？

問題 5.5.8

(1) 3 個誤り訂正可能な，$\mathbb{F}_2$ 上の，符号長 31 の巡回符号に対する生成多項式を決定せよ．

(2) 求めた符号の次元はいくつか？

(3) さらによりよい符号が作れるか？

問題 5.5.9 C を 2 元 (n,k) 符号とする．符号化規則が**組織的**とよばれるのは，情報 $(u_{k-1}, \ldots, u_1, u_0)$ がある定まった k 個の位置に $(u_{k-1}, \ldots, u_1, u_0)$ を含む符号語 $(c_{n-1}, \ldots, c_1, c_0)$ に符号化されるときであることを思い出そう．(n,k) 巡回符号は $u(x)g(x)$ の形のすべての語からなる．ただし，$u(x)$ は次数 $< k$ であり，$g(x)$ は符号の生成多項式である．

(1) 符号化規則 $u(x) \to u(x)g(x)$ は組織的でないことを，生成多項式が x^3+x+1 である $(7,4)$ 符号を調べることにより示せ．

そこで，規則 $u(x) \to x^{n-k}u(x) - (x^{n-k}u(x) \bmod g(x))$ を用いる．

(2) $x^{n-k}u(x) - (x^{n-k}u(x) \bmod g(x))$ は，生成多項式が $g(x)$ である巡回符号における符号語であることを示せ．

(3) これは組織的な符号器であることを示せ．

(4) 上と同じ符号を使って，組織的符号器を用い 1011 を符号化せよ．

問題 5.5.10 C を生成多項式が $g(x)$ である (n,k) 巡回符号とする．$h(x) = (x^n-1)/g(x)$ とし，また，$a(x)$ を次数 $< k$ で $\gcd(h(x), a(x)) = 1$ を満たす多項式とする．$C' = \{c(x) = u(x)a(x)g(x) \bmod (x^n-1) | \deg(u(x)) < k\}$ とする．$C' = C$ を示せ．

問題 5.5.11 ここでは，1949 年に発表された有名な**ゴーレイ符号** (Golay code) を扱う．この符号が完全符号であることを示そう（後年に，これとハミング符号のみが，$k > 1$ である線形 2 元完全符号であることが示された）．$x^{23} - 1 = (x+1)m_\beta(x)m_{\beta^5}(x)$ が成り立つ．ここで，$m_\beta(x) = x^{11} + x^9 + x^7 + x^6 + x^5 + x + 1$ である．

C を，生成多項式 $m_\beta(x)$ をもつ $(23, 12)$ 符号とする．

(1) C の最小距離は 5 以上であることを示せ．

C_{ext} を，全 1 のパリティ検査を付け加えることによって得られる $(24, 12)$ 符号とする．

(2) C_{ext} におけるすべての符号語の重みは 4 で割り切れることを示せ．

(3) C は最小距離 7 をもつことを示せ．

(4) C は完全符号であることを示せ．

問題 5.5.12 C を，生成多項式 $g(x)$ が元 $\beta, \beta^2, \beta^3, \ldots, \beta^{2t}$ の異なる最小多項式の積である (n,k) 巡回符号とする．ここで，$\beta \in \mathbb{F}_{2^m}$ は位数 n をもつとする．そのとき $d \geq 2t+1$ となることがわかっている．$n = a(2t+1)$ のときを考える．

(1) $\beta, \beta^2, \beta^3, \ldots, \beta^{2t}$ は $x^a - 1$ の根でないことを示せ．

(2) $m_{\beta^s}(x)$, $s = 1, 2, \ldots, 2t$ は $x^a - 1$ を割り切らないことを示せ．

(3) $\gcd(g(x), x^a - 1) = 1$ を示せ．

(4) $p(x) = (x^n - 1)/(x^a - 1)$ は 2 元多項式であることを示せ.
(5) $g(x)|p(x)$ を示せ.
(6) $p(x)$ の重みはいくつか？
(7) C の最小距離は $2t + 1$ であることを示せ.

問題 5.5.13 次が成り立つ.

$$x^{31} - 1 = (x+1)(x^5 + x^2 + 1)(x^5 + x^3 + 1)(x^5 + x^4 + x^3 + x^2 + 1)$$
$$\cdot (x^5 + x^3 + x^2 + x + 1)(x^5 + x^4 + x^2 + x + 1)$$
$$\cdot (x^5 + x^4 + x^3 + x + 1)$$

(1) 符号長 31 の 2 元巡回符号はいくつあるか？
(2) これらの中に次元 10 のものはあるか？
C を生成多項式 $g(x) = (x+1)(x^5 + x^2 + 1)$ の符号とする.
(3) $x^7 + x^5 + x^4 + x^2 + 1$ は C の符号語か？
(4) $x^7 + x^5 + x^4 + 1$ は C の符号語か？
(5) C の最小距離について何がいえるか？

問題 5.5.14 $4, 5, 9, 10, 11, 15$ 個の誤りをそれぞれ訂正する，符号長 63 の巡回符号の次元と生成多項式を決定せよ.

問題 5.5.15 次のパラメータをもつ (n, k, d) 2 元巡回符号が存在することを示せ.

$$(21, 12, \geq 5), \quad (73, 45, \geq 10), \quad (127, 71, \geq 19)$$

問題 5.5.16 符号長 n の 2 元巡回符号を構成するとき，位数 n の元 β のべきに対する最小多項式を用いる．この元 β の選択が重要かどうかは自然な疑問である．この問題は，特別な場合についてこの疑問を扱う．n をある奇数，j を $\gcd(n, j) = 1$ である数とする.
(1) $\pi(x) = xj \bmod n$ によって定義される写像 $\pi : \{0, 1, \ldots, n-1\} \to \{0, 1, \ldots, n-1\}$ は置換，つまり全単射写像であることを示せ.
C_1 を，生成多項式として $m_\beta(x)$ をもつ巡回符号とし，C_2 を，生成多項式として $m_{\beta^j}(x)$ をもつ符号とする.
(2) $(c_0, c_1, \ldots, c_{n-1}) \in C_1$ と $(c_{\pi(0)}, c_{\pi(1)}, \ldots, c_{\pi(n-1)}) \in C_2$ とが同値であることを示せ.
(3) C_1 と C_2 に対し，(2) は何を意味するか？

問題 5.5.17 $q = 2^m$ である $\mathrm{PG}(2, q)$ において，次の集合を考える.

$$S = \{(t : 1 : t^2) | t \in \mathbb{F}_q\} \cup \{(0 : 0 : 1)\} \cup \{(1 : 0 : 0)\}$$

S は 2 個の点または 0 個の点を，$\mathrm{PG}(2, q)$ におけるそれぞれの直線 $ax + by + cz = 0$ と共有することを示せ.

第6章

フレーム
Frames

　これまで，独立に生起する情報記号系列の送信と，ブロック符号を用いた符号化を考えてきた．実用上は，正しい処理と解釈を保証するために，データはある構造をもったファイルの中に組み込まれる．通信システムでは，受信系列の復号とその後の処理を正しく行うために，受信器もまた構造を必要とする．通信システムの構成を一般的に論じることは本書の範囲外である．しかし，情報が，ある固定長のフレーム（システムによってはパケットともよばれる）の形で伝送されるものとすることにより，議論の本質的な面が捉えられる．

　この文脈において誤り訂正を設定することにより，フレーム品質によって誤り訂正符号の性能を議論できる．フレーム品質に対していくつかのよく用いられるパラメータを定義し，それらを符号の誤り確率に関連付ける．フレームの概念は，次章以降での，ほかの符号構造に関する議論でも有益なものである．

6.1　フレームの定義と効率

> **定義 6.1.1**　**データファイル** (data file) とは，独立に記録され，伝送され，解釈されるひとまとまりのデータである．それは，**ヘッダ** (header)，**データフィールド** (data field)，**検査フィールド** (parity field) の三つの部分から構成される．

　データファイルは，単にファイルともよばれる．ファイルは，ヘッダの中で指定される可変の長さをもつこともあるが，データフィールドは，ある固定された個数の**情報源記号** (source symbol) からなるものと仮定する．

　検査フィールドは 6.2 節で詳細に議論される．通常，それはファイル内の誤りを検出するはたらきをし，訂正は行わない．もし，n_d 個のデータビットからなるファイルが誤っている場合，m 個のパリティ検査が満たされる確率は，n_d とは無関係で，2^{-m} のオーダーであると仮定する．

ヘッダはファイルの開始を示すもので，ファイルのタイトルと日付のような情報を含むこともある．情報のいくつかは，その長さやファイル内での位置に関連していることもある．このように，この情報は n_d とは無関係な長さをもつか，あるいは，$\log n_d$ のオーダーの長さをもつ．ファイルの開始位置に固定されたパターンによって目印をつける場合は，このパターンはデータ中にまれにしか生じないことが重要である．つまり，パターンの長さは $\log n_d$ のオーダーでなければならない．ヘッダの長さが h_d であるとき，以下の定義によってファイルの効率を特徴付けることができる．

> **定義 6.1.2　ファイル効率** (file efficiency) とは，ファイルの全長に対するデータビット数の比である．

すなわち，ファイル効率は以下のように表される．

$$\eta_d = \frac{n_d}{n_d + h_d + m} \tag{6.1}$$

> **補題 6.1.1**　データビット数 n_d を十分大きくとれば，ファイル効率をいくらでも 1 に近づけることができる．

情報を通信路上で伝送するとき，適切な誤り訂正符号を用いて符号化する．

> **定義 6.1.3　フレーム** (frame) とは，通信路上で伝送される符号化されたひとまとまりの情報であり，**ヘッダ**（別に符号化することもできる）と**本文**からなる．

フレームは，一般に情報記号と異なるアルファベットに属する，ある固定された個数の**通信路記号** (channel symbol) からなる．一般に，ファイルとフレームは別物であり，システムによっては独立に処理され，そして，個別のヘッダをもち，異なる長さと境界をもちうることに注意しよう．

ヘッダはフレームの開始を指定する，フレーム同期とよばれる機能をもつ．通常，ヘッダは符号化されていない固定された同期パターンを含むが，そのパターンは少しの誤りがあっても同定されなければならない．しかし，本文の長さを N_f とすると，ヘッダの長さはやはり $\log N_f$ オーダーである．フレームヘッダはフレーム番号，内容の識別子，開封用のポインタのような，内容の解釈に関連する情報を含んでもよい．それに付け加えて，受信者のアドレスなどの送信経路に関する情報を含むことができる．ここでは，情報セキュリティ，すなわち，暗号化やディジタル署名は議論しない．データは符号化率 R の通信路符号を使って符号化される．ヘッダ情報は同じ符号によって符号化してもよいし，異なる取り扱いをして処理を簡単にしてもよい．ヘッダの伝送

に対して使用される通信路記号の総数を H_f としよう.

簡単のため，2元の入力記号をもつ通信路に対して，以下の定義を導入しよう.

> **定義 6.1.4　伝送効率** (transmission efficiency) η_f とは，伝送可能な最大の通信路ビットの総数に対する，本文中のデータビット数の比率である.

伝送効率は次のように表される.

$$\eta_f = \frac{N_f R}{(N_f + H_f) C} \tag{6.2}$$

ここで，C は使用される通信路の容量である.したがって，$1 - \eta_f$ は，ヘッダの長さによる損失と，用いられる符号の符号化率による損失の合成になる.

> **補題 6.1.2**　本文の長さ N_f を十分大きくとれば，伝送効率はいくらでも 1 に近づけることができる.

> [証明]　ヘッダはフレームに比較して短い.符号化率は，符号長が十分大きいとき，通信路容量に近づくように選択できる.　□

これらの補題からわかるように，現実的な通信系を構築するために必要な記号を追加したとしても，次の定理が成立する.

> **定理 6.1.1**　データファイルと伝送フレームを十分大きくすれば，通信路容量 C の無記憶通信路上で n_d 個のデータビットを伝送するために使われる通信路記号の平均数は，いくらでも n_d/C に近づけることができる.

6.2　フレームの品質

6.2.1　品質の尺度

通信ネットワークにおいて，フレームの伝送はさまざまな形でうまくいかない可能性がある.アドレスが改変されることもあれば，フレームが消失，あるいは，遅延することもある.フレームが誤りなく利用者に配送される，あるいは，少なくとも伝送誤りが検出されることを保証することが，誤り訂正の目的である.その性能は，以下の二つの数によって特徴付けられる.

> **定義 6.2.1　見逃し誤り確率** (probability of undetected error) P_{ue} とは，実際にはデータの一部に誤りが含まれていても，フレームが誤りなしとしてユーザに

受け渡される確率である．

定義 6.2.2　**フレーム誤り確率** (probability of frame error) P_{fe} とは，受信器がデータの誤りを検出するが，まったく，あるいは，少なくとも十分な信頼性をもってそれらを訂正することができない確率である．

　受信器が信頼できないフレームを捨てる（そして，利用者はそれらを再送することもできる）選択をする方式では，これらのパラメータが関与する．フレーム誤り確率は，正規の通信を行うためには十分に小さくなくてはならないが，極端に小さくする必要はない．10^{-5} が一つの典型的な目標値である．他方，見逃し誤り確率は 10^{-15} より小さくなくてはならない．

　もし，受信器が（遅延が許容できない，あるいは，省化したフレームにフラグ付けすることが実用的でないという理由で）劣化したフレームを捨てる選択肢をもたないならば，データは可能な限り少数個の誤りを含んだまま伝達される．その性能は，通常，次のように定義されるビット誤り率によって特徴付けられる．

定義 6.2.3　**ビット誤り率** (bit error rate) P_{bit} とは，復号されたデータ中の誤り個数の平均を，復号された本文の長さで割った値である．

　ビット誤り個数が復号されないブロックに対して $d/2$ 個であり，誤った語に対しては d 個であると仮定することにより，ビット誤り率（のよい近似値）を計算することができる．これらのビット誤りは，符号語中の情報記号と検査記号の両方に同じ確率で生じるので，その個数は符号化率 R を掛けた値にするべきである．明らかに，この状況では，符号化は組織的であるほうが有利である．それは，組織的でないときには復号がより多くの情報ビットを変化させてしまうことがあるからである．フレームは独立と仮定することができるが，明らかに，フレーム中の誤りの分布は単純な確率分布にならない．音声のような応用では，P_{bit} の中間的な値をもつことは許容されるが，データが圧縮されているか，もしくは高感度な応用では，$P_{\text{bit}} < 10^{-15}$ が要求される．

6.2.2　フレーム上のパリティ検査

　復号されたフレーム内に少数個の誤りしかないと仮定できるならば，フレーム（あるいは，ファイル）検査系列とよばれる 1 組のパリティ検査によって受信データの整合性を検証すれば十分である．しばしば，（短縮化）巡回ハミング符号，あるいはハミング符号の部分符号が，その検証に用いることができる．そこで，以下では，この場合のみ議論しよう．

補題 6.2.1 次数 m の原始多項式 $p(x)$ に対し，生成多項式

$$g(x) = p(x)(x+1)$$

により定義される 2 元巡回符号は，パラメータ $(n,k,d) = (2^m-1, 2^m-m-2, 4)$ をもつ．

情報ビットの最大個数は $2^m - m - 2$ であるが，この符号は先頭の情報ビットを除去することにより短縮化できる．$m+1$ 個の検査ビットは，**フレーム検査系列** (frame check sequence) あるいは **CRC** (cyclic redundancy check) として知られている．通常，フレーム検査系列は誤り訂正には用いられないが，伝送誤りの検出に利用される．2 個より多い誤りが生じるとき，フレームが受理される確率を，乱数系列が全 0 のフレーム検査系列を与える確率，すなわち，

$$P_\text{ue} \approx P[t \geq 2] \cdot 2^{-m-1} \tag{6.3}$$

のように推定することができる．このように，系列の長さは，十分なフレーム長と許容できる信頼度を与えるように選ばれる．

◆**例 6.2.1（CRC 国際標準規格）** 以下の多項式は CRC 国際標準規格に使われている．

CRC-ITU-T 規格　$x^{16} + x^{12} + x^5 + 1$
$\qquad\qquad\qquad = (x+1)(x^{15} + x^{14} + x^{13} + x^{12} + x^4 + x^3 + x^2 + x + 1)$
CRC-ANSI 規格　$x^{16} + x^{15} + x^2 + 1 = (x+1)(x^{15} + x + 1)$
CRC-32 規格　$\quad x^{32} + x^{26} + x^{23} + x^{22} + x^{16} + x^{12} + x^{11} + x^{10}$
$\qquad\qquad\qquad + x^8 + x^7 + x^5 + x^4 + x^2 + x + 1$

最初の二つの多項式は $x+1$ と次数 15 の既約多項式との積であり，周期[†]は 32767 である．ゆえに，これらの多項式はハミング符号の最小距離 4 の部分符号を生成し，32751 個以下のデータビット内に起こる 3 個以下の誤りのすべての組合せを検出する．最後の多項式は既約多項式である．

6.2.3 ヘッダ保護符号

6.1 節で示したように，ヘッダ内の同期パターンは符号化されない（あるいは，復号されない）が，ヘッダの残りの部分には，それが改変されることによって，フレームが失われる可能性をもつ（アドレスのような）情報が含まれていることもある．受信器が本文を復号することなくヘッダを読めるようにできれば実用的なので，ヘッダは小さな (n,k,d) 符号によって保護してもよい．復号失敗確率が小さくなることを保証

[†] 訳者注：p.80 の訳者注を参照．

するために，復号器は $t' < (d-1)/2$ 個の誤りを訂正し，誤り検出のために残りのパリティ記号を残すこともできる．その結果，符号化率は小さくなるが，効率が下がるといった影響はほとんどない．

6.3 フレーム内の短いブロック符号

原理的には，長いフレームを使い，全フレームを保護するために単一のブロック符号を適用することによって，よい性能を得ることができる．しかし，そのようなブロック符号の復号は実用的ではない．この節では，フレームをより短いブロックに分割する可能性を考える．第7章と第8章では，ほかのアプローチを議論する．

長さ N_f のフレームを，ある (n,k) 符号の N_f/n 個の符号語に分割してもよい．ここで，k はフレーム内の情報記号の数を割り切るように選ばれていると仮定する．

第3章では，ブロック符号に対する誤り率の限界を与えた．特定の符号の限界あるいはシミュレーションに基づいて，復号誤り確率 P_err がわかっていると仮定する．

補題 6.3.1 フレームが N_f/n 個のブロックからなり，雑音が独立ならば，正しいフレームが得られる確率は以下のとおりである．

$$1 - P_\mathrm{ue} = (1 - P_\mathrm{err})^{N_\mathrm{f}/n} \tag{6.4}$$

ゆえに，通信路上の誤り確率が非常に小さいときに限って，見逃し誤り確率 P_ue をきわめて小さくすることができるので，このシステムはそれほど効率的であるとはいえない．この性能を改良するために，各ブロックにおいて訂正する誤りの個数を制限することがある．しかし，復号失敗確率 P_fail にともなって，フレーム誤り確率が同様により大きくなる．

補題 6.3.2 フレームが N_f/n 個のブロックからなり，雑音が独立ならば，フレーム誤り確率は以下のとおりである．

$$P_\mathrm{fe} = 1 - (1 - P_\mathrm{fail})^{N_\mathrm{f}/n} \tag{6.5}$$

ここで，おもに興味のある状況では，前節において議論したように，誤り訂正をフレーム検査系列と組み合わせるほうがより効率的である．そのために，16ビット，あるいは，32ビットを使うことにより，見逃し誤り確率を非常に小さくすることができて，短いブロック符号の誤り訂正に対する能力を十分使うことができる．

◆**例 6.3.1** 誤り率 $p = 0.01$ の BSC 上でフレームが伝送され，本文は $(128, 85, 14)$ ブロック符号の 100 個の符号語からなると仮定する．この符号は $t = 6$ 個誤りを訂正するが，8 個の誤りパターンの個数がシンドロームの個数より小さいので，ほとんどの場合においてそれらの誤りを訂正できる．6 個誤りまでの限界距離復号を仮定すると，2 項分布と式 (3.10) を使って，復号不能確率を次のように得る．

$$P_\text{fail} - P_\text{err} \simeq P(7) + P(8) = 0.000268 + 0.000040 = 0.000308$$

ゆえに，各フレームにおいて復号されない平均ブロック数は 0.03 である．これはフレーム誤り確率でもある．各事象で 7 個以上の誤りがブロックに残るので，平均ビット誤り確率は以下となる．

$$P_\text{bit} \simeq \frac{0.21}{N} = 1.6 \cdot 10^{-5}$$

見逃し誤り確率は，重みが 14 である符号語の非零成分中に 8 個の誤りを含む確率から，十分によい近似で求められる．そのような符号語の個数は，2 項分布を 128 個の位置で全符号語の個数比倍し，偶数重みを得るために重み 13, 14 に対応する項を足すことにより近似できる．これにより，400000 個弱の符号語が得られて，次式を得る．

$$P_\text{ue} \simeq 400000 \binom{14}{8} 0.01^8 = 10^{-7}$$

これらの値のどれも満足できるものではない．これに対し，7 個誤りを訂正する（このことは，重み 14 の語の中で少数個の復号誤りを与えるのみであり，かつ，一つの追加誤りの訂正はそれほど難しくない）ことによって，P_fe と P_bit をほぼ 1 桁改善できる．フレーム検査系列を加えることにより，P_ue をさらに小さくすることができる．もし必要ならば，$(128, 78, 16)$ 線形符号を用い，ヘッダを保護するため，7 個の誤りを訂正してヘッダ情報の高信頼性を達成することができる．

この例は，CRC を付加した短いブロック符号を用いて十分な性能が得られることを示しているが，符号化率 $85/128 = 0.66$ は容量 0.92 にはほど遠い．

復号器は，受信系列を正確にブロックに切り分ける何らかの方法をもっていなければならない．ここで考えている状況では，ブロック同期の問題に対する自明な解は，同期用パターンで始まるフレームを切り分けることである．しかし，ブロック符号，とくに巡回符号は，フレーム内での記号系列のシフトにはきわめて弱い．さらに，すべての線形符号は，全 0 の符号語が出現するという望ましくない特徴をもつ．この理由から，そのような符号の一定のコセットを，もとの符号の代わりに用いることがある．そのような方法の一つとして，送信器と受信器の両方で擬似乱数系列を加算することがある．その加算系列が符号語でなければ，それを使って符号を適切なコセットに変換することができる．

6.3.1 リード・ソロモン符号と長い BCH 符号

利用者に配送された受信データが十分に信頼できない場合，リード・ソロモン符号や高符号化率の2元 BCH 符号は，データフレームの検査フィールドに対してより強力な代替手法となる．そのような符号はいくつかの誤り，多くは，8個誤りを訂正し，同時に誤りが検出されない確率も低くすることができる．前に示したように，t 個以上の誤りがあるとき，（間違った符号語に）復号する確率は約 $1/t!$ である（式 (3.13))．

フレームの復号にこの追加の復号段階（ときには外符号とよばれる）を含むことも可能である．この場合，第8章で見るように，通信路符号は積符号となる．

◆例 6.3.2 (QR コード（2次元バーコード）(quick response code)) 本章の多くの概念は，2次元バーコードを考えることにより解説できる（単純なバーコードは，この本の裏表紙で ISBN に対して用いられている）．QR コードは，短いテキスト，ウェブアドレス，チケット情報などを伝えるために用いられる黒・白の正方形の正方配列であり，スマートフォンやタブレットのカメラによって読みとることができる．QR コードは多くのバージョンがあり，たとえば，バージョン 4 は 33×33 ビットを使う．これら 1089 ビットのうち 252 ビットは，配列の適切な整列と同期を可能にするための値を決め，そのほとんどが隅のアイパターンに配置される．残りの約 800 ビットは $m = 8$ の（短縮化）リード・ソロモン符号の記号を表している．この符号に対して，いくつかの符号化率の選択肢がある．ヘッダは 15 ビットからなり，ヘッダ保護符号を含む（ヘッダはアイパターンの近くに 2 個ある）．これらのビットは，コードのバージョンを示したり，同じ値のビットがあまりに多く隣接することを避けるために，本体に追加される 2 元パターンである．ほとんどの誤りは印刷面における局所的な損傷によって生じると予測されるので，各 CRC 記号は小さな集中した領域を占める．

6.4 問 題

問題 6.4.1 32 ビットの 128 語から構成されるフレームを考える．最初の語はフレームヘッダである．残りの語は，問題 3.5.10 で議論した $(32, 16, 8)$ 符号により保護された 16 データビットを送信するために使用する．最後の語は，ヘッダを除いたフレームのパリティ検査である（2 を法としたデータ語の和）．
(1) フレームは誤り確率 $p = 0.01$ の BSC 上に伝送される．このとき，伝送効率を求めよ．
(2) 最後の語も $(32, 16)$ 符号の符号語となることを示せ．
(3) 与えられたビット誤り率で，復号器が 3 個誤りまで訂正することを仮定するとき，ある語が次のようになる確率はそれぞれいくらか？
  (a) 正しい．
  (b) 復号されない．

(c) 復号され，送信符号語とは異なる符号語になる．
(4) フレーム誤り確率と見逃し誤り確率はそれぞれいくらか？
(5) 一つの復号されない語を訂正するためにフレーム検査が使われる確率を求めよ．
(6) フレームを512語に拡張し，最後の4語をRS符号の検査記号として使用する．RS符号が2個の誤り，あるいは4個の復号されない語を訂正するために使われたとき，フレーム誤り確率と見逃し誤り確率を求めよ．

問題 6.4.2 フレームを，$p = 1/128$ をもつ BSC 上で伝送する．フレームの長さは，伝送フレームの非符号化ヘッダを除いて 4096 ビットであるとする．
(1) この BSC の通信路容量はいくらか？
(2) 原理的に，この通信路上で次の符号化率の符号を用いて確実に通信できるか？
    (a) 14/15
    (b) 15/16
(3) 符号化率 $R = 3/4$ の符号を考えるとき，
    (a) 伝送される情報ビットは何個か？
    (b) 伝送効率はいくらか？
(4) 長さ 256 の符号を使用するとき，
    (a) ブロック中のビット誤り個数の平均値はいくらか？
    (b) 訂正できる誤り個数 t はいくつか？（この数はハミング限界から求められると仮定する）
(5) t 個誤りが復号不能を引き起こし，$t+1$ 個誤りが復号誤りを引き起こすとき，これらの事象の確率はいくらか？ 誤り個数の確率分布は2項分布であるが，ポアソン分布により近似することができる．
(6) この符号だけを用いるならば，フレーム誤りと見逃し誤り確率はいくらか？
(7) 見逃し誤り確率を小さくするために 16 ビットの CRC を用いるとする．
    (a) この系列は十分に長いか？
    (b) 伝送効率はどのぐらい減少するか？

第7章

最尤復号と畳込み符号

Maximum Likelihood Decoding and Convolutional Codes

代数的復号アルゴリズムの最も重要な制限は，$t < d/2$ 個の誤りしか訂正できないことである．一方，ほとんどの場合において，より大きい重みの誤りパターンも原理的には訂正できる．本章では，これもまた t が小さいときのみ実用的であるが，最尤復号に特別に適したパリティ検査を構成する方法を取り扱う．

各パリティ検査が符号記号の小さい集合を含むという制限のもとでも，長いフレームを独立な部分ブロックに分割しないで符号化することができる．ここでは，**畳込み符号**とよばれる符号化法のクラスの定義と基本的性質を与える．これらの符号は局所的パリティ検査によって定義されるが，ブロック長が可変であり，しばしばフレーム全体をカバーするという特徴をもつ．畳込み符号は数十年もの間研究されてきて，理論的なアプローチがいくつか存在しているが，応用に対して大きな影響を与えるような符号構造の解析は得られていない．そのため，本章では現在使用されている形で畳込み符号を理解するのに必要な面に注目する．最後の節は，畳込み符号とブロック符号の性質を関連付ける題材を含む．

7.1 畳込み符号の定義

本章を通して，N/R は符号化されたフレームの長さ，R は畳込み符号の符号化率を表す．また，考える符号はすべて2元である．$R = 1/2$ の場合が最も重要であり，例で考察する．$R = 1/n$ への拡張は一部は本文中になされるが，その他は章末問題として残す．7.5 節では，ほかの符号化率の符号が，これらの特別な場合からどのように構成されるかを議論する．

ブロック符号では，すべての符号記号が同じ k 個の情報記号の関数であるのに対し，畳込み符号における n 個の符号記号の各部分ブロックは，現在と直近の M 個の情報記号（いくつかの場合では符号記号）の関数である．このように，符号器は有限状態機械である．まず，本章で必要な，有限状態機械の性質を記述する．

定義 7.1.1 **有限状態機械** (finite state machine) は，有限入力アルファベット U，有限出力アルファベット Y，状態の有限集合 Σ，そして二つの写像 NS, ϕ によって定義される．状態遷移写像 NS は，現在の時刻 j における状態 $\sigma(j) \in \Sigma$ と入力記号 $u_j \in U$ の関数として，次の時刻 $j+1$ における状態 $\sigma(j+1) \in \Sigma$ を定める．すなわち，$\sigma(j+1) = NS(\sigma(j), u_j)$ である．出力の写像 ϕ は同様に，現在の時刻 j における出力記号 $y_j \in Y$ を定める．すなわち，$y_j = \phi(\sigma(j), u_j)$ である．

有限状態機械は有限状態系列（あるいは言語）に密接に関連する．入力（あるいは出力）アルファベットの記号からなるすべての系列の集合は，自明な（つまり，単一の状態をもつ）有限状態系列である．ほかの有限状態系列は，この自明な系列を入力として適用したとき，有限状態機械から得られる出力の集合として生成される．

補題 7.1.1 入力集合が有限状態系列であるとき，有限状態機械によって生成される出力の集合は，ふたたび有限状態系列となる．

[証明] 与えられた機械を，自明な系列の集合から入力集合を生成する機械と合成すればよい． □

本章では，2 元畳込み符号と BSC に対する復号を記述する．すなわち，アルファベットは 2 元で，写像は体 $\mathbb{F}_2$ 上の線形関数とする．ブロック符号と同様に，線形性は，系列間の距離の代わりに符号系列の重みによって符号の誤り訂正の性質を調べられるという利点を与える．しかし，本章の焦点である最尤復号アルゴリズムは，符号の線形性には依存しない．ゆえに，ほかの出力アルファベットをもつ通信路（付録 B に記載）や非 2 元通信路に対して設計された非線形符号にしばしば適用される．

情報は，長さ N のベクトル $u = (u_j)$ として与えられているとする．

定義 7.1.2 符号化率 $1/n$ の**畳込み符号** (convolutional code) とは，n 個の長さ $M+1$ の 2 元**生成ベクトル** (generating vector) $g_r = (g_{ri})$, $1 \le r \le n$, $0 \le i \le M$ によって，情報ベクトル（情報系列）$u = (u_j)$, $0 \le j \le N-1$ から，次式に従って得られる n 個の N 次元ベクトル（符号系列）$y_r = (y_{jr})$, $0 \le j \le N-1, 1 \le r \le n$ の全体である．

$$y_{jr} = \sum_{i=0}^{M} g_{ri} u_{j-i} \tag{7.1}$$

ここで,和は 2 を法とし,$N > M$ に対し,添字は N を法として解釈される[†1].
M を符号のメモリとよぶ.n 個の系列(ベクトル)y_r は通信路上での伝送において,単一の長さ nN の 2 元系列 y にインターリーブ[†2]される.

式 (7.1) の構成を u と g の**巡回畳込み** (cyclic convolution) とよぶ.畳込み符号という用語は,符号化のこの形式にちなんでいる.非巡回畳込みとしてこの符号化を実行することは簡単であり,入力の終端で M 個の 0 を挿入すればよい.N が M に比べ非常に大きいときには,情報効率の減少は小さくなる.

畳込み符号の符号化は,有限状態機械(符号器)によって記述できる.入力は情報記号 u_j である.通常,前の M 個の入力記号 $[u_{j-M}, \ldots, u_{j-2}, u_{j-1}]$ によって状態を特定するのが最も便利であり,直前の記号を最下位ビットとする整数 $\sum u_{j-i} 2^{i-1}$ の 2 進展開を,状態インデックスとよぶ.

次状態は,状態変数を左にシフトし,その状態変数の最後のビットに新しい入力を付加することによって得られる.したがって,**状態 i からの遷移は,2^M を法として状態 $2i$ または $2i+1$ のどちらかになる**.状態のこのラベル付けの重要な点は,与えられたメモリをもつすべての符号器が,同一の状態集合と状態遷移関数(写像)をもつことである.

出力 $y'_j = (y_{jr}), 1 \leq r \leq n, 0 \leq j \leq N-1$ は,通信路記号を成分とする n 次元ベクトルである.

補題 7.1.2 メモリ M の符号に対する有限状態符号器は,2^M 個の状態をもつ.

出力関数(写像)は,$2^M \times 2^M$ 行列 Φ として与えられ,その行と列のインデックス $0 \leq i, j < 2^M$ は,上記の番号付けに対応する.とくに,状態 0 は状態変数がすべて 0 のベクトルに対応する.行列 Φ における各成分 $\phi_{i'i}$ は,状態 i から状態 i' への遷移にともなう出力の 2 元ベクトルである.

◆**例 7.1.1(符号化率 $1/2$ の畳込み符号)** $R=1/2, M=2$ の符号として,$g_0 = [1,1,1]$, $g_1 = [1,0,1]$ によって定義されるものを考えよう.符号系列は,二つの出力記号からなるブ

[†1] 訳者注:通常の畳込み符号では,単に $i<0$ に対しては $u_0 = 0$ とおき,このような巡回畳込みは考えない.

[†2] 訳者注:一般には,集中して発生する誤りを分散させ,訂正能力を高める目的で,データの読み出し順序を変える技術をインターリーブという.しかし,ここでは以下の意味で使われている.すなわち,n 個の系列 $y_r = (y_{jr}), 0 \leq j \leq N-1, 1 \leq r \leq n$ のインターリーブとは,次の成分をもつ長さ nN の(単一の)系列 $y = (y_j), 0 \leq j \leq nN-1$ である.ただし,$j = mn+s-1, 1 \leq s \leq n$, $0 \leq m \leq N-1$ に対し,$y_j = y_{ms}$ としている.(なお,第 8 章では,さらに異なる意味で使われる.)

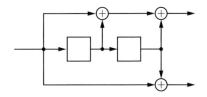

図 7.1 生成系列 (11.10.11) の畳込み符号器：2 個の遅延素子と 3 個の加算素子を含む線形シフトレジスタ [†]

ロック（句点により分離される）の並びとして表される．同様に n 個の生成ベクトルを，一つにまとめた生成系列 $g = (11.10.11)$ によって示すこともある（図 7.1 参照）．$N = 8$ に対して，入力 $u = (11001000)$ を g_0, g_1 と畳み込むと，出力 $y = (11.01.01.11.11.10.11.00)$ が得られる．符号器は四つの状態をもつ．上記の状態の番号付けにより，Φ は以下のように書ける．

$$\Phi = \begin{bmatrix} 00 & - & 11 & - \\ 11 & - & 00 & - \\ - & 10 & - & 01 \\ - & 01 & - & 10 \end{bmatrix}$$

符号器の初期状態が 00 であるならば，状態の系列は，

$$(01, 11, 10, 00, 01, 10, 00, 00)$$

となる（図 7.2 参照）．

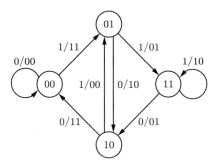

図 7.2 状態遷移図：節点の中のビット列は状態 σ_i を表している．状態 σ_i から $\sigma_{i'}$ に至る枝に示されている u/y は，状態 σ_i にあるとき，入力 u が入ると出力 y を出し，状態 $\sigma_{i'}$ に遷移することを意味している．

[†] 訳者注：符号器は，以下の 2 種類の基本素子と，それらをつなぐリンク（配線）により構成される．
1. 遅延 $a_j \to \boxed{} \to a_{j-1}$ 2. 加算 $\genfrac{}{}{0pt}{}{a}{b} \to \oplus \to a+b$

電気回路としての実装の詳細は（技術の選択に高度に依存するため）議論しないが，畳込み符号の符号器がとりわけ単純な装置で実装されることには歴史的意義がある．実際，宇宙通信において符号を早期に応用したときは，畳込み符号が非常に有効な選択であった．ブロック符号の符号器では，ブロックへの分割が計算量を増大させる．

巡回ブロック符号の表記に似た方法で，ベクトル g_r を多項式 $g_r(x)$ として表すことができ，情報多項式 $u(x)$ と生成多項式 $g_r(x)$ の積として畳込みを解釈できる．符号化率 $1/n$ の畳込み符号は，n 個の生成多項式によって定義されることに注意しよう．これらの生成多項式は，常に自明でない共通因子をもたないように（そのような因子があると，**カタストロフィック** (catastrophic) とよばれる望ましくない符号器になる）選択されていると仮定する．この仮定のもとで，以下を得る．

> **補題 7.1.3** 与えられた符号化率 $1/n$ の畳込み符号の生成多項式の集合は一意である．

生成多項式の一つを簡単な $g_0 = 1$ としたとき，組織的符号化となる．しかし，このアプローチは，利用可能な状態を十分に活用していない．符号器への入力系列を適切な2元系列に置き換えることによって，最初の符号系列を，与えられた情報記号の系列と等しくできることが容易にわかる．生成多項式 g_0 の定数項が $g_{00} = 1$ のとき（もしそうでなければ，定数項を非零にするために係数をシフトする），生成多項式の組 $[g_0(x), g_1(x)]$ を定数と有理関数の組 $[1, g_1(x)/g_0(x)]$ に置き換えることができる．このアプローチは，第5章の巡回符号の組織的符号器の選択（問題5.5.9）と非常に類似していることに注意しよう．

畳込み符号の符号化は，行列の形によって表現できる．符号化規則に対応する行列は，狭い範囲（帯）内の記号だけが非零である特定の形（**帯行列** (band matrix) とよばれる）をしている．

> **定義 7.1.3** y が式 (7.1) によって定められた符号系列（インターリーブされたもの）であるとすると，この畳込み符号の $N \times nN$ 生成行列 $G(N)$ は，以下の関係によって定義される．
> $$y = uG(N)$$

◆**例 7.1.2（例 7.1.1 の続き）** $R = 1/2$ で $g = (11.10.11)$ によって定義される符号に対して，生成行列 $G(8)$ は以下のようにして得られる[†]．最初の行は，g の後に $2N - 6 = 10$ 個の0を並べる．第2行以降は，その前の行を2個ずつずらす巡回シフトによって与え

[†] 訳者注：巡回畳込みのない普通の畳込み符号では，生成行列の左下部分にある成分1はすべて0である．

られる.

$$G = \begin{bmatrix} 1 & 1 & 1 & 0 & 1 & 1 & 0 & 0 & 0 & 0 & 0 & 0 & 0 & 0 & 0 & 0 \\ 0 & 0 & 1 & 1 & 1 & 0 & 1 & 1 & 0 & 0 & 0 & 0 & 0 & 0 & 0 & 0 \\ 0 & 0 & 0 & 0 & 1 & 1 & 1 & 0 & 1 & 1 & 0 & 0 & 0 & 0 & 0 & 0 \\ 0 & 0 & 0 & 0 & 0 & 0 & 1 & 1 & 1 & 0 & 1 & 1 & 0 & 0 & 0 & 0 \\ 0 & 0 & 0 & 0 & 0 & 0 & 0 & 0 & 1 & 1 & 1 & 0 & 1 & 1 & 0 & 0 \\ 0 & 0 & 0 & 0 & 0 & 0 & 0 & 0 & 0 & 0 & 1 & 1 & 1 & 0 & 1 & 1 \\ 1 & 1 & 0 & 0 & 0 & 0 & 0 & 0 & 0 & 0 & 0 & 0 & 1 & 1 & 1 & 0 \\ 1 & 0 & 1 & 1 & 0 & 0 & 0 & 0 & 0 & 0 & 0 & 0 & 0 & 0 & 1 & 1 \end{bmatrix}$$

符号化率 $R = 1/2$ の符号に対し,パリティ検査行列は G と同じ形をもち,パリティ検査系列とよばれる系列 h は,単に g を反転する(すなわち逆順にする)ことにより得られる.G と H の直交性は,内積中に同じ項が 2 回ずつ現れることからわかる.

◆**例 7.1.3(例 7.1.2 の続き)** パリティ検査行列の各行は,$h = (11.01.11)$ の後に 0 を並べたものの巡回シフトである.ゆえに,最初の行が最初のブロックを含む第 1 パリティ検査を表すものとすると,$H(8)$ は以下のとおりとなる.

$$H = \begin{bmatrix} 1 & 1 & 0 & 0 & 0 & 0 & 0 & 0 & 0 & 0 & 0 & 0 & 1 & 1 & 0 & 1 \\ 0 & 1 & 1 & 1 & 0 & 0 & 0 & 0 & 0 & 0 & 0 & 0 & 0 & 0 & 1 & 1 \\ 1 & 1 & 0 & 1 & 1 & 1 & 0 & 0 & 0 & 0 & 0 & 0 & 0 & 0 & 0 & 0 \\ 0 & 0 & 1 & 1 & 0 & 1 & 1 & 1 & 0 & 0 & 0 & 0 & 0 & 0 & 0 & 0 \\ 0 & 0 & 0 & 0 & 1 & 1 & 0 & 1 & 1 & 1 & 0 & 0 & 0 & 0 & 0 & 0 \\ 0 & 0 & 0 & 0 & 0 & 0 & 1 & 1 & 0 & 1 & 1 & 1 & 0 & 0 & 0 & 0 \\ 0 & 0 & 0 & 0 & 0 & 0 & 0 & 0 & 1 & 1 & 0 & 1 & 1 & 1 & 0 & 0 \\ 0 & 0 & 0 & 0 & 0 & 0 & 0 & 0 & 0 & 0 & 1 & 1 & 0 & 1 & 1 & 1 \end{bmatrix}$$

ブロック j にある検査記号は,位置 $2j$ に最終の非零成分をもつ H の行に付随する.ゆえに,検査記号はそれ以前に受信した記号の関数である.

定義 7.1.4 符号化率 $1/2$ の畳込み符号に対し,受信系列 r のシンドロームは

$$s_j = \sum_{i=0}^{2M+1} r_{2j-i} h_i \tag{7.2}$$

によって定義される.ここで,r が符号語ならば,すべての j について $s_j = 0$ である.

補題 7.1.4 1 個の誤りは,高々 $M+1$ 個のシンドロームビットに影響する.

$R = 1/n$ への一般化については，練習問題として残しておく．

7.2 符号語と最小重み

ブロック符号を考えるとき，符号語間のハミング距離は，誤り訂正の性質について重要な情報を与える．とくに，最小距離は重要である．以下で，畳込み符号に対して同様のパラメータを与える．

入力 u の最後の M ビットを削除する（あるいは，それらを 0 にする）とき，符号化 (7.1) は巡回的でない普通の畳込みになる．このような，特定のフレーム長に畳込み符号化を適合させる方法は，**終結** (termination) とよばれる．

> **定義 7.2.1** 生成行列の j 個の連続した行と，符号系列において行が全 0 でない部分を考えたとき，系列の長さは $N' = (j + M)n$ である．これらの符号系列の集合は，第 j **終結符号** (terminated code) とよばれる (N', j) 線形符号である．

したがって，終結符号は R より小さな符号化率をもつが，長いフレームに対してその差は小さくなる．しかし，畳込み符号の解析において，短い終結符号を考えることも有益である．

> **定義 7.2.2** 畳込み符号の第 j **行重み** (row weight) は，j 個の連続する行によって張られる非零ベクトルの最小重みである．

したがって，第 j 行重みは，第 j 終結符号の最小距離である．それぞれの終結符号は，自身より短い終結符号をすべて含むので，次が成立する．

補題 7.2.1 第 j 行重みは，j の単調非増加関数である．

> **定義 7.2.3** **自由距離** (free distance) d_f とは，行重みの最小値のことである．

関心のあるほとんどの符号において，行重みは $j = 1$ 以上でほぼ一定であるか，あるいは，j のごく小さな値で一定に達する．自由距離 d_f も，定義 7.1.2 で定義された十分に大きな任意の N に対する畳込み符号の最小距離である．自由距離は，畳込み符号の誤り訂正能力に関する最も重要な尺度である．

定理 7.2.1 自由距離 d_f をもつ畳込み符号は，N が十分大きいとき，$d_\mathrm{f}/2$ より小さな重みの任意の誤りパターンを訂正できる．

定理 7.2.2　畳込み符号の自由距離の上界は，最良な $((j+M)n, j)$ ブロック符号の最小距離によって与えられる．

[証明]　終結符号はこれらのパラメータをもつブロック符号であり，その最小距離，つまり最小の行重みは，畳込み符号の自由距離の上界である． □

多くの場合について，与えられたパラメータをもつブロック符号の最小距離の最大値が知られているので，自由距離の強い上界を得ることができる．このような最小距離の間の重要な関係がわかっていても，この結果は符号の構成に対して何の示唆も与えない．

◆**例 7.2.1**　終結により得られる $(8,1), (10,2), (12,3), \ldots$ ブロック符号のパラメータを考慮することにより，メモリ $M=3$，符号化率 $R=1/2$ の符号の自由距離の上界を得ることができて，その上界は 6 であることがわかる．

畳込み符号器が任意の状態から始まり，j 回の連続する状態遷移をするとき，対応する出力を，ブロック長さ j の部分符号系列とよぶ．

ここまで，入力系列に対する出力に言及するために符号系列という用語を用いてきたが，畳み込み符号に関しては，符号語という用語を使うことを避けてきた．長い符号ベクトルは短い部分に分割すると便利だが，その各部分が畳込み符号の符号語とよばれる．

定義 7.2.4　畳込み符号のブロック長さ j の**符号語** (codeword) とは，状態 0 から始まり，j 回の遷移の後，状態 0 で終わるが，途中では状態 0 を通過することのない部分符号系列である．

したがって，零符号語はブロック長さ 1 の語だけであり，ほかの符号語は $M+1$ 以上のブロック長さをもつ．

◆**例 7.2.2（例 7.1.1 の続き）**　$(2,1,2)$ 符号はブロック長さ 1 の語 00 をもち，ブロック長さ 2 の語をもたない．生成ベクトル 11.10.11 はブロック長さ 3 の唯一の語で，また重み 5 の唯一の語である．重み 6 の語は 2 個だけで，$(11.01.01.11)$ と $(11.10.00.10.11)$ というブロック長さ 4 と 5 の語である．

定理 7.2.3　自由距離は，非零符号語の最小重みである．

定義 7.2.2 では，終結符号の最小重みとして行重みを定義した．次の定義では，符号語の長さの増加にともない符号語の重みがどのように増加するかを説明する概念を

導入している．

> **定義 7.2.5** 第 j **拡張行重み** (extended row weight) とは，ブロック長さ $j + M$ の非零符号語の最小重みである．

復号誤りは，送信された符号語と，ある符号語を加えた分だけ異なる符号ベクトルを選ぶことで起こることを詳しく示そう．このことは，畳込み符号の重み分布母関数を調べる動機付けになっている．

> **定義 7.2.6** 畳込み符号の**重み分布母関数** (weight enumerator) $A(z)$ は，形式的なべき級数
> $$A(z) = \sum_w A_w z^w \qquad (7.3)$$
> で，係数 A_w が重み w の符号語の総数となっているものである．

変数 z を符号語内の 0 と 1 の個数を示す二つの変数に置き換えると，都合のよいことがある．そのようにして符号語の長さを決定することもできる．しかしながら，この拡張については練習問題として残しておく．

重み分布母関数は，状態 0 を始端と終端にする符号語を数え上げることによって求められる．状態 0 を通過する系列を除去するために，状態 0 からのすべての遷移を取り除いた（すなわち，第 1 列を − に設定した）行列 Φ より得られる行列 Φ^- を必要とする．

重みだけに関心があるので，z の多項式を係数とする連立 1 次方程式を設定する．行列 $\Phi(z)$ は重み w のすべての成分を z^w で置き換えることによって得られ，行列 $\Phi^-(z)$ は同様にして Φ^- から得られる．重み 0 の出力は 1 によって置き換えられ，遷移が起こらないところ（− が書かれているところ）は 0 に置き換えられる．関数 $\rho_i(z)$ は，状態 0 と状態 i（行インデックス）をそれぞれ始端と終端とする符号語の部分に対する重み分布母関数を示す．これらの関数は，

$$\Phi^-(z) \begin{bmatrix} \rho_0(z) \\ \rho_1(z) \\ \vdots \\ \rho_r(z) \end{bmatrix} = \begin{bmatrix} \rho_0(z) \\ \rho_1(z) \\ \vdots \\ \rho_r(z) \end{bmatrix} - \begin{bmatrix} 0 \\ \phi_{10}(z) \\ \vdots \\ 0 \end{bmatrix} \qquad (7.4)$$

を満たす．ここで，右辺の成分 $\phi_{10}(z)$ は，状態 0 から状態 1 への遷移を表現している．状態 0 からの遷移は Φ^- から取り除かれているので，関数 ρ_0 は状態 0 を終端とする系列，すなわち，符号語を数え上げていることになる．したがって，連立記号方

程式を解くことによって $A(z) = \rho_0(z)$ を求めることができる．かなりの大きさの状態数の場合でも，適切なプログラミングツールを使って解ける．この計算から，次の定理がいえる．

定理 7.2.4 畳込み符号の重み分布母関数は，有理関数 $\rho_0(z)$ である．

◆**例 7.2.3（例 7.1.1 の続き）** 例 7.1.1 の符号の符号語は，状態 0 から状態 0 への 1 回の遷移を除くことで得られる．このことより，次の連立 1 次方程式が得られる．

$$\begin{bmatrix} 0 & 0 & z^2 & 0 \\ 0 & 0 & 1 & 0 \\ 0 & z & 0 & z \\ 0 & z & 0 & z \end{bmatrix} \begin{bmatrix} \rho_0 \\ \rho_1 \\ \rho_2 \\ \rho_3 \end{bmatrix} = \begin{bmatrix} \rho_0 \\ \rho_1 - z^2 \\ \rho_2 \\ \rho_3 \end{bmatrix}$$

そして，重み分布母関数は次のようになる．

$$A(z) = \rho_0(z) = \frac{z^5}{1 - 2z} = z^5 + 2z^6 + 4z^7 + \cdots$$

重み分布母関数は，おもに，誤り確率の上界を得るための道具として注目される．第 3 章におけるユニオン限界の導出にならって，最初のブロックにおいて復号器が誤る確率の上界が得られる．まず，零符号語が送信されたと仮定しよう．受信系列が零系列よりも状態 0 から始まる非零符号語の系列の一つに近いならば，最尤復号器はそれを選択し，復号誤りが起こる．したがって，式 (3.14) の導出と同じ計算により，

$$P_{\mathrm{err}} < \sum_{w>0} \sum_{j>w/2} A_w \binom{w}{j} p^j (1-p)^{w-j} \qquad (7.5)$$

が得られる．これは，

$$P_{\mathrm{err}} < \frac{1}{2} A(Z) \qquad (7.6)$$

により近似できる．ここで，Z は次の関数である．

$$Z = \sqrt{4p(1-p)}$$

実際，後に生じる誤りは，最初のブロックより後に復号誤りが始まる系列を復号器に選択させうるので，最初のブロックにおいて復号誤りを生成する確率は小さい．

限界式 (7.6) は第 3 章の式 (3.16) に密接に関係している．畳込み符号については，有理関数形の重み分布母関数を使うこともできるし，Z の数値を式 (7.4) に代入して得られる連立 1 次方程式を解くこともできる．

7.3 最尤復号

畳込み符号の復号過程は，受信系列と一致しない位置の個数が最小である符号系列を探索するものとして記述するのが便利である．畳込み符号に対する重要な**ヴィタビアルゴリズム** (Viterbi decoding algorithm) へとつながる，最尤復号のいくつかの性質を述べる（この方法は，**動的計画法** (dynamic programming) の原理の特別な場合として見ることもできる）．

7.1 節で，符号器が状態 i から状態 i' へ遷移するときに出力するブロック $\phi_{i'i}$ を成分としてもつ遷移行列 Φ を導入した．受信ブロック $r_j = \zeta$ に対し，

$$e_{i'i} = w_H(\phi_{i'i} + \zeta)$$

として $\phi_{i'i}$ と r_j のくい違いの数を求めることができる．ここで，w_H はハミング重みを表す．したがって，r_j の値 ζ でラベル付けされた行列 E_ζ（あるいは表）にこれらの値を記憶させればよい．

◆**例 7.3.1** $M = 3$ と $g = (11.10.01.11)$ より定まる，符号化率 $R = 1/2$ の符号の復号について考える．符号器は 3 個のメモリをもつので，$2^3 = 8$ 個の状態をとる．状態遷移行列は次のようになる．

$$\Phi = \begin{bmatrix} 00 & - & - & - & 11 & - & - & - \\ 11 & - & - & - & 00 & - & - & - \\ - & 10 & - & - & - & 01 & - & - \\ - & 01 & - & - & - & 10 & - & - \\ - & - & 01 & - & - & - & 10 & - \\ - & - & 10 & - & - & - & 01 & - \\ - & - & - & 11 & - & - & - & 00 \\ - & - & - & 00 & - & - & - & 11 \end{bmatrix}$$

受信した零ブロックに対し，上の行列の各成分の重み $e_{i'i}$ を成分とする整数値行列を E_{00} とする．同様に，受信ブロックのほかの 3 個の値に対応する誤りの重みの表（行列）を必要とする．01 に対しては，次のようになる．

$$E_{01} = \begin{bmatrix} 1 & - & - & - & 1 & - & - & - \\ 1 & - & - & - & 1 & - & - & - \\ - & 2 & - & - & - & 0 & - & - \\ - & 0 & - & - & - & 2 & - & - \\ - & - & 0 & - & - & - & 2 & - \\ - & - & 2 & - & - & - & 0 & - \\ - & - & - & 1 & - & - & - & 1 \\ - & - & - & 1 & - & - & - & 1 \end{bmatrix}$$

ここで，記号 – は ∞（または十分大きな数）を意味する．

BSC において，フレームに対する**最尤 (ML) 系列** (maximum likelihood sequence) は，その条件付き確率を最大に，そして誤りの個数を最小にするものである．復号判定は，以下の事実に基づく．

補題 7.3.1 最尤系列が時刻 j で状態 i を通過するならば，同じ初期状態から始まり，時刻 j に状態 i に到達するすべての部分系列の中で，最尤系列の部分系列は最小個数の誤りを含む．

[**証明**] 時刻 j に状態 i に到達する別の系列が，より少ない総誤り個数をもつと仮定する．このとき，$j' > j$ に対し，この系列に続いて遷移することができる．しかし，時刻 j 後の可能な遷移は，時刻 j における状態のみに依存するから，その系列の残りを最尤系列として選択することが可能である．このようにして，より少ない総誤り個数の系列を得ることになり，仮定に矛盾する． □

動的計画法の原理は，各時刻 j と各状態に対し，時刻 j にその状態に到達する最適な部分系列が，時刻 $j-1$ における最適な部分系列を伸ばすことによって求められることを意味する．時刻 $j-1$ において，状態 i に到達する最尤部分系列上の累積誤り個数を $\mu_i(j-1)$ とする．各部分系列は 2 通りのやり方で伸ばすことができ，同様に，各状態は 2 個の直前の状態から到達することができる．可能な各受信ブロック $r_j = \zeta$ に対し，関連する表 E_ζ から特定の状態遷移にともなう誤りの個数 $e_{i'i}(j)$ を見つける．新たな誤り個数を累積個数に追加し，各状態 i' に到達する最適な部分系列を選択する．こうして，

$$\mu_{i'}(j) = \min_i [\mu_i(j-1) + e_{i'i}(j)] \qquad (7.7)$$

を得る．更新された **μ ベクトル** (μ-vector) $\mu(j) = (\mu_i(j))$, $0 \leq i \leq 2^M - 1$ は，次の計算において利用される．以下の（説明や）例では，これらの値を行列の形で記憶する．しかし，古い値は必要としないから，現実の復号器では，現在の計算に関係す

る二つのベクトルの記憶だけで十分である．時刻 j で状態 i に到達する部分系列は，可能な以前の状態からの遷移の中から選択される．各状態 i と各時刻 j に対し，選択された直前の状態 $\tau_i(j)$ を記憶しておかなければならない（式 (7.7) の最小値を与える状態 i が一意でない場合，そのうちの任意の一つを選択する）．フレームの終端に到達し，最小の累積誤り個数が求められたとき，これらの戻りのアドレスを復号系列を得るために利用する．

以上をまとめて，次の最尤復号法を得る．

アルゴリズム 7.3.1（ヴィタビアルゴリズム (Viterbi algorithm)）

入力：受信系列

[1] 初期値 $\mu_i(0)$ を，初期状態 0 に対しては 0，その他の状態に対しては ∞ とする．

[2] 各 $j = 1, 2, \ldots, N$ について，各受信ブロックに対し，式 (7.7) より $\mu_{i'}(j)$ を求め，そして，式 (7.7) の右辺の最小値を与える i を $\tau_{i'}(j)$ として記憶する操作を繰り返す．

[3] 可能な終端の状態の中から最小の $\mu_i(N)$ を与える i（の一つ）を $\sigma(N)$ とする．

[4] 終端状態 $\sigma(N)$ から戻り，$j = N, N-1, \ldots, 1$ について，$i' = \sigma(j)$ に対し，$\sigma(j-1) = \tau_{i'}(j)$ とする操作を繰り返す．

[5] $j = 1, \ldots, N-1$ に対し，状態遷移 $\sigma(j) \to \sigma(j+1)$ に対応する符号ブロック $y'_j = \phi(\sigma(j), u'_j)$ と，情報記号 u'_j を求める．

出力：復号情報系列 u'

以上の結果，次の定理が成り立つ．

定理 7.3.1 ヴィタビアルゴリズムは最尤な符号系列を決定する．

終結符号に対しては，零状態が始端と終端における唯一の状態であるとする．

◆**例 7.3.2（例 7.3.1 の続き）** 符号器は状態 00 から始まるものとし，受信系列を

$$r = (00.01.01.01.10.01.00)$$

とする．式 (7.7) と行列 $E_{00}, E_{01}, E_{10}, E_{11}$ を用いてベクトル $\mu(j)$ を計算する．各部分系列は 1 個の入力，0 または 1 によって伸ばすことができるので，状態 0 から到達できるのは，時刻 $j = 1$ では 2 個，$j = 2$ では 4 個，そして，$j = 3$ で 8 個，すなわち，

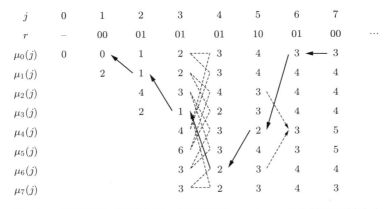

図 7.3 8 状態畳込み符号の復号. 各列は時刻 $j = 1, \ldots, 7$ に対するベクトル $\mu(j) = (\mu_i(j))$ を示す. $\mu(j)$ は式 (7.7) を用いて現在の入力と $\mu(j-1)$ から計算される. $\mu_4(6)$ の計算は破線の矢印によって示されている. 時刻 3 と 4 の間の状態間のすべての接続が破線として示されている. 行列 Φ のこのようなグラフ的表現をトレリスという. 時刻 7 における状態は 0 と仮定して, 実線の矢印は復号系列を逆向きにたどることを示している.

すべての状態になる. 時刻 4 以後は, 各状態に到達できる二つの遷移があり, その中で誤りの累積個数が最小のものを選ぶ. 復号過程の例を図 7.3 に示す. したがって, 時刻 6 では, 状態 4 には状態 2 または 6 から到達できる. 前者の場合, すでに部分系列は 3 個の誤りをもち, その遷移で誤り個数は増加しない. 一方, 後者の場合, 最初の 5 個のブロックにおいて 3 個の誤りをもち, 状態 4 への遷移で 2 個の誤りが加算される. 結局, 2 が $\tau_4(6)$ として記憶される. 最終の状態が時刻 7 での状態 0 と仮定すると, 送信系列として $y = (00.11.01.11.10.11.00)$, および情報系列として $u = (0110000)$ を選択することができる.

復号された系列が正しい状態系列から離れている時刻では常に復号誤りが起こっていて, その系列が正しい状態に到達するまでは誤り事象が続いているという (これら二つの時刻間のすべての受信ブロックが正しいか, またはそうでないかにかかわらず). そのような復号誤りを, **基本誤り事象** (fundamental error event) という.

補題 7.3.2 長さ L の基本誤り事象は, 時刻 j で状態 0 を離れ, そして時刻 $j+L$ にはじめて状態 0 に到達する部分系列の出力, すなわち, 長さ L の非零符号語である.

[証明] 符号の線形性より, 二つの系列を加えることにより誤り系列を見つけることができ, その結果自身が符号語である. それらの系列が一致する限り, その和は 0 であり, 有限状態機械は状態 0 にとどまる. 二つの系列が同じ状態に到達したとき, その和の系

列は状態 0 に戻る. □

基本誤り事象の確率は，次のように拡張行重みに関係している.

補題 7.3.3 長さ L の基本誤り事象が発生するには，誤りの個数が第 $L-M$ 拡張行重みの半分以上でなければならない.

7.2 節において，最初のブロックで始まる誤り事象の確率の上界 (7.5) を得た．その上界を，任意の時点 j のブロックで始まる誤り事象の確率の上界として解釈することもできる．この確率を**誤り事象確率** (error event probability) ということがある．この確率は，最初のブロックで始まる誤りの確率よりも小さい．なぜなら，復号器は時刻 j 以前に始まる間違った枝を選択するかもしれないからである．誤りブロック個数の期待値を得るためには，誤り事象の確率にそれらの長さを掛けなければならない.

ヴィタビアルゴリズムは，最尤復号を実現する実用的な方法である．計算量は状態の個数に直接関係していて，符号のメモリに対応して指数関数的に増加する．実際には，数千個の状態をもつ復号器を実現することができる．2 値でなく「軟判定」の受信値，すなわち雑音信号の実数値を利用できることは，このアルゴリズムの重要な一面である．ブロックあたりの誤りの個数として得られる重み $e_{i'i}$ は，条件付き確率，または適当な近似値の対数によって置き換えることができる．付録 B において，ガウス雑音通信路に対する復号を議論する.

BSC に対し，各遷移における入力としてシンドロームビットを用い，最小重みの誤りパターンを探索することにより，わずかながら，ヴィタビアルゴリズムを小型化することができる．しかし，本節で示したものは符号系列と受信系列に対し直接動作するため，より広く適用可能である.

7.4 ブロック符号とテイルバイティング符号の最尤復号

原理的に，ブロック符号は，シンドロームを計算し，シンドロームと最小重みの誤りパターンの対応表を用いることにより復号できる．しかし，このアプローチは非常に短い符号に対してのみ実用的である．いくつかの特殊なケースでは，ほかのアプローチが知られている．そのようなブロック符号の簡単な例として，直交符号[†1]と陪直交符号[†2]がある．これらの場合には，記号 0,1 が 1,−1 に置き換えられたとき，符号ベ

[†1] 訳者注：符号長および符号語数がともに偶数 n で，異なるすべての符号間間のハミング距離が $n/2$ で一定である符号.
[†2] 訳者注：直交符号 C に対し，C のすべての符号語の記号を反転して得られる語を C に追加して得ら

クトルは実数値ベクトルとしても直交し，最も近い符号語は受信ベクトルと符号語の相関をとることによって求められる．このアプローチは高速変換の形で実装され，受信ベクトルが実数値（軟判定）のときにも有効である．

畳込み符号が長さ N の入力ベクトルの巡回畳込みによって符号化されるとき，その符号は**テイルバイティング符号** (tail-biting code) とよばれる．メモリ M が与えられたとき，N の増加にともなうそのような符号の系列を考えよう．

補題 7.4.1 $N > M$ のとき，テイルバイティング符号の符号化率は畳込み符号の符号化率と同じである．

[証明] 符号化率 $R = 1/2$ の場合を考える．このとき，$x^N - 1$ を法とする多項式の形で表される二つの符号系列 $u(x)g_0(x)$, $u(x)g_1(x)$ を得る．$u(x)$ は N より小さい次数をもつので，これら二つの系列がともに零になるのは，$x^N - 1$ の自明でない因子が，$g_0(x)$ と $g_1(x)$ の因子でもあるときに限る．しかし，二つの生成元が共通因子をもたないという仮定をしていた．したがって，生成系列の N 個の巡回シフトは 1 次独立である．同じ議論は，2 でない n に対する符号化率 $R = 1/n$ でも適用できる． □

符号化率 1/2 の符号に対する生成行列の同値な形式として，偶数番目の列を集めて**巡回行列** (circulant matrix) とし，奇数番目の列を集めて同じく巡回行列とすることによって得られるものがある．このような符号は，**準巡回符号** (quasi-cyclic code) とよばれることがある．短い符号長をもつよい符号の多くは，この形の生成行列をもっている．

◆**例 7.4.1 (短いテイルバイティング符号)** $(16, 8, 5)$ ブロック符号は，生成系列 $g = (11.11.00.10)$ をもつ符号化率 1/2 のテイルバイティング符号と記述されることがある．この符号は，$(16, 8, 6)$ 非線形符号が存在するが，$(16, 8)$ 線形符号の中では可能な最大の最小距離をもっている．同じ生成系列をもつ，より長い符号も，最小距離 5 をもつ．

テイルバイティング符号は，ヴィタビアルゴリズムを適用することにより復号できる．原理的には，語頭において各状態から開始し，その同じ状態に終わる最も近い符号語を求める試行を何回か繰り返さなければならない．しかし，任意の状態から開始し，巡回的に符号語を通過することによって，非常によい近似ができる．その結果得られるパスが，同じ状態に接続する前に N 個の位置を 2 回（あるいはそれ以上）通るので，この手続きが失敗するような場合が存在することが知られている．

最尤符号語の同様な逐次計算を可能とするために，任意のブロック符号の位置を並べ直すことができる．しかし，たいていの符号に対して，これは不規則なアルゴリズ

れる．符号語数 $2n$ の符号．拡大ハミング符号の双対（定義 1.2.7）は，その一例である．

ムと，より多くの状態を要求する．最尤復号を用いることが望ましいならば，最大限可能な最小距離をもたなくても（最小距離は最尤復号の性能に対し必ずしも本質的には必要でないことを前に議論した），畳込み符号のテイルバイティング型を用いるほうがよいであろう．

符号化率 1/2 のテイルバイティング符号において，その典型的な最小距離は M より少しだけ大きい．ヴィタビ復号を実行可能とするため，M を 10 よりはるかに大きくすることはできないが，そのことは，$n = 100$ 程度までの長さのかなりよいブロック符号を復号できることを意味する．明らかに，そのような符号は長すぎて，シンドローム表に基づくアプローチでは復号は不可能である．テイルバイティング符号はデータ通信に利用するには十分な長さではないが，ヘッダ保護や小さいデータブロックを含むほかの応用においては魅力的な手法である．

7.5 パンクチャド符号

問題 1.5.9 において，ブロック符号の長さを記号 1 個分だけ減らすために二つの方法を考えた．これらの用語を強調するため，あらためて定義しておこう．

> **定義 7.5.1** 一つの情報記号を強制的に 0 とし，符号化した後でその 0 を除去することを符号の**短縮化** (shortening) という．また，一つの検査記号を除去することを符号の**パンクチャ** (puncturing) という．

このように，符号化率は符号の短縮化により減少し，パンクチャにより増加する．これらの逆の操作を，それぞれ**伸長** (lengthening) および**拡大** (extension) とよぶ．

補題 7.5.1 短縮化符号の双対符号は，**双対符号のパンクチャド符号**（パンクチャド双対符号，punctured dual code）である．

[証明] 双対符号は，もとの符号では情報記号であった位置に検査記号をもつ．もし，この記号を強制的に 0 としたとき，残りのすべての位置ではパリティ検査が満たされるので，その位置をパンクチャしてもよい． □

これらの概念は畳込み符号に適用できるが，通常，記号は全フレームにわたる周期パターンの形で，あるいは，フレームのあらかじめ定義される部分においてパンクチャされる．パンクチャのおもな利点は，同じ復号器を用いて，符号の符号化率を増やせることである．受信系列との距離を計算するときには，パンクチャされる記号を無視する．

現在のシステムにおいて実用化されている高符号化率の符号のほとんどは，符号化率1/2の符号のパンクチャにより得られるものである．パンクチャは，ビット誤り率によって符号化率の値を変化させたり，また，いくつかの情報記号に追加的な保護を与えるために，フレーム内の訂正可能な誤りの個数を変化させたりするのに用いられる．

◆例7.5.1 例7.1.1 の符号化率 1/2 の符号から始めて，一つおきに検査記号をパンクチャすることによって，生成系列 $g' = (11.1.11)$, $g'' = (1.10.1)$ を交代的に用いる，符号化率 2/3 の符号を得ることができる．このとき，$M = 2$ のままである．パリティ検査を求めるために，連立 1 次方程式を解くか，あるいは，同じ記号を除去することによって，もとのパリティ検査を短縮化することができる．記号を除去する前に，関係するすべての記号が 0 となるような，パリティ検査行列の行ベクトルの 1 次結合を求めなければならない．ここでは，それは h の 3 個の連続するシフトの和 $h' = (1.11.0.11.1.10)$ である．

7.6 訂正可能誤りパターンとユニットメモリ符号

メモリ M，符号化率 $R = 1/n$ の畳込み符号の定義のように，符号器は各入力記号ごとに状態遷移する．入力系列 u を長さ $k \geq M$ のベクトル u_j に分割することによって，より少ないステップ数で符号化を行えば，より実用的である（したがって，この節では添字は 1 個の記号ではなく記号のブロックにつける）．このような分割に対応して生成行列 G を $k \times n'$ 小行列のブロックに分割すると，次のようなブロック帯行列となる（ここでは巡回畳込みはないとしている）．

$$G = \begin{bmatrix} G_0 & G_1 & & & 0 \\ & G_0 & G_1 & & \\ & & \ddots & \ddots & \\ 0 & & & G_0 & G_1 \end{bmatrix}$$

ここで，$n' = k/R$ である．そして，$k \times 2n'$ 小行列 $[G_0, G_1]$ の $k \times (n' + M/R)$ 部分は非零行列であり，G_1 の $(n' - M/R)$ 列はすべて零列，かつ，いくつかの行は零行である．また，G_0 の階数は k，G_1 の階数は M である．以上より，符号化を次式で表すことができる．

$$y'_j = [u_{j-1}, u_j] \begin{bmatrix} G_1 \\ G_0 \end{bmatrix} = u_j G_0 + u_{j-1} G_1 \tag{7.8}$$

符号化規則がこのように表現されているとき，この符号を**（部分）ユニットメモリ符号** (unit memory code, UMC) とよぶ．この用語は，符号のメモリが情報記号の 1 ブ

ロック（の一部）からなることを示している．ビットではかれば，メモリはやはり M である．符号器の状態は直前の M 個の入力記号により与えられるが，各ステップにおいて各状態に到達するのに 2^k 通りの可能性がある．

$k > M$ のとき，生成行列を次で書くことができる．

$$G = [G_0, G_1] = \begin{bmatrix} G_{00} & 0 \\ G_{01} & G_{11} \end{bmatrix}$$

ここで，G_{00} は $(k-M) \times n'$ 行列である．

ブロック符号に対して，半径 $d/2$ 内に入るすべての誤りが復号されること，さらに少なくとも原理的には，より大きい半径内のほとんどの誤りが訂正できることがわかっている．本節では，畳込み符号により訂正される誤りパターンについて，同様の記述を与えよう．そのために，与えられたサイズと階数をもつ G_0, G_1 を自由に選択できるような，より一般的な符号のクラスを考える．このように，その構成において成分として既知のブロック符号の生成行列を用いることができる．G_{00}, G_{01}, G_{11} のそれぞれで張られる部分ベクトル空間は，零ベクトルのみ共有していると仮定するのが好都合である．ユニットメモリ符号の以上の定義に基づいて，次を得る．

補題 7.6.1 UMC の双対もまた UMC である．

[証明] もとの符号に含まれる任意のベクトルは，G_{00}, G_{01}, G_{11} のすべての行によって張られる部分空間に属し，その部分空間の次元は $k+M$ である（それが全空間になる場合がある）．ゆえに，H_{00} がその部分空間の双対空間の基底であるならば，すべてのブロックにより満たされるパリティ検査を生成する（それが零ベクトルだけという場合がありうる）．以下の連立1次方程式を解くことによって，符号のパリティ検査を求めることができる．

$$\begin{bmatrix} G_{00} & 0 \\ G_{11} & 0 \\ G_{01} & G_{11} \\ 0 & G_{01} \\ 0 & G_{00} \end{bmatrix} \begin{bmatrix} H_{00}^T & H_{01}^T & 0 \\ 0 & H_{11}^T & H_{00}^T \end{bmatrix} = 0 \quad (7.9)$$

仮定から，係数行列の階数は $2k+M$ で，H_{00} の階数は $n'-k-M$ であることがわかる．ゆえに，残りの解の次元は

$$2n' - 2k - M - 2(n' - k - M) = M$$

となる．このようにして，もとの符号の定義に対応した形の $n'-k$ 個のパリティ検査の反復を含む組（3個の行列 H_{00}, H_{01}, H_{11}）を決定したことになる．G 中の3個の行列により張られる部分空間が互いに（零ベクトル以外には）共通部分をもたないという仮

定をはずすと，双対符号の構造は違ってくる．とくに，1 ブロックより大きいメモリを
もちうることに注意しよう．　　　　　　　　　　　　　　　　　　　　　　　□

◆**例 7.6.1（2 個誤り訂正ユニットメモリ符号）**　以下の行列によって定義される (n', k)
UMC を考えよう．

$$H = [H_0, H_1] = \begin{bmatrix} e & 0 \\ H_{01} & H_{11} \end{bmatrix}$$

ここで，ブロック長は $n' = 2^{k-1}$ で，e は全 1 のベクトルである．残りのシンドローム
ビットは 2 個誤り BCH 符号の場合と同様に，次のように特定される．H_{01} の各列は，
1 の原始 $n' - 1$ 乗根 α のべきの 2 元表現と零列であり，H_{11} の各列は，やはり，1 の原
始 $n' - 1$ 乗根である α^3，または，α^{-1} のべきの 2 元表現である．この代数的構造を
用いて，i 個の連続するブロックからなる任意の部分系列に含まれる，$i + 1$ 個以下の誤
りパターンを訂正する復号アルゴリズムの概要を与えることができる．

アルゴリズム 7.6.1（UMC の復号）

入力：受信語

- [1] 誤りがブロック $j - 1$ まで訂正されていると仮定する．受信ブロック r_j の
みを含む次の $n' - k$ 個のシンドロームビット $s_j = H_0 r_j^T$ を計算する．H_0
は拡大ハミング符号のパリティ検査行列なので，ただちに 1 個誤り訂正と 2
個誤り検出ができる．
- [2] 1 個誤りが訂正されたときは，次のシンドロームから項 $H_1 r_j^T$ を除去して，
さらに復号を続行することができる．
- [3] もし，次のブロック i に 2 個の誤りが存在すれば，これは偶パリティと非零
シンドロームとして検出されるであろう．この状況では，偶パリティをもつ
ブロックが現れるまで復号を遅延させる．
- [4] 引き続くブロックでは，はじめはパリティだけを検出する．奇パリティをも
つブロックは 1 個誤りを含み，それらは後で復号することにする．
- [5] i 個のブロックは高々 $i + 1$ 個の誤りを含むと仮定したので，最初のブロッ
クが 2 個の誤りを含んでいたことから，偶パリティをもつその次のブロック
は正しいはずである．
- [6] このとき，H_{11} を使って逆方向にそれ以前のブロックを復号することができ
る．これは，この行列のすべての列が相異なると仮定したからである．
- [7] 最後に，両方のシンドロームが使えるので，2 個誤り訂正 BCH 符号の復号
法を用いて，ブロック j 中の 2 個の誤りを訂正する．

出力：復号語

この例は，畳込み符号が，得られたシンドロームビットを使って，ほんのわずかではあるが，ブロック符号より多くの個数の誤りパターンを訂正する様子を示している．しかし，この利点は，一定ではない復号遅延の発生という犠牲のもとで得られる．

i 個の連続するブロックの最大重み（符号の拡張行重みに関連する）によって特徴付けられる誤りパターンの集合は，有限状態機械によって記述できる．(i', i) 成分が状態 i から状態 i' への遷移にともなう（普通は同じ重みの）誤りパターンの個数を示す行列 T を考えるとき，二つの状態の間の長さ l の誤りパターンの数は T^l から求められる．λ を T の最大固有値とすると，誤りパターンの総数は，ほぼ λ^l のオーダーで増える．訂正可能な誤りパターンの個数はシンドローム系列の個数を超えることはできないので，畳込み符号に対するハミング限界を得ることになる．

定理 7.6.1 遷移行列 T によって特徴付けられる重みをもつ，すべての誤りパターンを訂正する畳込み符号の符号化率の上界は，$R \leq 1 - \log_2 \lambda / n'$ によって与えられる．

与えられた畳込み符号により訂正される誤りパターンの全集合は有限状態機械によって記述されると述べたが，ほとんどの場合，その状態数は非常に大きくなる．

◆**例 7.6.2** 次の行列により生成される $(8, 4)$ ユニットメモリ符号を考える．

$$G = \begin{bmatrix} e & 0 \\ G_0 & G_1 \end{bmatrix}$$

ここで，

$$G_0 = \begin{bmatrix} 0 & 1 & 0 & 0 & 1 & 0 & 1 & 1 \\ 0 & 0 & 1 & 0 & 1 & 1 & 1 & 0 \\ 0 & 0 & 0 & 1 & 0 & 1 & 1 & 1 \end{bmatrix}$$

$$G_1 = \begin{bmatrix} 0 & 1 & 1 & 1 & 0 & 1 & 0 & 0 \\ 0 & 0 & 1 & 0 & 0 & 1 & 1 & 1 \\ 0 & 0 & 0 & 1 & 1 & 1 & 0 & 1 \end{bmatrix}$$

であり，e は全 1 のベクトルである．この符号は，ブロック長さ 1 の一つの非零符号語をもつ．その重みは 8 である．ほかの非零符号語は，最初と最後の非零ブロックにおいて 4 以上の重みをもち，これらのブロックの間で 2 以上の重みをもつ．したがって，拡張行重みの系列は $(8, 8, 10, 12, \ldots)$ である．この符号は，一つのブロック内で少なくとも 3 個の誤りと，j 個のブロック内で $j+1$ 個の誤りを訂正できる（この符号は，以前の例で示した符号の特別な場合であるが，実際，いくつかの場合にさらにもう 1 個の誤りを訂正する）．訂正可能な誤りパターンを列挙する有限状態機械に対する遷移行列は，

以下のとおりである.

$$T = \begin{bmatrix} 1 & 1 & 0 & 0 \\ 8 & 8 & 1 & 0 \\ 28 & 28 & 8 & 1 \\ 56 & 0 & 0 & 0 \end{bmatrix}$$

この行列の最大固有値は $\lambda = 13.7425$ であり, $\log_2 \lambda = 3.791$ である. したがって, これらの誤りパターンを訂正するこの符号の符号化率の上界は, $R \leq 4.209/8 = 0.526$ によって与えられる.

7.7 問題

問題 7.7.1 生成系列 $g = (11.10.01.11)$ をもつ符号化率 $1/2$ の畳込み符号を考える.
(1) 情報系列 $u = (10111000)$ はどのように符号化されるか？
(2) この符号のメモリはいくつか？
(3) 符号器はいくつの状態をもつか？

問題 7.7.2 問題 7.7.1 と同じ符号を考える.
(1) 符号に対するパリティ検査系列を求めよ.
(2) 1 個誤りに対するシンドロームを求めよ.
(3) 長い符号において，シンドロームが $(\cdots 00011000 \cdots)$ となっているとする. 発生する可能性の高い誤りパターンを求めよ.
(4) シンドロームが $(\cdots 0001000 \cdots)$ の場合についても問 (3) と同様に考えよ.

問題 7.7.3 問題 7.7.1 と同じ符号を考える.
(1) この符号の行重みと自由距離を求めよ.
(2) この符号が訂正可能な誤り個数はいくつか？
(3) 復号誤りをもたらすような，大きな重みをもつパターンの例を示せ.

問題 7.7.4 問題 7.7.1 と同じ符号を考える.
(1) この符号の重み分布母関数を求めよ.
(2) 重み 6, 7, 8 の符号語の数はそれぞれいくつか？
(3) $p = 0.01$ に対して，誤り事象確率の上界を評価せよ.

問題 7.7.5 以下の生成行列をもつ $M = 6$ の畳込み符号を考えよう.

$$G(x) = [g_0(x), g_1(x)] = [x^6 + x^5 + x^2 + x + 1, x^6 + x^4 + x^3 + x^2 + 1]$$

自由距離は 10 である.
(1) g_0 は既約で，g_1 は二つの既約多項式に分解されることを示せ.
(2) ある j に対して，$u(x)g_1(x) = 1 + x^j$ を満たすような，次数が最小の情報多項式 $u(x)$ を求めよ.

(3) この情報多項式に対して，符号系列の重みを求めよ．

問題 7.7.6 生成系列 $g = (11.10.01.11)$ をもつ符号化率 $1/2$ の畳込み符号をふたたび考える．

(1) 次の誤りパターンのどれが常に正しく訂正されるか？

$$
\begin{aligned}
a: &\quad 00.10.00.00.10.00\ldots \\
b: &\quad 01.10.00.00.00.00\ldots \\
c: &\quad 11.00.01.00.00.00\ldots \\
d: &\quad 11.00.00.00.00.11.00\ldots \\
e: &\quad 11.00.10.00.00.00\ldots \\
f: &\quad 00.00.00.01.11.00\ldots
\end{aligned}
$$

(2) $p = 0.01$ のとき，式 (7.5) を用いて誤り確率の上界を求めよ．
(3) 式 (7.5) が確率 < 1 を与える p の最大値はいくらか？
(4) 復号に必要なすべての E 行列（7.3 節を参照）を書け．
(5) 最初のブロックに 1 個誤りがあると仮定する．4 より小さい重み $\mu(i)$ を求めよ．最初のブロックに 2 個誤りがある場合についても，同じ問いに答えよ．

問題 7.7.7 (プロジェクト)

(1) 生成行列 $G(x) = [g_0(x), g_1(x)] = [x^4 + x + 1, x^4 + x^3 + x^2 + 1]$ をもつ符号の符号化と復号のプログラムを書け．
(2) ビット誤り確率が $p = 0.02, p = 0.05$ の各場合に，長さ 1000 の情報ビットの終結符号からなるフレームを復号せよ．
(3) 上記の結果と上界式を比較せよ．
(4) テイルバイティングフレームを利用するように，符号器と復号器を改良せよ．

第 8 章

符号の組合せ
Combinations of Several Codes

十分な信頼性を得るために，符号長の大きい符号が必要となることが多い．しかし，符号長の大きい単一のブロック符号では，許容できる計算量で要求された性能を実現することができない．本章において，いくつかの符号，または，いくつかの符号化段階を組み合わせて，もとの符号の復号法を用いて復号可能な，符号長の大きな符号を作る方法を紹介する．初期の誤り訂正符号の研究において，性能がよく符号長の大きい符号を構成することが困難であったために，このようなアプローチがとられた．そして，それはその後も通信システムのさらなる開発において，中心的な課題となってきた．符号全体は非常によい最小距離をもたないかもしれないが，たいていの場合，誤りパターンは，その重みが最小距離の半分を超えたとしても訂正される．したがって，小さい重みの符号語を比較的少数個もつ符号は，やはり許容可能な性能をもっている．

8.1 積符号

積符号は，**合成符号** (composite code) の中で最も単純な形をしているが，実用上，興味ある構成の一つである．

定義 8.1.1 $\mathbb{F}_q$ 上の**積符号** (product code) は，各行が (n_1, k_1, d_1) 線形符号の符号語であり，各列が (n_2, k_2, d_2) 線形符号の符号語であるような $n_1 \times n_2$ 配列全体のベクトル空間である．

本節では，各成分符号（合成のもととなる符号）は同じ体を用いると仮定する．次節では，二つの異なる体を用いた構成に拡張する．

定理 8.1.1 積符号のパラメータは，$(N, K, D) = (n_1 n_2, k_1 k_2, d_1 d_2)$ である．

[証明] 情報記号は $k_1 \times k_2$ 配列に配置することができる．情報記号の行と列におけるパ

リティ検査は個別に計算される．検査記号に対するパリティ検査は 2 通りに計算できるが，線形性によって，それらの結果は同じになる．（列の検査記号に対応する）後の行は（列の情報記号に対応する）前の行の 1 次結合として計算することもできるので，それらは行符号の符号語となる．したがって，(N, K) は上記のような積になる．非零符号語は重み d_1 以上の非零行を少なくとも一つもち，そして，各非零列は重み d_2 以上をもつから，最小距離の積は下界となる．そして，ちょうど重みが $d_1 d_2$ となる符号語を構成するためには，列方向において重み d_2 の最小重み符号語が得られるように，重み d_1 の最小重み符号語を d_2 個の行でそれぞれスカラー倍すればよい．実のところ，最小重みの符号語はこのようなものだけである． □

簡単のために，異なるパラメータが陽に与えられない限り，行と列の符号は同じパラメータ (n, k, d) をもつとする．

積符号の最も簡単な復号は，最初に受信語の各列をそれぞれ個別に復号し，その結果訂正された語に行符号の復号アルゴリズムを適用することである．このような方法を**直列的復号** (serial decoding) とよぶ．

補題 8.1.1 積符号を直列的に復号するとき，重み $(D-1)/4$ 以下の任意の誤りパターンを訂正することができる．

[証明] d が奇数のとき，最悪の状況は，いくつかの列が $(d+1)/2$ 個の誤りを含み，誤って復号されていることである．しかし，誤りの個数が上記のように与えられているときは，そのような列は $(d-1)/2$ 個以下であり，誤りは行符号によって訂正することができる．もちろん，最初に行が復号されるならば，これらの誤りはただちに訂正できる．他方，各行と列において $d/2$ 個以上の誤りを含む誤りパターンはただちには訂正できないので，$\lceil d/2 \rceil^2$ 個の誤りを確実に訂正できるとは限らない． □

明らかに，これは思っていたより不本意な結果である．しかしながら，たいていの場合，直列的復号はさらに多数の誤りを訂正できる．次の結果から，積符号の誤り訂正能力のより現実的な評価を得る．

定理 8.1.2 (n, k, d) 成分符号からなる積符号は，$j \times j$ 部分行列中の誤り個数が $jd/2$ 未満となるような，任意の誤りパターンを訂正することができる．

[証明] j' 個の行と j'' 個の列で異なる二つの符号語には，jd 以上の重みの差がある．ただし，$j = \max\{j', j''\}$ である．したがって，定理の条件を満たす一意な語が存在する． □

明らかに，誤りパターンの総重みは $W < nd$ でなければならない．誤りがランダムに分布していることにより，通常，重みが $d/4$ より小さい行と列を除くことで，最も高い密度（行と列あたりの誤りの平均個数）をもつ部分行列を得る．したがって，こ

の部分行列は通常，非常に大きい．定理 8.1.2 で示された誤りパターンを確実に訂正するような簡単な復号法は知られていないが，第 10 章では，さらに多数の誤りをほとんどの場合に訂正する実用的な方法について説明する．

次の補題は，小さい重みの誤りパターンの確率を評価するのに有用である．

補題 8.1.2 二つの成分符号における最小重みの符号語の個数が a_1 と a_2 ならば，その積符号における重み $d_1 d_2$ の符号語の個数は $a_1 a_2$ である．

[証明] 非零行の重みは d_1 以上，そして，非零列の重みは d_2 以上であることより，最小重みの符号語は d_1 個の非零列と d_2 個の非零行のみをもつことができる．したがって，最小重みの符号語の個数は，ちょうどそれらの位置での最小重みの符号語が存在するような，非零の行と列の選び方の数以下である．一方，最小重みの行符号語と列符号語の任意の選択に対し，対応する最小重みの符号語がその積符号中に存在する． □

大きい重みの符号語の個数を成分符号の重み分布に関係付ける簡単な方法はない．成分符号が j 個の位置で重み d のいくつかの符号語を含む場合，これらの符号語は重み jd の積符号の符号語を合成する．次式 (8.1) では，そのような符号語の個数に対する粗い上界を適用している．

定理 8.1.2 から，小さい重み jd の符号語からの復号誤り確率への寄与は，以下の上界をもつ．

$$\binom{n}{j}^2 \binom{j^2}{jd} p^{jd/2} (1-p)^{jd/2} \tag{8.1}$$

小さい重みの符号語，すなわち，小さい値の d と j，そして，$p = d/2n$ の場合の誤り確率に対し，この限界における n の指数は $2j - jd/2$ となる．したがって，d の増加とともに確率は減少する．そして，$d > 4$ のときに限って，j とともにその確率は減少する．すなわち，復号誤り確率は重み d^2 の符号語によって支配されている．そして，大きな n に対し，$d > 4$ である限り，この確率はとても小さい．一方，（拡張）ハミング符号の積符号は，小さい重みの誤りによって復号誤りを生じやすい．そして，それぞれの行と列の中の 2 個誤りの誤りパターンは，問題を引き起こす．$d \geq 5$ に対し，積符号の限界は，多数の行と列に起こる復号失敗と関連している．

◆**例 8.1.1（2 元符号の積符号）** 成分符号がともに 2 元 $(15, 4, 8)$ 符号である積符号を考える．この符号の巡回版では，15 個すべての非零符号語は，同じ系列の巡回シフトである．本節の結果から，最小距離は 64 であり，この重みの符号語が 225 個存在する．任意の非零行または非零列は重み 8 をもつことより，明らかに，すべての符号語は，8 の倍数となる重みをもつ．j 個の零列をもつ符号語に対し，すべての行は，j 個の位置で零となる成分符号語でなければならない．系列を調べれば，3 個の位置で零となる 3 個の符号語

は存在するが，ちょうど 2 個の位置で零をもつ符号語はないことがわかる．0 と 64 以外の可能な重みは，$8 \cdot 12, 8 \cdot 14, 8 \cdot 15$ だけである．第 3 章の定理 3.4.1 と補題 3.4.1 を用いることで，全体の重み分布として，$1 + 225z^{64} + 7350z^{96} + 37800z^{112} + 20160z^{120}$ を得る．定理 8.1.2 より，誤りが一様分布に従う場合，重みが $nd/2 = 60$ 未満の任意の誤りパターンは訂正できる．補題 8.1.1 より，直列的復号は，常に 15 個の誤りを訂正でき，そして，多くの場合，いくつかのさらなる誤りも訂正できる．誤りがランダムに確率 $1/5$ で発生する場合，平均で 45 個の誤りが存在する．小さい重みの符号語からの復号誤りへの寄与は，次のとおりである．

$$P_{\text{err}} \leq 225 \cdot \binom{64}{32} \left(\frac{4}{25}\right)^{32} \simeq 1.5 \cdot 10^{-5}$$

実験では，直列的復号を用いることで，通常，45 個の誤りを訂正できることが示されている．

列を復号した後の誤り個数を制限することで，直列的復号による復号失敗確率の近似値を求めることができる．確率 p で誤りが独立して起こる場合，2 項分布から列中の復号誤り確率を求めることができる．d が偶数の場合，重み $d/2$ の誤りパターンは訂正されずに残る．重みが $d/2$ より大きい場合，いくつかの誤りは訂正されないが，それ以外の場合，$t < d/2$ 以下の誤りが間違った位置で付加される．復号失敗確率の限界や推定値から，列復号後における符号語中の平均誤り個数 w_c を求めることができる．その結果，誤りの割合は w_c/n^2 となる．誤りが符号語中にランダムに分布すると仮定すると，一つの行の誤り確率は，2 項分布によって上限が決まる．復号の最初の段階による記号誤りは，限られた数の列中に位置することから，このアプローチは誤り確率を過大評価する．通信路での誤りが（記憶媒体の場合のように）少数の列または行に集中しやすい場合，直列的復号はより効果的である．

定理 8.1.3 積符号の復号失敗確率は，以下の上界をもつ．

$$P_{\text{fail}} \leq n \sum_{j>t} \binom{n}{j} \left(\frac{w_c}{n^2}\right)^j \left(\frac{n^2 - w_c}{n^2}\right)^{n-j} \tag{8.2}$$

[証明] 推定値ではなく，w_c の実際の値が得られると仮定し，符号語中の実際の誤り分布を，各記号とは独立した分布に置き換える．一つの誤りがある行で起こったことがわかった後では，少なくとも $t-1$ 個が同じ列にあり，結果として，同じ行に起こることはないから，このアプローチは，一つの行において t 個より多い誤りがある確率を過大評価している．行の誤り確率を計算した後，この数に行数を掛けてユニオン限界を適用する．□

◆**例 8.1.2 (RS 符号の積符号)** RS 符号の積符号は記憶媒体に用いられている．一般に利

用される符号は，8ビット記号 $q=256$ に基づく．与えられた全体の次元 $k_1 k_2$ に対し，最小距離は，$d_1 = d_2$ すなわち $k_1 = k_2$ とすることによって，明らかに最大になる．しかしながら，復号される第1の符号が大きな最小距離をもつとき，直列的復号はより効果的である．$d_1 = 8$ と $d_2 = 6$ を選択すると，各列では，3個の誤りは訂正され，そして，4個の誤りは，検出されるが訂正は行われない．5個以上の誤りが発生した場合，余分のシンドロームは復号誤り確率が 1/256 未満であることを保証する．そして，計算ではこの寄与を無視することにする．確率 p で誤りが独立に発生するものと仮定すると，列復号後の平均誤り個数は次のようになる．

$$w_c = \sum_{j>3} j \binom{256}{j} p^j (1-p)^{256-j}$$

このとき，これらの誤りはランダムに分布し，そして，各行において平均で $w_c/256$ 個の誤りが発生するという近似をする．$p = 1/256$ の場合，復号後，列あたりの平均誤り個数は 0.08 となる．さらに，これが行あたりの平均誤り個数であると仮定すると，第2段階の復号後，積符号の符号語に対する平均誤り個数は 0.06 となる．

8.2 リード・ソロモン符号と2元符号の積符号（連接符号）

8.2.1 連接符号のパラメータ

本節では，積符号の概念を，列符号は2元符号で行符号はリード・ソロモン符号である構成に拡張する（このような符号は連接符号とよばれ，その名前には二組の符号器と復号器を隣り合って配置したという歴史的な理由がある）．このような構成における第1ステップは，RS符号を2元符号として表現することである．

> **定義 8.2.1** $\mathbb{F}_{2^m}$ 上の (N, K, D) RS符号語の2元表現とは，その符号語の各記号の2元表現を列とした $m \times N$ 配列である．そして，そのような符号語の2元表現の全体を，RS符号の2元表現という．

> **補題 8.2.1** 体 $\mathbb{F}_{2^m}$ の元が m ビットの2元ベクトルで表され，その体での加算が2を法とするベクトルの加算となる場合，RS符号の2元表現は，$D' \geq N - K + 1$ を満たす2元 (mN, mK, D') 符号である．

[証明] RS符号の生成行列の左側が単位行列である（組織的符号化形）として，行列の各行を m 個の2元行ベクトルに変換することによって，2元表現の基底を求めることができる．すなわち，原始元 α のべき α^i, $0 \leq i \leq m-1$ を一つの行に掛けて得られる m 個の行の各成分を，m ビットからなる2元行ベクトルに置き換えることにより，左側が $mK \times mK$ 単位行列である2元表現の生成行列が得られる．体 $\mathbb{F}_{2^m}$ の元は，上記の m

個の元の1次結合であるから，2元表現におけるすべての符号語は，この2元生成行列における mK 個の行の1次結合として得ることができる（したがって，乗算を行う必要はない）．2元表現の最小重みは，RS符号の最小ハミング重み以上である．□

最小距離を厳密に分析することは難しく，復号に対してもあまり重要ではない．しかし，BCH符号（第5章）の構成法を用いると，上界を得ることができる．

補題 8.2.2 (N, K, D) RS符号の2元表現の最小距離の上界は，BCH符号 $C_K(\text{sub})$ の最小距離により与えられる．

[証明] 第5章で議論したように，BCH符号はRS符号に含まれる．もともと2元である $C_K(\text{sub})$ 符号語の2元表現の重みは変化しない．したがって，その最小距離は上界となる（なお，BCH符号の生成多項式は，RS符号の生成多項式のすべての根のほかにいくつかの追加の根を含み，したがって，その最小距離は D 以上である．低符号化率のRS符号に対しては，その最小距離の限界は自明な N 以下である）．□

ここで，積符号のときと同様な方法で，RS符号の2元表現と第2段階の2元符号化を組み合わせる．

定義 8.2.2 $\mathbb{F}_{2^m}$ 上の (N, K, D) RS符号（外符号とよぶ）の I 次インターリーブ（すなわち，外符号の I 個の符号語を列方向に並べたものの全体）と2元 (n, Im, d) 線形符号（内符号とよぶ）の**連接符号** (concatenated code) とは，以下のようにして得られる2元 (nN, KIm) 線形符号である．まず，$Im \times K$ 2元配列を情報記号とし，I 個のRS符号語の2元表現としての $Im \times N$ 2元配列を得る．その2元配列の各列を情報記号として (n, Im) 内符号化を行って得られる $n \times N$ 配列を符号語とする．

通常，符号は直列的復号に対して設計されるので，$n - Im$ 行の検査記号に制約をおかない．明らかに，$n - Im$ が m の倍数になるように構成を修正し，RS符号語の2元配列表現の検査記号を作ることができる．

定理 8.2.1 連接符号の最小距離は，少なくとも Dd である．

[証明] 非零の符号語において，I 個のうち少なくとも一つのRS符号語は，$D = N - K + 1$ 個以上の非零記号をもつ．これらは，内符号化により，各非零列において少なくとも d の重みをもつ．□

積符号には下界と等しい重みをもつ符号語が多くあるのに対し，連接符号には，そのような符号語がほとんどないか，または，まったくない．D' が $C_K(\text{sub})$ の最小距

離の場合，重み $D'd$ の符号語が存在する．

列符号に対する復号失敗確率が適度に小さい，たとえば 0.01 未満である場合，符号長の大きい行 RS 符号は，1 に近い符号化率で，高い信頼性をもって誤りを訂正できる．理論的には，最良符号に対する下界の大部分以上の最小距離をもつ，非常に符号長の大きい符号を構成することができる．通信路容量に近い適度な性能が得られるくらいに内符号の符号長が十分大きい場合，積符号は全体の符号化率の損失を最小限に抑えながら，非常に小さい復号誤り確率を与えることができる．

◆**例 8.2.1** 列符号を 2 元 $(64, 45, 8)$ 符号とする．通信路での誤り確率が $1/64$ である場合，0.02 未満の復号失敗確率となる．$I = 3$ とし，$\mathbb{F}_{2^{15}}$ 上の RS 符号を行符号として選択することができる．各行において平均 625 個未満の誤りの場合，800 個の誤りを訂正する符号を使って非常に信頼性のある復号が可能である．このようにして得られる行符号の符号化率は，それでも 0.95 である．

8.2.2 内畳込み符号

実際に用いられている連接符号は，内符号として畳込み符号を使うことが多い．I 次インターリーブした符号の 2 元表現を $mI \times N$ 配列で表すとき，その配列は，列ごとに畳込み符号によって符号化される．インターリーブの目的は，符号を大きくすることのほかに，各 RS 符号における記号誤りをほとんど独立にすることである．このような符号の正確な解析は困難である．

しかし，各列に対応する内符号として，畳込み符号のテイルバイティング型を利用することによって，きわめてよく似た符号を得ることができる．解析のうえで都合のよい点は，特定の外符号中の記号誤りが互いに独立になるということである．

ビット誤り確率を p としよう．与えられた内符号とその復号法（通常，最尤復号をとる）に対し，内符号の復号誤り確率 p_i は，第 3 章で述べた方法の一つによって求めることができる．RS 符号の 1 ブロック内での記号誤りの平均個数は $\mu = N p_i$ である．これは，通常はブロック長のほんのわずかな部分であり，N がきわめて大きいから，ポアソン分布

$$P(t) = e^{-\mu} \frac{\mu^t}{t!}$$

は，その誤り個数の確率分布に対するよい近似となる．ポアソン分布の裾部分の上界を，公比 $\mu/(T+1)$ の等比級数を用いて求めることができる．

補題 8.2.3 誤りが確率 p で独立に発生するとき，N 個の記号からなるブロック中に T より多くの個数の誤りが発生する確率の上界は，次で与えられる．

$$\Psi(p,T) = \frac{e^{-Np}(Np)^{T+1}}{(T+1)!\,[1-Np/(T+1)]}$$

したがって，以下が成り立つ．

定理 8.2.2 T 個の誤りを訂正する外 RS 符号と，復号誤り確率 p_i をもつ内符号から構成される連接符号の復号失敗確率 P_{fail} の上界は，$\Psi(p_i,T)$ で与えられる．すなわち，

$$P_{\text{fail}} < \Psi(p_i,T)$$

である．

実際の復号誤りは通常まれにしか生じない．次の定理は，復号誤り確率に対する有用な近似式を与える．

定理 8.2.3 連接符号の復号誤り確率は，次式で近似できる．

$$P_{\text{err}} \approx \frac{P_{\text{fail}}}{T!}$$

[証明] $T=(D-1)/2$ 個以下の誤りの復号は，q^{N-K} 個のシンドロームのほんの一部だけを誤りパターンに反映させる．約 $N^T/T!$ 通りの誤り位置パターンと，q^T 通りの誤り値のパターンが存在するから，一つのランダムなシンドロームが一つの誤りパターンに対応する確率は $1/T!$ である．□

式 (3.13) では，このタイプの近似を与えた．実際に，式 (3.12) のようなさらに詳細な計算をすれば，この近似が非常に正確であることがわかる．

テイルバイティング符号（と畳込み符号）において，誤り事象に関与する長さと，その長さの確率分布が存在する．この文脈で重要なのは，内符号の性能が，特定の列内で 1 個，2 個，$\ldots$，I 個の連続する外符号記号が誤る確率 $p_{i1}, p_{i2}, \ldots, p_{iI}$ によって特徴付けられるということである．二つの短い事象よりも，一つの長い誤り事象の発生確率のほうが大きいから，

$$p_{ij} > p_{i1}p_{i,j-1}$$

と仮定しよう．明らかに，同じ列内で連続していない二つの記号が誤ることも起こりうる．しかし，これは二つの独立な復号誤りの結果であるから，この状況を異なる列内での誤りとして扱うことができる．一つの列内に誤りが存在する確率（**列誤り確率** (column error probability)）は

$$p_{\mathrm{c}} = \sum_j p_{ij}$$

であり，**平均記号誤り確率** (average symbol error probability) は

$$p_{\mathrm{s}} = \frac{1}{I} \sum_j j p_{ij}$$

として求められる．

定理 8.2.2 より，復号失敗確率の上界を，内符号に対する誤り確率として p_{c} を用いたときの $\Psi(p_{\mathrm{c}}, T)$ によって与えることができるが，以下のように，より強い上界がある．

定理 8.2.4 内畳込み符号を用いる連接符号に対し，内符号の復号後の記号誤り確率が p_{s} であるとき，復号失敗確率の上界は以下のように与えられる．

$$P_{\mathrm{fail}} < I\Psi(p_{\mathrm{s}}, T)$$

[証明] 各 RS 符号に対し，復号失敗確率は $\Psi(p_{\mathrm{s}}, T)$ である．したがって，I 次インターリーブした符号に対し，復号されない RS 符号語の平均個数はこの確率の I 倍である．一つのフレーム内の異なる RS 符号語に含まれる誤りは独立ではないが，符号語の任意の確率分布に対し，定理は正しい． □

内符号中で長い誤りが生起すると，異なる RS 符号における記号誤りを引き起こす傾向があるから，実際の性能はもう少しよい．

第 6 章での議論のように，外 RS 符号を用いる構造は，フレームを保護するために利用することができる．この視点では，P_{fe} を復号失敗確率，そして P_{ue} を復号誤り確率とみなす．

いくつかの外符号語を復号できなかったとしても，復号されている RS 符号語が少なくとも一つは存在することが多い．高い確率でこの符号語は正しいので，内符号と外符号の復号を反復することが可能となる．誤りが RS 符号語内で訂正された位置において，訂正された記号を使って内符号の復号を反復する．しかし，そのような手続きによる性能の改善を解析することは困難である．

8.3 グラフ符号

符号長の小さい成分符号から，よりよい最小距離をもつ，符号長のより大きい符号を構成することは可能である．ここでは，成分符号を連結するのにグラフを用いる．

8.3.1 グラフと隣接行列

グラフ (graph) は，**頂点** (vertex) の集合 V と，頂点の対を結ぶ**辺** (edge) の集合 E により定義される．どの頂点にも，それ自身と結ぶ辺はなく，どの 2 頂点の対にも，それらを結ぶ複数の辺はないことを仮定する．さらに，グラフは連結されていることを仮定する．すなわち，任意の頂点から出発して，その頂点と結ばれる頂点に一つの辺で到達することができ（このことを 1 ステップという），そして，任意のほかの頂点にいくつかのステップで到達できる．われわれの目的のためには，すべての頂点へ少ないステップで到達できることが有用である．この性質をもつグラフを，**よいエキスパンダー** (good expander) という．

$V_1 \cap V_2 = \emptyset$ かつ $|V_1| = |V_2| (= m)$ であり，頂点集合が $V = V_1 \cup V_2$ である場合，グラフ $G = (V, E)$ を **2 部グラフ** (bipartite)† という．V_1 の各頂点が V_2 の n 個の頂点と結ばれ，かつ，V_2 の各頂点が V_1 の n 個の頂点と結ばれる場合，グラフは n-**正則** (regular) であるという．$x_1, x_2, \ldots, x_m$ を V_1 の頂点とし，$y_1, y_2, \ldots, y_m$ を V_2 の頂点とする．そして，以下によって $m \times m$ 行列 $M = [m_{ij}]$ を定義する．

$$m_{ij} = \begin{cases} 1 & (x_i \text{ が } y_j \text{ に結ばれている場合}) \\ 0 & (\text{それ以外の場合}) \end{cases}$$

2 部グラフの**隣接行列** (adjacency matrix) は，以下のように定義される．

$$A = \begin{bmatrix} 0 & M \\ M^T & 0 \end{bmatrix}$$

このように，各行は n 個の 1 をもっているので，A の最大の固有値は n であり，その固有ベクトルは全 1 のベクトルである．同様に，$-n$ も A の固有値であり，その固有ベクトルは，最初の半分の成分が 1 であり，残りの成分が -1 である．連結グラフの場合，行列 A の任意の固有値 λ は，$-n \leq \lambda \leq n$ を満たす．そして，2 番目に大きい固有値 λ_2 は，グラフのエキスパンション性として知られるものに密接な関係がある．λ_2 が小さいということは，グラフの大部分の頂点が，どの頂点から出発してもほんの少数のステップで到達できることを示している．

8.3.2 グラフ上の符号

2 部グラフに基づいて符号を構成する．ともに有限体 $\mathbb{F}_q$ 上の符号として，C_1 を (n, k_1, d_1) 線形符号，そして，C_2 を (n, k_2, d_2) 線形符号とする．$\mathbb{F}_q$ の元をグラフの（選択された番号の付けられた）辺に関連付ける．そして，V_1 の一つの頂点に（選択さ

---

† 訳者注：より一般には，$|V_1| \neq |V_2|$ であるような 2 部グラフを考えることがある．

れた番号順で）結ばれた辺に関連付けられた元の組が C_1 の符号語となり，かつ，V_2 の一つの頂点に（選択された番号順で）結ばれた辺に関連付けられた元の組が C_2 の符号語となるようにすることで，$\mathbb{F}_q$ 上の長さ $L = mn$ の符号 C を構成する．C が線形符号であることは明らかである．K をその次元とする．

補題 8.3.1 C の符号化率 $R = K/L$ は，以下を満たす．

$$R \geq r_1 + r_2 - 1 \tag{8.3}$$

ただし，$r_1 = k_1/n$ かつ $r_2 = k_2/n$ である．

[証明] 1次独立なパリティ検査の数は高々 $m(n-k_1) + m(n-k_2)$ であるので，$L - K \leq m(n-k_1) + m(n-k_2)$ となる．そして，$L = mn$ より，結論を得る． □

$d_1 = d_2 = d$ の場合，C の最小距離 D に関する下界は次のようになる．

定理 8.3.1 C の最小距離 D は以下を満たす．

$$D \geq dm \frac{d - \lambda_2}{n - \lambda_2} \tag{8.4}$$

ただし，λ_2 は隣接行列の 2 番目に大きい固有値である．

[証明] 一つの最小重み符号語を考えて，その非零記号が関連付けられた辺の両端点として，片側（たとえば，左側の V_1）に a 個の頂点，反対側（右側の V_2）に b 個の頂点があるとする．$a \geq b$ と仮定しても一般性は失われない．いま，これら V_1 の a 個の頂点と V_2 の a 個（$a > b$ の場合は，V_2 に $a - b$ 個の頂点を追加）の頂点の全体を V_z とする．このとき，左側の V_z の頂点と右側の V_z の頂点を結ぶ辺が少なくとも d 個存在する．V_z に対応する $2a$ 個の位置に成分 $m - a$，そして，残りの $2m - 2a$ 個の位置に成分 $-a$ をもつ m 次元ベクトル v を考える．このとき，このベクトルは全 1 のベクトルと直交する．付録 A.2 節において，次の限界が示される．

$$v^T A v \leq \lambda_2 |v|^2 \tag{8.5}$$

ここで，λ_2 は A の 2 番目に大きい固有値である．左辺は，すべての辺に関して，その両端点に対応する位置における v の成分の値の積を総和したものである．A の M に対応する部分と M^T に対応する部分の和は同じ値であるから，片方のみを考える．V_z に含まれる頂点どうしを結ぶ辺が，少なくとも ad 個存在する．次に，V_z に含まれる頂点と $V - V_z$ に含まれる頂点を結ぶ辺が，高々 $2a(n-d)$ 個存在する．最後に，$V - V_z$ に含まれる頂点どうしを結ぶ辺が，少なくとも $(m-a)n - a(n-d)$ 個存在する．式 (8.5) の両辺を直接計算すると，以下を得る．

$$am^2 d - a^2 mn \leq \lambda_2 am(m - a) \tag{8.6}$$

そして，$D \geq da$ であるから，式 (8.4) が成り立つ． □

2部グラフが完全である場合，$n = m$ かつ $\lambda_2 = 0$ であるから，積符号の通常の限界が得られることに注意する．

$d \leq \lambda_2$ である短い成分符号をもつ場合，式 (8.4) は有用ではないが，次のような考え方により，単純な下界を得る．非零符号語の非零記号が関連付けられた辺の，V_2 に属する各端点は，これらの辺により少なくとも d 個の V_1 の頂点に結ばれ，さらに，これらの辺により少なくとも合計 $d(d-1)$ 個の V_2 の（出発頂点と異なる）頂点に到達する．グラフに長さ 4 のサイクルがない場合，これらの頂点は異なり，$d(d-1) + 1 \leq a$ となるので，最小距離は常に以下の限界をもつ．

$$D \geq d[d(d-1) + 1] = d(d^2 - d + 1) \tag{8.7}$$

グラフ符号の潜在能力は，成分符号を固定しながら，グラフのサイズを大きくできることからきている．このようにして，復号の計算量が線形に増加するだけで，性能は向上する．しかしながら，符号 C が妥当な符号化率をもつためには，成分符号は高い符号化率をもつ必要があり，そして定理 8.3.1 から，有益な限界を得るには，成分符号の最小距離は λ_2 より大きい必要がある．これらの要求を組み合わせると，現実的な場面では，常にかなり大きい符号長の符号を作ることになる．したがって，本節では，特定のよいグラフから導かれる適度なブロック長をもつ符号の解析を改善することを強調している．さらに，RS 成分符号を利用することで，中程度の符号長で，よい符号化率と最小距離をあわせもった符号が得られる．

8.3.3 平面上のリード・ソロモン符号

2.5 節において，有限体上の平面について説明した．そのような平面から 2 部グラフを導くことができる．具体的には，まず左側の頂点を平面上の点に，右側の頂点を平面上の直線に関連付ける．そして，平面上の点が直線上にあるとき，その直線に対応する右側頂点は，点に対応する左側頂点と辺で結ばれるとする．

アフィン平面に対し，点に (x, y)，直線に (a, b) というラベルを付ける．ここで，$y = ax + b$ であるとき，点 (x, y) は直線 (a, b) 上にあるとする．このような構成において，直線 $x = k$ を除外することで，グラフは q-正則となり，かつ，二つの頂点集合において隣接行列は対称となる．同様に，射影平面の点に $(x : y : z)$，直線に $(a : b : c)$ というラベルを付けることにより，2 部グラフを導くことができる．ここでは，$ax + by + cz = 0$ であるとき，ラベル $(a : b : c)$ をもつ直線に対応する右側頂点はラベル $(x : y : z)$ をもつ点に対応する左側頂点と辺で結ばれるとする．

$\mathbb{F}_q$ の元を辺に関連付け，そして，これらの元（記号）を固定した順序で読み出す．（左側，そして，右側の）個々の頂点に結ばれる辺に関連付けられた元の組が (q,k,d) RS 符号の符号語となることを要請することにより，平面上の RS 符号を定義する．

定理 8.3.2 a,b に関して次数が k より小さく，かつ，x,y に関しても次数が k より小さいすべての多項式 $f(x,y,a,b) \in \mathbb{F}_q[x,y,a,b]$ に，点 (x,y) が直線 (a,b) 上にあるようなすべての (x,y,a,b) の組を代入したときの値を求めることにより，同じ体上の (q,k) RS 成分符号をもつ $\mathbb{F}_q$ アフィン平面上のグラフ符号の符号語を得る．

[証明] ラベル (x',y') をもつ点に関連付けられた左側頂点について考える．この点を通る直線 (a,b) は，$b = -ax' + y'$ を満たす．そして，この関係を多項式に代入すると，次数が k より小さい変数 a の多項式が得られる．したがって，符号語の各記号の位置が a の値により番号付けられるとき，その値は，(q,k) RS 符号における符号語になる．同様に，ラベル (a',b') をもつ直線に関連付けられた右側の頂点に対して，x に関し次数が k より小さい多項式の値の組として，成分符号における符号語が得られる． □

定理 8.3.3 K を (n,k) 成分符号をもつグラフ符号の次元とする．ただし，$k/n < 1/2$ とする．このとき，双対 $(n,n-k)$ 成分符号をもつグラフ符号の次元 K' は，以下のようになる．
$$K' = L - 2mk + K \tag{8.8}$$

[証明] 補題 8.3.1 で次元の下界を求めたように，右辺の $2mk$ の項は，すべての双対 $(n,n-k)$ 成分符号におけるパリティ検査の総数である．これらのパリティ検査がすべて 1 次独立である場合，K' は補題 8.3.1 の下界に等しい．そして，$k/n > 1/2$ の場合，それは 0 となる．しかし，右側と左側の方程式によって与えられるパリティ検査のいくつかが同じになる場合，小さい符号化率の成分符号をもつ符号（主グラフ符号）の符号語が得られ，そして同じ理由で，大きい符号化率の成分符号をもつ符号（双対グラフ符号）の次元 K' は，主符号の次元 K だけ大きくなる． □

定理 8.3.4 $k/n \le 1/2$ のとき，グラフ符号の次元は $K = k^3$ である．符号化率が高い場合，次元は，定理 8.3.3 に従う．

[証明] a,b に関し次数が k より小さく，かつ，x,y に関しても次数が k より小さい単項式の数は $[k(k+1)/2]^2$ である．$y - ax - b$ の倍数多項式となる多項式は 0 になるから，これらの倍数多項式の次元 $[k(k-1)/2]^2$ を差し引かなければならない．これより定理が得られる． □

これらのグラフ符号に関する下界を得るために，隣接行列の固有値が必要となる．

射影平面符号の場合，議論は容易である．$m = q^2 + q + 1$ かつ $n = q + 1$ であり，

$$A^2 = \begin{bmatrix} MM^T & 0 \\ 0 & M^T M \end{bmatrix}$$

となる．以下のようになることは容易にわかる．

$$MM^T = M^T M = \begin{bmatrix} q+1 & 1 & \cdots & 1 \\ 1 & q+1 & \cdots & 1 \\ \vdots & \vdots & \ddots & \vdots \\ 1 & 1 & \cdots & q+1 \end{bmatrix}$$

上記から，A^2 は固有値 n^2 と q をもつ．ゆえに，A は重複度 1 の固有値 $\pm n$ と，重複度 $m-1$ の固有値 $\pm\sqrt{q}$ をもつ．

定理 8.3.5 射影平面符号の最小距離 D は，以下を満たす．

$$D \geq (q^2 + q + 1)d \frac{d - \sqrt{q}}{n - \sqrt{q}} \tag{8.9}$$

アフィン平面符号に対し，行列 A は，同様に，固有値 $\pm n$ と $\pm\sqrt{q}$ をもつ．しかし，重複度 $q-1$ の固有値 0 ももつので，議論はもう少し複雑になる．

定理 8.3.6 アフィン平面符号の最小距離 D は，以下を満たす．

$$D \geq q^2 d \frac{d - \sqrt{q}}{n - \sqrt{q}} \tag{8.10}$$

◆**例 8.3.1** $\mathbb{F}_{32}$ 上のアフィン平面符号の符号長は $32^3 = 32768$ となる．成分符号のパラメータを $(32, 25, 8)$ とする場合，最小距離は少なくとも以下のようになる．

$$D \geq 32^2 \times 8 \times \frac{8 - \sqrt{32}}{32 - \sqrt{32}} \simeq 728$$

符号の次元は，以下のようになる．

$$K = 32^2 \times 18 + 7^3 = 18775$$

8.4 問題

問題 8.4.1 $(7, 4, 3)$ ハミング符号の積符号を考える．
(1) この符号のパラメータは，それぞれいくつか？

(2) 行と列を直列的に復号するとき，何個の誤りを訂正できるか？
(3) 積符号内に何個の最小重み符号語が存在するか？
(4) 積符号の検査行列を記述せよ（検査行列を書き出す必要はない）．
(5) 以下の場合，それぞれどのように 3 個の誤りを訂正できるか？
   (a) 3 個の異なる行または列において誤りが発生した場合
   (b) 2 個の行と列においてのみ誤りが発生した場合

問題 8.4.2 $\mathbb{F}_{16}$ 上の $(16, 12)$ RS 符号の積符号を考える．
(1) この符号のパラメータはいくつか？
(2) 最小距離復号を仮定した場合，何個の誤りを訂正できるか？
(3) 行と列を直列的に復号する場合，何個の誤りを訂正できるか？

問題 8.4.3
(1) 生成多項式 $x^5 + x + 1$ をもつ 2 元 $(21, 16, 3)$ 巡回符号が存在することを示せ．
(2) 符号長 $N = 441$ の積符号において，成分符号として問 (1) の符号を用いる．このとき，K と D を求めよ．
(3) （符号多項式において小さい次数の項に対応する）右下 6×6 部分配列を考える．このとき，積符号は，この部分にそれぞれ 3 個の非零行と非零列をもつ重み D の符号語を含むことを示せ．
(4) 右下 7×7 部分配列を考える．このとき，積符号は，この部分にそれぞれ 5 個の非零行と非零列をもつ重み 16 の符号語を含むことを示せ．
(5) サイズ 3 から 7 の正方部分配列に含まれる誤りで，訂正されるものの個数の下界を求めよ．
(6) 問 (4) の重み 16 の非零位置の中で，訂正可能な重み 7 の誤りパターンを求めよ．
(7) 直列的復号を適用せよ．誤りは訂正できただろうか？ もし訂正できていなければ，行と列の復号を繰り返してみよ．

問題 8.4.4 パラメータ $(5, 4)$ と $(7, 6)$ をもつ 2 元偶数パリティ符号の積符号を考える．
(1) この符号のパラメータはいくつか？
(2) 成分をうまく並べると，この符号は巡回符号になることを示せ．
(3) この巡回符号の生成多項式を求めよ．

問題 8.4.5 $\mathbb{F}_{16}$ 上の $(15, 10)$ RS 符号の 2 元表現を考える．
(1) この符号のパラメータはいくつか？
(2) この符号から $(5, 4, 2)$ 内符号を用いて連接符号を作るとき，パラメータはいくつか？
(3) この符号から $(9, 8, 2)$ 内符号を用いて，インターリーブ次数 2 で連接符号を作るとき，パラメータはいくつか？

問題 8.4.6 $(30, 20)$ RS 符号を考える．
(1) 記号誤り確率が $1/30$ である場合の復号失敗確率はいくらか？
(2) 同じ仮定のもとでの復号誤り確率はいくらか？
(3) この RS 符号を外符号とし，$(14, 10, 3)$ 内符号を用いてインターリーブ次数 $I = 2$ で

連接符号を作る．ビット誤り確率が 0.01 のとき，記号誤り確率の上界を求めよ．
(4) その連接符号に対する復号失敗確率の上界を求めよ．

問題 8.4.7 $\mathbb{F}_{16}$ を，第 2 章の例 2.3.3 で述べたように表現する．
(1) 2 個の誤りを訂正する長さ 15 の RS 符号に対する生成多項式の係数を求めよ．
(2) この RS 符号にどのような 2 元符号が含まれるか？
(3) 例 1.1.3 で述べた $(7, 4)$ ハミング符号を考える．(1) で求めた各係数を表す符号語はそれぞれ何か？
(4) (3) の符号を用いて (1) の RS 符号の記号を符号化することによって得られる連接符号を考える．この符号のパラメータはいくつか？（正確な最小距離を求めるために (2) の結果を利用してよい．）
(5) この RS 符号の生成多項式から，(4) で述べた符号化による連接符号の符号語を求めよ．非零記号内に 7 ビット誤りを加えた後，その語を復号せよ．

問題 8.4.8（プロジェクト） 問題 8.4.6 の連接符号において，内符号として問題 7.7.1 の畳込み符号を用いる．各列において内符号としてその畳込み符号を用いた場合と，そのテイルバイティング符号を用いた場合の復号結果を比較せよ．

問題 8.4.9（プロジェクト） $(255, 239)$ RS 符号の復号プログラムを書け．内符号として問題 7.7.5 の畳込み符号を用いた連接符号に対し，この復号器を利用する．このとき，2% のビット誤り確率でシミュレーションを実行せよ．

問題 8.4.10 $(4, k)$ RS 成分符号を用いて，$\mathbb{F}_4$ 上のアフィン平面符号を構成せよ．
(1) この符号の符号長はいくつか？
(2) 次元と最小距離の限界を求めよ．

第 9 章

リード・ソロモン符号とBCH符号の復号
Decoding Reed–Solomon and BCH Codes

第4章で，次の要素で構成される，RS符号とBCH符号に対する復号法を示した．

- シンドロームの計算
- 誤り位置多項式を求める
- 誤り位置を求める
- 誤り値を計算する

本章では，これらの計算手法をいくつか示す．どれも，復号法を効率的に実装するために重要である．復号がソフトウェアで実装される場合は，計算量は有限体での演算の総数に密接に関係する．しかし，集積回路やゲートアレイとして実装される多くの復号器では，ほとんどの場合，重要なパラメータは計算のステップ数である．一方，各ステップで並列処理が行われる場合，ステップ数はあまり重要でない．本章を通して，BCH符号は2元符号，そして，RS符号は体 $\mathbb{F}_{2^m}$ 上の符号を考える．

9.1 シンドロームの計算

シンドローム計算の考え方は易しい．受信語 $r(x)$ と生成多項式の根 β^i に対し，$S_i = r(\beta^i)$ を求める．明らかに，$n-k$ 個のシンドロームの計算は並列に実行することができる．各計算では約 n 回の加算と乗算を必要とする．その計算は多くの場合，次のように実行される†．まず，

$$s^{(1)} = r_{n-1}$$

とし，各 $j = 2, \ldots, n$ に対し，以下の計算を行う．

$$s^{(j)} = s^{(j-1)} \beta^i + r_{n-j}$$

---

† 訳者注：以下に記述されているのは，いわゆるホーナー法 (Horner method) とその拡張である．

そして，$S_i = s^{(n)}$ とする．

このアプローチでは少ない記憶容量しか必要としないので，記号が一つずつ受信される場合には都合がよい．しかし，より少ないステップ数で計算を実行することが望ましい．簡単な知見に基づいた，以下の方法がある．

> **補題 9.1.1** β^i が $f(x)$ の根であり，そして，
> $$r(x) = f(x)\phi(x) + \rho(x)$$
> であるとき，次が成り立つ．
> $$r(\beta^i) = \rho(\beta^i)$$

このように，$r(x)$ の値を直接計算するのではなく，それを 2 元最小多項式 $m_i(x) = m_{\beta^i}(x)$ で除算し，その剰余 $\rho(x)$ の値を計算することでシンドローム $S_i, S_{2i}, \ldots$ を求めることができる．次数 m の 2 元多項式による除算は，$r(x)$ の係数を l ($\geq m$) 個の係数の区分
$$r^{(s)} = [r_{(l-s+1)l-1}, r_{(l-s+1)l-2}, \ldots, r_{(l-s)l}]$$
に分割することによって，l ビットずつまとめて実行することができる（必要ならば先頭の係数としていくつかの 0 を追加しておく）．次式のように，各ステップにおいて，長さ l の剰余 $\rho^{(j)}$ を求め，そして，$l \times l$ 2 元行列 M_i を掛けることで乗算を実行する．ただし，行列 M_i は，その u 行目が多項式 $x^{2l-u} \pmod{x^{l-m} m_i(x)}$ の係数によって定義される．

$$\begin{aligned}\rho^{(1)} &= r^{(1)} \\ \rho^{(j)} &= \rho^{(j-1)} M_i + r^{(j)}, \qquad j = 2, \ldots, l \\ \rho &= \rho^{(l)}\end{aligned}$$

したがって，計算の各ステップは $\mathbb{F}_q$ でのいくつかの加算を含むが，乗算は含まない．そして，ステップ数は，$1/l$ に減少する．

補題 9.1.1 と例 2.4.1 を組み合わせることで，シンドローム計算を速くすることも可能である．もし l が n を割り切るならば，$x^n - 1$ を $x^{n/l} - \beta^i$ の形をした多項式に因数分解する．これらの多項式に関する剰余を求めるには，nl^2 回の乗算と加算だけを要する．したがって，l が小さいとき，シンドロームを評価する前に剰余のサイズを縮小する効率的な方法となる．もし n に小さな因子が複数あれば，各剰余における手続きを繰り返すことができる（これは，高速フーリエ変換の操作回数を $n \log n$ に減少さ

せるアイデアである）．

◆例 9.1.1 (2 元 (15, 5, 7) BCH 符号)　α を $\mathbb{F}_{16}$ の原始元とする．ただし，$\alpha^4 + \alpha + 1 = 0$ とする．最小多項式 $m_{\alpha^i}(x)$ を $m_i(x)$ と表して，C を以下の生成多項式をもつ巡回符号とする．

$$g(x) = m_1(x)m_3(x)m_5(x)$$
$$= (x^4 + x + 1)(x^4 + x^3 + x^2 + x + 1)(x^2 + x + 1)$$
$$= x^{10} + x^8 + x^5 + x^4 + x^2 + x + 1$$

したがって，C は (15, 5, 7) BCH 符号である．

受信語を $r(x) = x^{13} + x^{11} + x^{10} + x^7 + x^4 + x^3$ とする．最初に，3 個の最小多項式 $m_1(x), m_3(x), m_5(x)$ のそれぞれで多項式 $r(x)$ を除算する．$l = 4$ とし，以下の行列を用いて，それぞれの最小多項式で $r(x)$ を除算する．

$$M_1 = \begin{bmatrix} 1 & 0 & 1 & 1 \\ 1 & 1 & 0 & 0 \\ 0 & 1 & 1 & 0 \\ 0 & 0 & 1 & 1 \end{bmatrix}, \quad M_3 = \begin{bmatrix} 0 & 1 & 0 & 0 \\ 0 & 0 & 1 & 0 \\ 0 & 0 & 0 & 1 \\ 1 & 1 & 1 & 1 \end{bmatrix}, \quad M_5 = \begin{bmatrix} 1 & 1 & 0 & 0 \\ 1 & 0 & 0 & 0 \\ 0 & 1 & 0 & 0 \\ 1 & 1 & 0 & 0 \end{bmatrix}$$

先頭に 0 を並べ $r(x)$ を拡張し，$\rho^{(1)} = [0, 0, 1, 0]$ として，最初の 4 ビットを読み込む．次に，除算により以下を得る．

$$\rho^{(2)} = [1, 0, 1, 0], \quad \rho^{(3)} = [0, 1, 0, 0], \quad \rho^{(4)} = [0, 1, 0, 0]$$

このとき，剰余 x^2 に値を代入することで S_1（そして S_2, S_4）を得ることができる．同様に，m_3 で除算することで以下を得る．

$$\rho^{(2)} = [1, 1, 0, 1], \quad \rho^{(3)} = [0, 0, 0, 0], \quad \rho^{(4)} = [1, 0, 0, 0]$$

これにより，S_3（そして S_6）を得る．最後に，m_5 で除算することで以下を得る．

$$\rho^{(2)} = [1, 0, 0, 0], \quad \rho^{(3)} = [0, 1, 0, 1], \quad \rho^{(4)} = [1, 1, 0, 0]$$

シンドロームは以下のようになる．

$$S_1 = r(\alpha) = \alpha^2, \quad S_2 = S_1{}^2 = \alpha^4, \quad S_3 = r(\alpha^3) = \alpha^9$$
$$S_4 = S_2{}^2 = \alpha^8, \quad S_5 = r(\alpha^5) = 1 + \alpha^{10} = \alpha^5, \quad S_6 = S_3{}^2 = \alpha^3$$

シンドローム計算のもう一つのアプローチは，以下の因数分解を利用することである．

$$x^{15} - 1 = (x^5 - 1)(x^5 - \alpha^5)(x^5 - \alpha^{10})$$

$r(x)$ を $r^{(1)} = [0, 1, 0, 1, 1]$, $r^{(2)} = [0, 0, 1, 0, 0]$, $r^{(3)} = [1, 1, 0, 0, 0]$ と分割すると，最初の剰余を和 $r^{(1)} + r^{(2)} + r^{(3)} = [1, 0, 1, 1, 1]$ として得る．この剰余に値を代入することで，S_3, S_6 を得る．

◆例 9.1.2 ($\mathbb{F}_{16}$ 上の $(15, 9, 7)$ リード・ソロモン符号) α を $\mathbb{F}_{16}$ の原始元とする．ただし，$\alpha^4 + \alpha + 1 = 0$ とする．C を，次数が 8 以下の多項式に $1, \alpha, \ldots, \alpha^{14}$ を代入して得られる $\mathbb{F}_{16}$ 上の $(15, 9, 7)$ リード・ソロモン符号とする．このとき，C は以下の生成多項式をもつ．

$$g(x) = (x - \alpha)(x - \alpha^2)(x - \alpha^3)(x - \alpha^4)(x - \alpha^5)(x - \alpha^6)$$
$$= x^6 + \alpha^{10} x^5 + \alpha^{14} x^4 + \alpha^4 x^3 + \alpha^6 x^2 + \alpha^9 x + \alpha^6$$

受信語を $r(x) = x^8 + \alpha^{14} x^6 + \alpha^4 x^5 + \alpha^9 x^3 + \alpha^6 x^2 + \alpha$ とする．

最初に，3 個の最小多項式 $m_1(x), m_3(x), m_5(x)$ で $r(x)$ を除算する．$l = 4$ とし，例 9.1.1 と同じ行列を用いることで，以下の剰余を得る．

$$\rho^{(1)} = 0, \quad \rho^{(2)} = [0, 0, 0, 1], \quad \rho^{(3)} = [0, \alpha^{14}, \alpha, 1], \quad \rho^{(4)} = [\alpha^4, \alpha^{10}, \alpha^4, \alpha^4]$$
$$\rho^{(1)} = 0, \quad \rho^{(2)} = [0, 0, 0, 1], \quad \rho^{(3)} = [1, \alpha^3, \alpha, 1], \quad \rho^{(4)} = [\alpha^7, \alpha^6, \alpha^{14}, 1]$$
$$\rho^{(1)} = 0, \quad \rho^{(2)} = [0, 0, 0, 1], \quad \rho^{(3)} = [1, \alpha^3, \alpha^4, 0], \quad \rho^{(4)} = [0, \alpha^2, 0, \alpha]$$

最初の剰余に $\alpha, \alpha^2, \alpha^4$，次の剰余に α^3, α^6，最後の剰余に α^5 を代入することによって，以下のシンドロームが求められる．

$$S_1 = \alpha^7 + \alpha^{12} + \alpha^5 + \alpha^4 = 1, \quad S_2 = \alpha^{10} + \alpha^{14} + \alpha^6 + \alpha^4 = 1$$
$$S_3 = \alpha + \alpha^{12} + \alpha^2 + 1 = \alpha^3, \quad S_4 = \alpha + \alpha^3 + \alpha^8 + \alpha^4 = \alpha^6$$
$$S_5 = \alpha^{12} + \alpha = \alpha^{13}, \quad S_6 = \alpha^{10} + \alpha^3 + \alpha^5 + 1 = \alpha^3$$

ゆえに，$S(x) = x^5 + x^4 + \alpha^3 x^3 + \alpha^6 x^2 + \alpha^{13} x + \alpha^3$ を得る．

9.2 ユークリッド法

F を体とし，多項式 $a(x), b(x) \in F[x]$ の次数が，$\deg(a(x)) \geq \deg(b(x))$ を満たすものとする．

ユークリッド法 (Euclidean algorithm) は，$a(x)$ と $b(x)$ の最大公約多項式 $d(x)$ を求めるために用いられる．そしてまた，その拡張版は以下のような二つの多項式 $f(x)$ と $g(x)$ を生成する．

$$f(x)a(x) + g(x)b(x) = d(x)$$

アルゴリズムへの入力は $a(x)$ と $b(x)$ である．アルゴリズムは，多項式 $r_i(x), q_i(x), f_i(x), g_i(x)$ からなる四つの系列を扱う．初期値は以下のようにとる．

$$r_{-1}(x) = a(x), \quad f_{-1}(x) = 1, \quad g_{-1}(x) = 0$$
$$r_0(x) = b(x), \quad f_0(x) = 0, \quad g_0(x) = 1$$

各 $i \geq 1$ に対し，多項式 r_{i-2} を r_{i-1} で割り，商 q_i と新たな剰余 r_i を得る（2.2 節を参照）．

$$r_{i-2}(x) = q_i(x)r_{i-1}(x) + r_i(x)$$

ここで，$\deg(r_i(x)) < \deg(r_{i-1}(x))$ である．そして，f と g を次のように更新する．

$$f_i(x) = f_{i-2}(x) - q_i(x)f_{i-1}(x)$$
$$g_i(x) = g_{i-2}(x) - q_i(x)g_{i-1}(x)$$

$r_i(x)$ の次数は減少していくので，ステップは有限回で終了する．その回数を n としよう．つまり，$r_n(x) \neq 0$ であり，$r_{n+1}(x) = 0$ である．このとき，下記の補題で示すように，$\gcd(a(x), b(x)) = r_n(x)$ と $f_n(x)a(x) + g_n(x)b(x) = r_n(x)$ が成り立つ．しかしながら，復号への応用では，実際にはそのような最大公約多項式に関心があるのではなく，途中結果に関心がある．

◆例 9.2.1 $a(x) = x^8$ と $b(x) = x^6 + x^4 + x^2 + x + 1$ を 2 元多項式とする．このアルゴリズムは，以下の結果を与える．

i	f_i	g_i	r_i	q_i
-1	1	0	x^8	$-$
0	0	1	$x^6 + x^4 + x^2 + x + 1$	$-$
1	1	$x^2 + 1$	$x^3 + x + 1$	$x^2 + 1$
2	$x^3 + 1$	$x^5 + x^3 + x^2$	x^2	$x^3 + 1$
3	$x^4 + x + 1$	$x^6 + x^4 + x^3 + x^2 + 1$	$x + 1$	x
4	$x^5 + x^4 + x^3 + x^2$	$x^7 + x^6 + x^3 + x + 1$	1	$x + 1$
5	$-$	$-$	0	$x + 1$

この結果から，$\gcd(x^8, x^6 + x^4 + x^2 + 1) = 1$ と $(x^5 + x^4 + x^3 + x^2)x^8 + (x^7 + x^6 + x^3 + x + 1)(x^6 + x^4 + x^2 + x + 1) = 1$ であることがわかる．

このアルゴリズムがうまくはたらくのは，以下のことに基づいている．

補題 9.2.1 すべての $i \geq 0$ に対し，以下の関係が成り立つ．
1. $\gcd(r_{i-1}(x), r_i(x)) = \gcd(r_i(x), r_{i+1}(x))$
2. $f_i(x)a(x) + g_i(x)b(x) = r_i(x)$
3. $\deg(g_i(x)) + \deg(r_{i-1}(x)) = \deg(a(x))$

[証明] どれも帰納法で証明できる．最初の二つは容易に証明できる．3 に対する帰納法のステップを以下に示す．

$\deg(g_i(x)) + \deg(r_{i-1}(x)) = \deg(a(x))$ と仮定すると，

$$\deg(g_{i+1}(x)) + \deg(r_i(x))$$
$$= \deg(g_{i+1}(x)) + \deg(r_{i-1}(x)) - \deg(q_{i+1}(x))$$
$$= \deg(g_{i+1}(x)) + \deg(a(x)) - \deg(g_i(x)) - \deg(q_{i+1}(x))$$
$$= \deg(a(x)) + \deg(g_{i+1}(x)) - \deg(g_i(x)) - \deg(q_{i+1}(x))$$
$$= \deg(a(x)) \qquad \square$$

9.3　ユークリッド法を用いたリード・ソロモン符号とBCH符号の復号

C を $\mathbb{F}_q$ 上の (n,k) 巡回符号とし，その生成多項式はその根の中に $\beta, \beta^2, \ldots, \beta^{2t}$ をもつとする．ここで，$\beta \in \mathbb{F}_{q^m}$ は位数 n の元である．

巡回的RS符号に対しては，$n|(q-1)$ かつ $t = \lfloor (n-k)/2 \rfloor$ であり，2元BCH符号に対しては，$n|(2^m - 1)$ かつ $d \geq 2t+1$ である．

第4，5章より，$Q(x) = q_0 + q_1 x + q_2 x^2 + \cdots + q_t x^t$ が

$$\begin{bmatrix} S_1 & S_2 & \ldots & S_{t+1} \\ S_2 & S_3 & \ldots & S_{t+2} \\ \vdots & \vdots & \ldots & \vdots \\ S_t & S_{t+1} & \ldots & S_{2t} \end{bmatrix} \begin{bmatrix} q_0 \\ q_1 \\ q_2 \\ \vdots \\ q_t \end{bmatrix} = \begin{bmatrix} 0 \\ 0 \\ 0 \\ \vdots \\ 0 \end{bmatrix} \qquad (9.1)$$

を満たすならば，誤り位置（すなわち，誤り位置を示す β のべき）は $Q(x)$ の根の中に存在することがわかっている．ここで，$r(x)$ を受信語とした場合，シンドローム S_i を $S_i = r(\beta^i)$ と定義していた．

$S(x)$ を以下のように定義し，$S(x)Q(x)$ を計算する．

$$S(x) = \sum_{i=1}^{2t} S_i x^{2t-i}$$

このとき，式 (9.1) は，$S(x)Q(x)$ における次数 $t, t+1, \ldots, 2t-1$ の項はすべて0になることを意味する．ゆえに，$\deg(S(x)Q(x) \bmod x^{2t}) < t$ となる．逆に，$\deg(Q(x)) \leq t$ をもつ $Q(x)$ が

$$\deg(S(x)Q(x) \mod x^{2t}) < t$$

を満たすならば，式 (9.1) の解を得る．

定理 9.3.1
入力 $a(x) = x^{2t}$ と $b(x) = S(x)$ に対しユークリッド法を実行し, j を $\deg(r_{j-1}(x)) \geq t$ かつ $\deg(r_j(x)) < t$ となるように決める. このとき, $Q(x) = g_j(x)$ が成り立つ.

[証明] 補題 9.2.1 の 3 と j の定義より, $\deg(g_j(x)) = 2t - \deg(r_{j-1}(x)) \leq t$ となる. 補題 9.2.1 の 2 より, $f_j(x)x^{2t} + g_j(x)S(x) = r_j(x)$ が成り立つ. $\deg(r_j(x)) < t$ より, $\deg(g_j(x)S(x) \bmod x^{2t}) < t$ となる. ゆえに, 定理が証明された. □

◆例 9.3.1 (2 元 $(15, 5, 7)$ BCH 符号 (続き)) 例 9.1.1 の結果より, $S(x) = \alpha^2 x^5 + \alpha^4 x^4 + \alpha^9 x^3 + \alpha^8 x^2 + \alpha^5 x + \alpha^3$ である. 入力 x^6 と $S(x)$ に対するユークリッド法により, 次の結果を得る.

i	g_i	r_i	q_i
-1	0	x^6	$-$
0	1	$\alpha^2 x^5 + \alpha^4 x^4 + \alpha^9 x^3 + \alpha^8 x^2 + \alpha^5 x + \alpha^3$	$-$
1	$\alpha^{13} x + 1$	$\alpha^3 x^4 + \alpha^5 x^3 + \alpha^{13} x^2 + \alpha^2 x + \alpha^3$	$\alpha^{13} x + 1$
2	$\alpha^{12} x^2 + \alpha^{14} x + 1$	$\alpha^8 x^3 + \alpha^{10} x^2 + \alpha x + \alpha^3$	$\alpha^{14} x$
3	$\alpha^7 x^3 + \alpha^9 x^2 + \alpha^9 x + 1$	$\alpha^4 x^2 + \alpha^{14} x + \alpha^3$	$\alpha^{10} x$

この結果より, $j = 3$ を得る. $g_3(x) = \alpha^7 x^3 + \alpha^9 x^2 + \alpha^9 x + 1$ は根 $\alpha^5, \alpha^8, \alpha^{10}$ をもつので, 誤り語は $x^{10} + x^8 + x^5$ となり, したがって, 符号語は $x^{13} + x^{11} + x^8 + x^7 + x^5 + x^4 + x^3$ $(= x^3 g(x))$ である.

◆例 9.3.2 ($\mathbb{F}_{16}$ 上の $(15, 9, 7)$ リード・ソロモン符号 (続き)) 例 9.1.2 の結果より, $S(x) = x^5 + x^4 + \alpha^3 x^3 + \alpha^6 x^2 + \alpha^{13} x + \alpha^3$ である. 入力 x^6 と $S(x)$ に対するユークリッド法より, 次の結果を得る.

i	g_i	r_i	q_i
-1	0	x^6	$-$
0	1	$x^5 + x^4 + \alpha^3 x^3 + \alpha^6 x^2 + \alpha^{13} x + \alpha^3$	$-$
1	$x + 1$	$\alpha^{14} x^4 + \alpha^2 x^3 + x^2 + \alpha^8 x + \alpha^3$	$x + 1$
2	$\alpha x^2 + \alpha^4 x$	$\alpha^{11} x^3 + \alpha^{10} x^2 + \alpha^7 x$	$\alpha x + 1$
3	$\alpha^4 x^3 + \alpha^3 x^2 + \alpha^9 x + 1$	$\alpha^7 x^2 + \alpha x + \alpha^3$	$\alpha^3 x + \alpha^3$

多項式 $g_3(x)$ は, 根として $1, \alpha^4, \alpha^7$ をもつ. したがって, 誤り多項式 (誤り語) は $e(x) = e_1 + e_2 x^4 + e_3 x^7$ の形をしている.

r_i と r_{i-1} の除算を, 多項式の一つを単項式倍し, それらを加えることによって先頭の係数の一つをちょうど消去するステップで置き換えれば, ユークリッド法の実装は簡単化できる. 共有配列の中に r_i と g_{i-1} (同様に, r_{i-1} と g_i) を記憶することによって, 記憶量を節約することが可能であることにも注意しよう.

ユークリッド法において，剰余のすべての係数を記憶する必要はない．各ステップは，先頭の係数のみに依存しており，これらは必要なときに計算される．このバージョンは，BCH 符号に対する復号法の一般的な選択肢であるバーレカンプ・マッシーアルゴリズム (Berlekamp–Massey algorithm) と等価である．復号法のこのバージョンにおけるステップ数は高々 $2t$ で，計算量は t^2 のオーダーであり，かつ記憶量は t の数倍程度であるから，復号器においてこの変更は計算量の増大にはつながらない．原理的には，十分に大きな t の値に対し，より高速な復号器を得ることが可能である．

9.4 誤り位置を求める

誤り位置多項式 $Q(x)$ が得られれば，$Q(x)$ の根として誤り位置を求めることができる．誤り位置を求める一般的な手法は，$\mathbb{F}_q$ のすべての元を試すことである．この計算はシンドローム計算と同様に，tn のオーダーの演算回数を要する．しかし，t は通常は比較的小さい値であり，さらに，できるだけ多くの位置を並列にテストする選択肢もある．

t が非常に小さいときの別のアプローチとして，$Q(x)$ を因数分解するアルゴリズムを利用することもできる．第 2 章において，2 次方程式の解法について説明した．実際に，x^{2^i} の係数だけが非零であれば，同様に $\mathbb{F}_{2^m}$ 上の多項式の因数分解を簡単に行うことができる．$t = 4$ とし，誤り位置多項式 $q_0 + q_1 x + q_2 x^2 + q_3 x^3 + x^4$ について考える．q_3 が 0 になるように $Q(x)$ の根をシフトしたい．誤りが 3 個だけの，3 次の誤り位置多項式 $Q(x) = q_0 + q_1 x + q_2 x^2 + x^3$ が与えられている場合，これに $x - q_2$ を掛けると，3 次の項の係数が 0 である 4 次多項式を得る．4 次の誤り位置多項式で，$q_1 = 0$ だが $q_3 \neq 0$ である場合，係数を逆順にし，その根の逆数を求めればよい．q_1 も q_3 も 0 でない場合，定数 u を，4 個すべての誤り位置 p_1, p_2, p_3, p_4 に加算してみる．このとき，以下の係数をもつ次数 4 の多項式を得る．

$$q_3' = p_1 + u + p_2 + u + p_3 + u + p_4 + u = q_3$$
$$q_2' = (p_1+u)(p_2+u) + (p_1+u)(p_3+u) + \cdots + (p_3+u)(p_4+u) = q_2 + u q_3$$
$$q_1' = (p_1+u)(p_2+u)(p_3+u) + \cdots + (p_2+u)(p_3+u)(p_4+u) = q_1 + u^2 q_3$$
$$q_0' = (p_1+u)(p_2+u)(p_3+u)(p_4+u) = q_0 + u q_1 + u^2 q_2 + u^3 q_3 + u^4$$

ここで，$q_1' = 0$ となる新たな多項式を得るために，u を $q_1 + u^2 q_3 = 0$ の一意解とする．このとき，その多項式の係数を逆順にすれば，根の逆数を得ることができる．そして，もとの位置を回復するために u を加算する．このように，計算はかなり減少し，

小さな2元連立1次方程式を解くだけでよくなる．

◆例 9.4.1　例 9.3.2 の誤り位置多項式 $g_3(x) = \alpha^4 x^3 + \alpha^3 x^2 + \alpha^9 x + 1$ を考える．x^3 の係数を0にするために，$x + \alpha^{14}$ を掛け，多項式 $j(x) = \alpha^4 x^4 + \alpha^{11} x^2 + \alpha^2 x$ を得る．ただし，差し当たり，定数項を除いてある．x の指数が2のべき乗となる項だけが非零であるような多項式を**線形化多項式** (linearized polynomial) という．この多項式は $j(a+b) = j(a) + j(b)$ となる性質がある（容易に直接証明できる）．これは，根の集合がその体で部分ベクトル空間をなすことを意味する．$1, \alpha, \alpha^2, \alpha^3$ に対する $j(x)$ の値を求め，そして，次の2元同次方程式を解くことで，根を求めることができる．

$$\begin{bmatrix} 1 & 0 & 1 & 0 \\ 0 & 0 & 0 & 0 \\ 0 & 0 & 1 & 0 \\ 1 & 0 & 1 & 0 \end{bmatrix} x = 0$$

ここで，係数行列の列は値 $j(\alpha^i) \in \mathbb{F}_{16}$ $(i = 1, 2, 3, 4)$ を2元ベクトルとして表したものである．これから，解 $[0,0,0,0], [0,1,0,0], [0,0,0,1], [0,1,0,1]$ を得る．定数項 α^{14} を同様に2元ベクトルで表し，それを上記の同次連立1次方程式の0に代わる右辺とする非同次連立1次方程式を解くことによって，解 $[1,0,0,0], [1,1,0,0], [1,0,0,1], [1,1,0,1]$，または $1, \alpha^4, \alpha^{14}, \alpha^7$ を得る．ここで，α^{14} は因数分解が可能となるよう乗じる1次式 $x + \alpha^{14}$ の定数項の値である．そして，残りの値は例 9.3.2 で求めた誤り位置である．

9.5　誤り値の計算

誤り値に対する式 (4.10) を思い出そう．本節では，より簡明な**フォーニーの公式**を導く．まずはそのための有用な概念を示す．

定義 9.5.1　多項式 $a(x) = a_n x^n + \cdots + a_1 x + a_0 \in \mathbb{F}_q[x]$ に対し，次を（$\mathbb{F}_q$ 上での）$a(x)$ の形式的微分という．

$$a'(x) = n a_n x^{n-1} + \cdots + 2 a_2 x + a_1$$

ここで，係数中の整数 i は，体の単位元1の i 個の和である．

この定義より，以下が成り立つことが容易にわかる．

$$(a(x) + b(x))' = a'(x) + b'(x), \quad (a(x)b(x))' = a'(x)b(x) + a(x)b'(x)$$

誤り位置を $x_{i_1}, x_{i_2}, \ldots, x_{i_t}$ とし，それぞれに対応した誤り値を $e_{i_1}, e_{i_2}, \ldots, e_{i_t}$ とする．定理 9.3.1 の記法を用いて，次を証明しよう．

定理 9.5.1（フォーニーの公式 (Forney formula)）

$$e_{i_s} = -x_{i_s}^{-(2t+1)} \frac{r_j(x_{i_s})}{g'_j(x_{i_s})} \tag{9.2}$$

［証明］ 式 (4.10) より，次が成り立つ．

$$e_{i_s} = \frac{\sum_{r=1}^{t} P_r^{(s)} S_r}{P^{(s)}(x_{i_s})}$$

ここで，

$$P^{(s)}(x) = \sum_{r=1}^{t} P_r^{(s)} x^r = (-1)^{t-s} x \prod_{l=1, l \neq s}^{t} (x - x_{i_l}), \qquad S_r = \sum_{j=1}^{t} e_{i_j} x_{i_j}^r$$

である．定理 9.3.1 より，

$$Q(x) = g_j(x) = \prod_{l=1}^{t} (x - x_{i_l})$$

であったから，

$$g'_j(x) = \sum_{s=1}^{t} \prod_{l=1, l \neq s}^{t} (x - x_{i_l})$$

となる．したがって，

$$g'_j(x_{i_s}) = \prod_{l=1, l \neq s}^{t} (x_{i_s} - x_{i_l}) = x_{i_s}^{-1} (-1)^{t-s} P^{(s)}(x_{i_s})$$

となる．ふたたび，定理 9.3.1 より，

$$r_j(x) = g_j(x) S(x) \mod x^{2t}$$

であるから

$$r_j(x) = \prod_{l=1}^{t} (x - x_{i_l}) \sum_{i=1}^{2t} S_i x^{2t-i} \mod x^{2t}$$

$$= (-1)^{t-s} P^{(s)}(x) x^{-1} (x - x_{i_s}) \sum_{i=1}^{2t} S_i x^{2t-i} \mod x^{2t}$$

$$= (-1)^{t-s} (x - x_{i_s}) \sum_{i=1}^{2t} \sum_{r=1}^{t} P_r^{(s)} x^{r-1} S_i x^{2t-i} \mod x^{2t}$$

となる．上の第 2 の等式において，$P^{(s)}(x) x^{-1}$ が多項式であることに注意しよう．ゆえに，

$$r_j(x_{i_s}) = -(-1)^{(t-s)} \sum_{r=1}^{t} x_{i_s}^{2t} P_r^{(s)} S_r$$

となる†.よって,式 (9.2) が得られる. □

◆例 9.5.1 ($\mathbb{F}_{16}$ 上の $(15, 9, 7)$ リード・ソロモン符号(続き)) 例 9.3.2 より,誤り値を求めるためには,次の連立 1 次方程式を解けばよい.

$$S_1 = 1 = e(\alpha) = e_1 + e_2\alpha^4 + e_3\alpha^7$$
$$S_2 = 1 = e(\alpha^2) = e_1 + e_2\alpha^8 + e_3\alpha^{14}$$
$$S_3 = \alpha^3 = e(\alpha^3) = e_1 + e_2\alpha^{12} + e_3\alpha^6$$

その解は $e_1 = \alpha, e_2 = \alpha^6, e_3 = \alpha^{10}$.したがって $e(x) = \alpha^{10}x^7 + \alpha^6 x^4 + \alpha$ となり,$c(x) = r(x) + e(x) = x^8 + \alpha^{10}x^7 + \alpha^{14}x^6 + \alpha^4 x^5 + \alpha^6 x^4 + \alpha^9 x^3 + \alpha^6 x^2 (= x^2 g(x))$ を得る.

一方,$r_3(x) = \alpha^7 x^2 + \alpha x + \alpha^3$ と $g_3(x) = \alpha^4 x^3 + \alpha^3 x^2 + \alpha^9 x + 1$ の結果より,$g_3'(x) = \alpha^4 x^2 + \alpha^9$ を得て,公式 (9.2) を利用することによって,以下を得ることもできる.

$$e_1 = (1)^{-7}\frac{\alpha^7 + \alpha + \alpha^3}{\alpha^4 + \alpha^9} = \frac{1}{\alpha^{14}} = \alpha$$
$$e_2 = (\alpha^4)^{-7}\frac{1 + \alpha^5 + \alpha^3}{\alpha^{12} + \alpha^9} = \alpha^2 \cdot \frac{\alpha^{12}}{\alpha^8} = \alpha^6$$
$$e_3 = (\alpha^7)^{-7}\frac{\alpha^6 + \alpha^8 + \alpha^3}{\alpha^3 + \alpha^9} = \alpha^{11} \cdot \frac{1}{\alpha} = \alpha^{10}$$

これらは,前述の結果に一致する.

9.6 問 題

問題 9.6.1 α を $\mathbb{F}_{16}$ の原始元とする.ただし,$\alpha^4 + \alpha + 1 = 0$ とする.
C を,次数が 8 以下の多項式に $1, \alpha, \alpha^2, \ldots, \alpha^{14}$ を代入して得られる $\mathbb{F}_{16}$ 上の $(15, 9)$ リード・ソロモン符号とする.この符号の生成多項式は $g(x) = (x - \alpha)(x - \alpha^2)\cdots(x - \alpha^6)$ である.ユークリッド法と公式 (9.2) を利用して,以下の各受信語を復号せよ.
(1) $r(x) = x^3 + \alpha^2 x^2 + \alpha x$
(2) $r(x) = \alpha^2 x^3 + \alpha^7 x^2 + \alpha^{11} x + \alpha^6$

---

† 訳者注:$r_j(x)$ の最後の式は,r に関する総和を $r < i$, $r = i$, $r > i$ の三つの部分に分けると,その第 3 項は消えるので,次のように書けることに注意すればよい.

$$(-1)^{t-s}(x - x_{i_s})\sum_{i=1}^{2t}\sum_{1 \leq r \leq \min\{i-1, t\}} P_r^{(s)} x^{r-1} S_i x^{2t-i}$$
$$+ (-1)^{t-s}(-x_{i_s})\sum_{i=1}^{t} P_i^{(s)} x^{i-1} S_i x^{2t-i}$$

問題 9.6.2 問題 9.6.1 の符号の部分符号 $C(\mathrm{sub})$ を用い，以下の各受信語を考える．
(1) $x^8 + x^5 + x^2 + 1$
(2) $x^{11} + x^7 + x^3 + x^2 + x + 1$
ユークリッド法を用いて，これらの二つの受信語をそれぞれ復号せよ．

問題 9.6.3 α を $\mathbb{F}_{16}$ の原始元とする．ただし，$\alpha^4 + \alpha + 1 = 0$ とする．C を，次数が 6 以下の多項式に $1, \alpha, \alpha^2, \ldots, \alpha^{14}$ を代入することで得られる $\mathbb{F}_{16}$ 上の $(15, 7)$ リード・ソロモン符号とする．この符号の生成多項式は $g(x) = (x - \alpha)(x - \alpha^2) \cdots (x - \alpha^8)$ である．ユークリッド法と公式 (9.2) を利用して，以下の受信語を復号せよ．

$$r(x) = x^{14} + x^{13} + x^{12} + x^{11} + x^{10} + \alpha^3 x^9 + x^8$$
$$+ x^7 + x^6 + x^5 + x^4 + x^3 + \alpha^2 x^2 + \alpha x + 1$$

第 10 章

反復的復号
Iterative Decoding

本章では，局所的な処理を反復することによって合成符号を復号する方法について説明する．10.1～10.3 節では，少数のパリティ検査だけを用いて，一つの記号を処理する方法について見ていく．一方，10.4～10.6 節では，成分符号の復号を反復する方法を扱う[†]．

10.1 低密度パリティ検査符号

第 1 章で述べたように，線形ブロック符号は，そのパリティ検査行列 H によって定義された．H の各行は，すべての符号語が満たさなければならないパリティ検査を示している．一つの符号は多くの等価なパリティ検査行列をもつが，それは $n-k$ 個より多くの行をもつこともできる．そのため本章では，H のすべての行が 1 次独立であることを要求しない．

> **定義 10.1.1** パラメータ (n, i, j) をもつ**低密度パリティ検査符号**（LDPC 符号 (low density parity check code)）とは，符号長が n で，各行に j 個の 1 と，各列に i 個の 1 をもつ，疎なパリティ検査行列 $H = [h_{uv}]$ によって定義される線形符号である．ここで，I_v を列 v の中で $h_{uv} = 1$ となる行添字の集合とし，J_u を行 u の中で $h_{uv} = 1$ となる列添字の集合とすると，$|I_v| = i$，$|J_u| = j$ である．以上に付け加えて，$u' \neq u''$ ならば，$|J_{u'} \cap J_{u''}| \leq 1$ を仮定する．

低密度という名称は，H が疎，すなわち H の中の 1 の個数がわずかであること，とくに，パラメータ i, j が n に比べて小さいことを意味する．

補題 10.1.1 パラメータ (n, i, j) をもつ LDPC 符号の符号化率は，次を満たす．

[†] 訳者注：本章では，2 元符号を考えている．

$$R \geq 1 - \frac{i}{j}$$

[証明] H が b 個の行をもつならば，1 の総数は $bj = ni$ である．これらの行は必ずしも 1 次独立ではないので，符号の次元 k は次を満たす．

$$k \geq n - b = n - \frac{ni}{j}$$
□

幾何学的用語を導入して，符号における記号の位置を点，H の行を直線とよぶことにしよう．このとき，J_u は直線 u 上の点の集合である．定義 10.1.1 の $u' \neq u''$ ならば $|J_{u'} \cap J_{u''}| \leq 1$ という仮定は，二つの異なる直線は高々一つの点でしか交わらないことを要求している．その結果，二つの異なる点を結ぶ直線は高々一つしか存在しないことになる．8.3 節の幾何学的議論と同様に，点とそれを通る直線との結びつき（接続）を 2 部グラフ（符号グラフ）として表現する．ここで，左側の n 個の記号頂点は点を表し，すべて次数 i をもつ．一方，右側の b 個の検査頂点は直線を表し，すべて次数 j をもつ．

◆**例 10.1.1（LDPC 符号による消失復号）** 反復的復号を直観的に理解するには，消失だけ（すなわち，実際には誤りがない場合）の訂正を考えてみるのがよい．復号は単に連立 1 次方程式 $Hr^T = 0$ を解くことにすぎない．そのために，パリティ検査方程式を一つずつ見ていく．二つ以上の消失を含むならば，当面はそれらはそのままにしておく．しかし，ただ一つの消失しか含まないならば，その値を求めてほかの式に代入することができる．このように計算を進めると，最後にはすべての消失が訂正されるか，または，残された方程式のすべてが二つ以上の消失を含むかのどちらかになる．後者は，たとえ残りの連立方程式が一意解をもったとしても，復号不能の原因となる．

LDPC 符号を以下の手順によって復号することができる．I_v に含まれる i 個のパリティ検査を考えよう．これらのパリティ検査は，それぞれ v 以外の位置にある $j-1$ 個のほかの受信記号を含み，そして，その和は位置 v の記号の推定値を与える．定義 10.1.1 の仮定より，これらの推定に関わる $i(j-1)$ 個の位置は互いに異なる．i 個の推定値と受信記号 r_v の中での多数決によって，復号値を決める．この方法を**多数決復号** (majority decoding) とよぶ．

補題 10.1.2 多数決に関与する $i(j-1)+1$ 個の記号の中に $\lfloor i/2 \rfloor$ 個以下の誤りが含まれているならば，その位置の記号は正しく復号される．

[証明] 多数決に関与する記号の位置は互いに異なるので，$i+1$ 個の中で $\lfloor i/2 \rfloor$ 個以下が誤る，すなわち，$\lfloor i/2 \rfloor + 1$ 個以上は正しい．
□

とくに，以下が成り立つ．

補題 10.1.3 パラメータ (n,i,j) をもつ LDPC 符号に対し，その最小距離は $d \geq i+1$ を満たす．

10.2 ビットフリッピング

前節において，多数決復号は，受信ベクトルの関数として符号の各記号を判定することによって定義された．したがって，すべての位置における復号を1回のステップで並列に実行することができる．本節では，この方法を修正して，各ステップで1個の位置だけに多数決を適用する．そして，その復号値は，次のステップが実行される前に受信ベクトルに代入される．

10.2.1 一般化シンドローム

10.1節で示したように，$n-k$ 個より多くの行からなるパリティ検査行列を用いることは，反復的復号に対し有効である．そして，定義 10.1.1 によりすべての行は重み j を，すべての列は重み i をもつように，行が選ばれているものと仮定する．このとき，受信語 r に対し，Hr^T を一般化シンドロームという（$n-k$ 個以上のシンドロームを含んでいるという意味で，一般化とよんでいる）．一般化シンドロームの全体 $\{Hy^T \mid y \in \mathbb{F}_2^n\}$ は，次元 $n-k$ の部分ベクトル空間をなす．任意の1個誤りは重み i の一般化シンドロームを与え，そして，2個誤りは（仮定により）重み $2i$ または $2i-1$ の一般化シンドロームを与える．したがって，十分小さな誤り重みに対し，誤りパターンの重みの増加とともに一般化シンドロームの重みが増加することが期待できる．

この知見が，**ビットフリッピング** (bit flipping) とよばれる反復の手法を導く．一般に，受信ベクトルの一つのビットを反転することで得られるベクトルがより小さい重みのシンドロームを与えるならば，そのビットを反転する．この手法をとる根拠は，このビット反転が誤りパターンの重みを減らすと期待できること，すなわちそのビットが誤っていたと推定されることである．この処理を繰り返して，一般化シンドロームの重みが0になる，すなわち符号語が得られるか，または，どのビットを反転しても一般化シンドロームの重みを小さくできない，すなわち復号不能となるか，いずれかの結果となるまで続ける．

この基本的なアルゴリズムに対して，多くの変形や拡張がある．各ステップで1ビットだけ，または同時にいくつかのビットを反転することもできる．そして，各ビット

に対し，成立しないパリティの個数は，反転されるべきビットを選ぶために利用できる．ここでは，最も容易に解析できる一つの変形だけを考える．

10.2.2 ビットフリッピングアルゴリズム

以下のアルゴリズムに基づいて説明をする．

アルゴリズム 10.2.1（ビットフリッピング）

入力：受信ベクトル r
 [1] $y = r$ とおく．
 [2] $s = Hy^T$ を計算する．
 [3] $\sum_{u \in I_v} s_u > i/2$ を満たす v を一つ選び†，y_v を $y_v + 1 \mod 2$ で取り換える．
 [4] 条件を満たす v がなくなるまでステップ 2 以降を繰り返す．
出力：$s = 0$ ならば y を復号語とし，そうでなければ，復号不能を宣言する．

補題 10.2.1 一般化シンドローム中の 1 の個数は，ビットフリッピングを適用するとき単調非増加となる．

[証明] シンドローム中の 1 の個数が減少するときに限って，記号の値が取り換えられることからわかる． □

定理 10.2.1 反復アルゴリズムは有限回の反復後に終了し，正しい符号語，または，すべての記号に対して大半のパリティ検査を満たすベクトルが得られる．

[証明] 補題 10.2.1 による． □

複数個の v の値が反転の条件を満たす場合，異なる v を選んでも，同じ復号語が得られる可能性がある．しかし，一部のビットの反転だけが復号語を与えるか，または，異なるビットの反転が異なる復号語を与える可能性もある．後者の場合，1 回に 1 ビットだけを扱えばアルゴリズムが成功する場合でも，同時にいくつかのビットを反転すると復号不能になることがある．

---

† 訳者注：不等式の左辺は，$s_u = 1$ である $u \in I_v$ の個数を示している．

10.2.3 射影平面符号の復号

5.4 節では,射影平面から導かれる巡回符号(射影平面符号)について説明した.これらのブロック符号のパラメータは,$n = 2^{2s} + 2^s + 1$, $k = n - 3^s - 1$, $d = 2^s + 2$ である.パリティ検査は,平面内の n 個の直線である.各記号に対して $2^s + 1$ 個のパリティ検査があるから,1 回の多数決には,n 個のすべての記号が関与する.ビットフリッピングアルゴリズムでは,通常,各ステップで最大のパリティ検査違反数をもつビットを 1 個反転する.その結果,可能な限りシンドローム重みを減少させることになる.しばしば,この性質をもつシンドロームが複数存在する.

逆に,幾何学的記述によって,異なる誤りパターンに対するビットフリッピングアルゴリズムの作用を記述することが可能になる.

各直線上に $2^s + 1$ 個の点が存在し,各点を通る $2^s + 1$ 個の直線が存在する.直線上の誤り個数が偶数の場合,それに対応する一般化シンドロームのビットは 0 となり,奇数の場合は 1 となる.

定理 10.2.2 射影平面符号において,一般化シンドロームは双対符号の符号語である.

> [証明] 1 個誤りに対する一般化シンドロームは,H の一つの列に等しい.それは H のある行の反転(すなわち逆順)であり,双対符号の符号語である.ほかのすべての一般化シンドロームは,これらの列の 1 次結合となる. □

とくに,1 個誤りに対するシンドロームは重み $2^s + 1$ をもち,それは双対符号の最小重み符号語であることに注意しよう.二つの直線は常に 1 点で交わることより,2 個誤りは,常に重み 2^{s+1} のシンドロームを与える.ここで,より大きい個数の誤りパターンを分類しよう.

まず,3 個誤りは 2 種類ある.すべての誤りが同一直線上にあり,シンドロームの重みが $3 \cdot 2^s + 1$ となるか,または,3 個の誤りが三角形をなし,シンドローム重みが $3 \cdot 2^s - 3$ となるかのいずれかである.

また,4 個誤りは 3 種類ある.すべての誤りが同一直線上にある場合,3 個の誤りが一つの直線上にあるが 1 個はその上にない場合,そして,4 個の誤りが四角形をなす場合がある.これらの誤りに対しても,先と同様にシンドローム重みは求められる.

一般に,最小重みのシンドロームは,1 個誤りのときに得られる.とくに,最小重み符号語はこの性質をもつ.明らかに,重み $2^s + 2$ の符号語上の点の部分集合に対し,そこでの誤り個数が $d/2$ を超えた時点で,シンドローム重みは減少する.

◆**例 10.2.1 $((73, 45, 10)$ 符号の復号)** ここでは,この符号のビットフリッピングの詳細

をいくつか示す．$i = 9$ であるから，多数決復号は，重みが $d/2$ より小さな任意の誤りパターンに対し，一意の最も近い符号語を与える．4個の誤りが発生し，3個が一つの直線上にある場合，その直線上の一つの誤りに関与するパリティ検査のうち，8個は成立しない．一方，4番目の誤りに対しては，6個だけが成立しない．したがって，最初に同一直線上にある3個の誤りのうちの一つが反転され，三角形上の3個の誤りが残る．残りの誤りはどのような順序で反転されても結果に違いがない．5個誤りに対しては，次の五つの場合がある．一つの直線上にすべての誤りがある，一つの直線上に4個の誤りとその直線外に1個の誤りがある，交わる2直線上で交点とそれ以外に2個ずつの誤りがある，一つの直線上に3個の誤りとその外に2個の誤りがある，どの直線上にも3個の誤りはない，というものである．最後の場合のみが重み10の符号語の一部であり，ほかのパターンはビットフリッピングアルゴリズムによって正しく復号される．最後の場合，各誤り位置にはそれぞれ5個のパリティ検査不合格があり，したがって，ビット反転の候補となる．最初の誤りが訂正された後，残りの4個の位置は一意に決まる．しかし，誤り位置は重み10の符号語の台（非零部分）の一部であるから，5個のパリティ検査不合格のある位置がほかに存在する．同じコセット内には，常に，このタイプの誤りパターンが三つ存在する可能性があることがわかっている．それにもかかわらず，ほとんどの場合に5個誤りパターンは訂正される．ビットフリッピングアルゴリズムは，重み6と7のある特別な誤りパターンも訂正するが，ほとんどの場合，これらの重みの誤りパターンを含むコセットには，それと同じ重みをもつパターンが複数存在する．

10.3 メッセージパッシングによる復号

前節で説明した多数決復号は，符号グラフの局所的部分集合に基づいており，一般に，この方法を繰り返し適用しても最良の決定には至らない．ここでは，グラフのより大きい部分集合に含まれる記号の情報を伝搬するアルゴリズムの解析を行う．グラフが**木** (tree)，すなわち，任意の一つの枝を除去すると非連結となる（とくに，サイクルを含まない）連結グラフの場合は，非常に簡単になる．この場合，各枝に対し，その両側にそれぞれ部分グラフをもつことになる．

定義 10.3.1 LDPC符号において，Y 個の検査頂点と，それらに結ばれるすべての記号頂点からなる部分グラフによって定義される符号は，対応するグラフが木であるならば，**木符号** (tree code) とよばれる．

補題 10.3.1 $j > 2$ であるような (N, i, j) LDPC符号において，その木符号は，$(Yj - Y + 1, Yj - 2Y + 1, 2)$ 線形符号である．

[証明] 符号が Y 個のパリティ検査をもつならば,Yj 個の枝が記号頂点に結ばれている.しかし,そのような記号頂点が連結し,木を構成しているとき,それらのうちのいくつかの記号頂点は複数のパリティ検査に共有されることになる.つまり,Yj 個の枝に結ばれる記号頂点の中に同じものがいくつかあり,その重複分が $Y-1$ 個ある.木において,ただ一つの頂点と結ばれている頂点は葉とよばれる.すべての葉は記号頂点である.$j > 2$ のとき,2 個以上の葉に結ばれた検査頂点が少なくとも一つ存在する.したがって,そのような検査頂点に結ばれた二つの葉だけが非零の記号であるときに,すべてのパリティ検査が満たされる. □

このように,木符号そのものは小さい最小距離しかもたず,とくに,葉の部分は誤りに弱い.

◆例 10.3.1 (LDPC 符号中の木符号) 例 10.2.1 で考えた符号のパラメータは,$i = j = 9$ である.ある特定の記号に対する 9 個のパリティ検査は,73 個の記号頂点からなる木符号を定義する.各記号ごとに多数決をとることにより,4 個の誤りを訂正することができる.

以下に示すアルゴリズムを解析するために,復号問題をより一般的な形で記述しよう.記号 v に付随して,整数重み関数 $a_v(c_v)$ が存在すると仮定する.符号語 c に対し,次の値を得る.

$$A(c) = \sum_v a_v(c_v)$$

その重み関数の最小値

$$A = \min_{c \in C} A(c)$$

をとる符号語 c を求める.

とくに,通常の最尤復号問題は,$a_v(x) = r_v + x \bmod 2$ とおいた場合になる.

記号 v とパリティ検査 u を結ぶ木の各枝に対し,各方向に送られる**メッセージ** (message) とは,以下で定義される一対の整数である.そして,これらのメッセージを記号とパリティ検査との間で交換することを**メッセージパッシング**という.

定義 10.3.2 記号 v からパリティ検査 u へパスされる**メッセージ** $m_s(v,u,x)$ とは,v を含むが u を含まない部分木の中で和をとって得られる,$c_v = x$ であるような符号語に対する重み関数の最小値である.同様に,パリティ検査 u から記号 v へパスされる**メッセージ** $m_p(v,u,x)$ とは,u を含むが v を含まない部分木の中で和をとって得られる,$c_v = x$ であるような符号語に対する重み関数の最小値である.

補題 10.3.2 最小重みは，任意の枝上をパスされるメッセージから以下で計算することができる．

$$A = \min_x [m_\mathrm{s}(v,u,x) + m_\mathrm{p}(v,u,x)]$$

[証明] 各枝は木を二つの部分木に分割するから，最小重みは，$c_v = x$ の各値に対する，これらの部分木ごとの値を加えることによって得られる． □

定理 10.3.1 定義 10.3.2 において定義されたメッセージは，木のすべての葉から開始して，逐次的に計算することができる．一つの頂点への入力メッセージがわかると，そこからの出力メッセージは以下のように計算できる．

1. 記号頂点 v に関しては，次のようになる．

$$m_\mathrm{s}(v,u',x) = a_v(x) + \sum_{u \in I_v, u \neq u'} m_\mathrm{p}(v,u,x)$$

2. 検査頂点 u に関しては，次のようになる．

$$m_\mathrm{p}(v',u,x') = \sum_{v \in J_u, v \neq v'} \min_x m_\mathrm{s}(v,u,x)$$

ただし，x' は最小メッセージ値を与える入力記号 x とともに，そのパリティ検査を満たすものである．x' のもう一方の値に対しては，増加が最小となるように m_s のうち一つを変える[†]．

[証明] 記号頂点については，重み関数の最小値はそれに結ばれた部分木からの入力値の総和に，その記号そのものの重みを加えたものになる．これらすべての値は，同じ記号値のもとという条件付き（すなわち，$c_v = x$ である符号語に対するもの）である．検査頂点については，まず最小の入力メッセージの和を求める．関連するすべての記号値が出力枝の可能な値を決定する．もう一方の記号値 x' に対するメッセージを得るためには，少なくとも一つの入力記号を取り換えなければならない．ただ一つのメッセージを変化させることによって，重みの最小値は増加する．第 1 段階では，ここでの入力が記号重み $a_v(c_v)$ だけであるので，その木の葉である記号頂点からすべてのメッセージを求めることができる．各段階の終了後，定義されたすべての入力メッセージをもつ，頂点の新しい集合が，前段階での木の葉が除去されたとき残る木の葉全体として得られる． □

[†] 訳者注：このただし書きを詳しく述べると，以下のようになる．$x' = 0, 1$ のそれぞれについての $m_\mathrm{p}(v',u,x')$ を得るには，まず，上式の右辺を求め，それを，各 $m_\mathrm{s}(v,u,x)$ ($v \in J_u, v \neq v'$) の最小値を与えるすべての x との組がパリティ検査 u を満たすような x' に対する値とする．次に，それと異なる x' の値に対しては，もとの x' の値に対応している x の値のうち 1 個だけを取り換えたとき，最小の増加となった場合の右辺の値をとる．

メッセージから求められる最小重みは，木に含まれる誤り個数に対する下界である．必ずしもすべての誤りが確実に訂正できないとしても，木符号の復号は誤り個数を推定する方法として役に立つ．

一対の整数を送る代わりに，二つの値の差をとることによって，メッセージを常に簡単化することができる．この変更は復号の結果に何の影響も与えないが，訂正される誤り個数についての情報は失われる．この場合，重みの初期値は $a_v = a_v(1) - a_v(0)$ となり，±1 のいずれかである．メッセージの差の数値は，その記号の信頼性を示している．もしすべての記号重みが $a_v(c_v)$ に初期化され，出力メッセージの初期値がこの値に設定されるならば，定理 10.3.1 の更新規則を使うことができる．この計算を有限回反復することによって，同一の結果に達する（すなわち，収束する）．その理由は，部分木からのメッセージは入力メッセージによらず，したがって，正しい値がその前段階と同じように葉から伝搬されるからである．

一般のグラフ上で，記号重みが同じ方法で初期化され，同じ更新規則が使われるならば，与えられた枝における s 回の反復後でのメッセージは，この枝から s ステップで到達することのできる頂点だけに依存する．もしグラフのこの部分が木であるならば，メッセージは木符号に対するものと同じように解釈することができる．

アルゴリズム 10.3.1（メッセージパッシングによる反復的復号）

入力：受信ベクトル r

[1] $a_v(x) = r_v + x \mod 2$

[2] メッセージを定理 10.3.1 で述べたように求める．

[3] 重みが変化しなくなるか，または，あらかじめ設定した反復回数に達すれば，アルゴリズムを終了する．

[4] 各記号に対し，以下の式の最小値を与える記号値を y_v とする．

$$a_v(x) + \sum_{u \in I_v} m_{\mathrm{p}}(v, u, x)$$

出力：復号語 y

アルゴリズム 10.3.1 の適用は，たとえ近似的な意味であっても，与えられた初期頂点から到達することのできる頂点の総数が n より小さいときに限って正当化される．もし，差のメッセージ a_v を用いるならば，それらは記号の信頼性と解釈できるので，アルゴリズムのさらなる反復のために使うことができる．復号の性能が向上すること

が実験によって観察されているが，この形での反復的復号の厳密な解析は困難である．しかし，次の結果は，木符号の復号の局所的な結果を大域的な結果に結びつけることが，ときには可能であることを示唆している．

定理 10.3.2 LDPC 符号中のいくつかの木符号が復号され，$n-k$ 個の独立なパリティ検査がこれらの符号全体中に含まれていると仮定しよう．T を木符号の復号において検出される誤りの最大個数であるとするとき，木符号の復号結果と整合している重み T の任意の誤りパターンは，最尤決定となっている．

[証明] 前に議論したように，木符号の復号によって得られる最小重みは生じた誤りの個数に対する下界であるが，同じ重みをもついくつかの可能な誤りパターンが存在することがある．各符号を復号した後で，これらのパターンのリストを作ることができる．木符号の全体はすべてのパリティ検査を含むので，すべてのリストに共通する誤りパターンは正しいシンドロームをもっている．各木符号が最尤復号を行うので，誤りの個数は T 以上になる．したがって，T 個の誤りからなる任意の誤りパターンは最尤復号となる．しかし，そのような誤りパターンが必ずしも存在するとは限らない． □

◆**例 10.3.2（LDPC 符号におけるメッセージパッシング）** 次のパリティ検査行列をもつ $(15, 3, 3)$ LDPC 符号を考える．

$$\begin{bmatrix}
1 & 1 & 1 & 0 & 0 & 0 & 0 & 0 & 0 & 0 & 0 & 0 & 0 & 0 & 0 \\
1 & 0 & 0 & 1 & 1 & 0 & 0 & 0 & 0 & 0 & 0 & 0 & 0 & 0 & 0 \\
1 & 0 & 0 & 0 & 0 & 1 & 1 & 0 & 0 & 0 & 0 & 0 & 0 & 0 & 0 \\
0 & 1 & 0 & 0 & 0 & 0 & 0 & 1 & 0 & 1 & 0 & 0 & 0 & 0 & 0 \\
0 & 1 & 0 & 0 & 0 & 0 & 0 & 0 & 1 & 0 & 1 & 0 & 0 & 0 & 0 \\
0 & 0 & 1 & 0 & 0 & 0 & 0 & 0 & 0 & 0 & 0 & 1 & 0 & 0 & 1 \\
0 & 0 & 1 & 0 & 0 & 0 & 0 & 0 & 0 & 0 & 0 & 0 & 1 & 1 & 0 \\
0 & 0 & 0 & 1 & 0 & 0 & 0 & 1 & 0 & 0 & 0 & 0 & 1 & 0 & 0 \\
0 & 0 & 0 & 1 & 0 & 0 & 0 & 0 & 1 & 0 & 0 & 1 & 0 & 0 & 0 \\
0 & 0 & 0 & 0 & 1 & 0 & 0 & 1 & 0 & 0 & 0 & 0 & 0 & 0 & 1 \\
0 & 0 & 0 & 0 & 1 & 0 & 0 & 0 & 0 & 1 & 0 & 0 & 0 & 1 & 0 \\
0 & 0 & 0 & 0 & 0 & 1 & 0 & 1 & 0 & 0 & 0 & 0 & 0 & 1 & 0 \\
0 & 0 & 0 & 0 & 0 & 1 & 0 & 0 & 1 & 0 & 0 & 0 & 0 & 0 & 1 \\
0 & 0 & 0 & 0 & 0 & 0 & 1 & 0 & 0 & 1 & 0 & 0 & 1 & 0 & 0 \\
0 & 0 & 0 & 0 & 0 & 0 & 1 & 0 & 0 & 0 & 1 & 1 & 0 & 0 & 0
\end{bmatrix}$$

この符号は，次元 5 と最小距離 6 をもつので，符号化率と最小距離は等距離符号のパラメータよりも少し小さくなる．たとえば，上記のパリティ検査行列の上部 7 行のパリティ検査を用いると，全 15 個の記号を含む木符号を構成できることより，この符号の構造

はメッセージパッシングの具体例として適している．アルゴリズム 10.3.1 を用いて，最初に，各記号に対するメッセージを，受信ベクトルが 0 のとき $(0,1)$，そうでなければ $(1,0)$ と設定する．復号の各ステップにおいて，メッセージは，（パリティ検査行列内の 1 に対応する）符号グラフの各枝に対して生成される．各枝は，記号からパリティ検査へのメッセージと，その反対方向のメッセージを交互に運ぶ．

受信語を $(1,0,0,1,0,0,1,1,1,0,0,0,0,0,0)$ とする．第 2 ステップでは，パリティ検査から記号へのメッセージを計算すると，ふたたび，生成されうるメッセージはちょうど $(0,1)$ と $(1,0)$ である．前者は，パリティ検査に含まれるほかの二つの記号の和の合計が 0 のときに選ばれる．第 3 ステップでは，一つの記号，その記号を含む 2 個のパリティ検査，そして，それらのパリティ検査に含まれる残りの 4 個の記号からなる部分木の中の誤り個数を反映することによってメッセージを計算する．各メッセージは，パリティ検査からのメッセージを，その記号からのもとのメッセージに加えることで得られる．したがって，生成されうる値は，$(0,3),(1,2),(2,1),(3,0)$ である．次のステップでは，中央のパリティ検査，6 個の近隣の検査頂点，そして，全 15 個の受信記号からなる木について考える．その次のステップでは，各記号は，5 個の検査頂点と 10 個の記号頂点をそれぞれもつ 3 個の部分木についてのメッセージを受け取る．したがって，すべてのパリティ検査は機能しているが，いくつかの記号は二重にカウントされている．この時点で，記号のもとの重みと 3 個のメッセージを加算した場合，前半の 5 個と後半の 4 個の記号を正しく決定することができる．残りの 6 個は，二つの値が同点になる．そのどちらをとるべきかを判断するために，例 10.1.1 のアプローチ（消失復号）を用いると，3 個の誤りを訂正している符号語 $(1,1,0,1,0,1,0,1,1,0,0,0,0,0,0)$ を得る．

この例のパリティ検査行列は，深さ 2 の検査頂点を含む部分木によってすべての記号が到達できる構造になっている（すべての記号が 1 回のステップで到達できる射影平面符号と比較しよう）．この特別な構造は，**一般化四角形** (generalized quadrangle) として知られ，そして，実空間における立方体のように，それらの直線は四角形を形作るが，決して三角形を形作らない．$\mathbb{F}_q$ 上の射影空間を用いると，このような構造は，$q^3 + q^2 + q + 1$ 個の点と直線により構成することができる．しかし，よいグラフから構成される LDPC 符号が，必ずしも特別によい性能をもつとは限らないことに注意する．また，実際に用いられている LDPC 符号は，数千ビットの符号長であることに注意しよう．

10.4　積符号の反復（直列）的復号

8.3 節で説明したような，符号のグラフによる記述を用いる．この記述では，各頂点が成分符号の制約を表している．グラフは復号アルゴリズムの構造を反映しており，

各反復において，2部グラフの片側のすべての成分符号が，最小距離の半分まで復号できる．

誤りパターンからグラフへの移行をするために，符号をグラフで記述することから始める．すなわち，各記号は一つの辺に関連付けられているので，誤り位置に対応するすべての辺を残し，残りの辺（および入力辺をもたない頂点）を削除することにより，誤りパターンの表現である誤りグラフを得る．誤り位置は互いに独立であると仮定するので，誤りグラフは，ランダムに選ばれた（2部）グラフの性質をもつ．

当面の間は，各ステップにおいて，成分符号内の t 個以下の任意の誤りの組合せが訂正され，t 個より多くの誤りを含む成分符号部分は変化しないと仮定する．このとき，成分符号の復号が反復され，最終的にすべての誤りが取り除かれれば，復号は成功となる．誤りグラフの言葉でいえば，t より小さい次数をもつ頂点と，そのような頂点に結ばれたすべての辺を削除する．誤りグラフ内の頂点の部分集合で，その中ですべての頂点が t 個より多くの辺でほかの頂点に結ばれているようなものがあることが，復号不能となるための必要十分条件である．グラフ理論の専門用語では，このような部分集合を $(t+1)$-**コア** (core) とよぶ．明らかに，ほかの t 個以下の誤りがすべて訂正された場合，復号は終了し，誤りグラフの $(t+1)$-コアが得られるが，この状況に達しない限り，復号は1個以上の頂点において継続できる．復号処理の結果は，成分符号が復号される順序には依存しない．

1回のステップで，すべての行符号またはすべての列符号の復号が実行される場合，積符号の解析は扱いやすくなる．これは，記号の部分集合が互いに素であるので可能となる．このアプローチにより，誤りグラフ上の次数分布という形で，各反復における復号過程の進捗を追跡することが可能となる．行で訂正された誤りが列の中でランダムに分布し，かつ，その逆も同じく成立するという近似を用いる．実際の分布では一つの行で訂正された誤りが異なる列に置かれるため，次のステップでの訂正が容易になるので，わずかながら有利である．

フレーム内の W 個の誤りがランダムに分布する場合，各行内の誤り個数は2項分布に従う．n^2 が W と比較して大きいとき，各行内の誤り個数は，平均 $M = W/n$ のポアソン分布に従う．以下の導出では，すべての行内で t_1 個の誤りが訂正され，そして，すべての列内で t_2 個の誤りが訂正されるという，一般的な場合を考える．一つの行が t_1 個以上の誤りを含む確率は，以下のように，平均 m のポアソン分布から得られる．

$$\pi_{t_1}(m) = \sum_{x \geq t_1} e^{-m} \frac{m^x}{x!} \tag{10.1}$$

そして，すべての行符号が復号されたとき，一つの列に残る平均誤り個数は，以下の

ようになる.
$$\sum_{x>t_1} xe^{-m}\frac{m^x}{x!} = m\sum_{x\geq t_1} e^{-m}\frac{m^x}{x!} = m\pi_{t_1}(m) \tag{10.2}$$
ここで，ポアソン分布に関するよく知られた恒等式を用いている.

いま，訂正された位置が列の間でランダムに分布するという仮定を，簡単のために導入する．明らかに，特定の一つの行内の t_1 個の誤りは異なる列になければならないので，n が有限である場合にはこの仮定は完全には成り立たない．しかし，その有限性の影響は漸近的には失われ，誤り個数が十分大きいとき，近似は非常に正確になる．したがって，列符号の最初の復号は，次のように簡略化された形の平均値をもつポアソン分布に従ってなされる．
$$m_1 = M\pi_{t_1}(M)$$

復号の第 j ステップ後の次数分布は次の切断ポアソン分布に従うことを，帰納法によって証明しよう．
$$P[\delta = x] = \frac{m_j^x}{x!} \quad (x > t \text{ の場合}) \tag{10.3}$$
ここで，$x \leq t$ の場合，$P[\delta = x] = 0$ とする．ポアソンパラメータとよばれるパラメータ m_j は，明らかに切断分布の平均値ではないが，与えられた m に対し，行または列ごとの残りの誤りの平均個数は式 (10.2) から得られる．ポアソンパラメータは，次の単純な再帰式から求められる．
$$m_j = M\pi_t(m_{j-1}) \tag{10.4}$$
そして，行に対する $t = t_1$ と列に対する $t = t_2$ の間で交互に復号を行う．最初の二つの値 $m_0 = M$ と m_1 が式 (10.4) を満たすので，$j = 1$ に対し，再帰式が成立している．

頂点の次数が切断ポアソン分布に従い，ランダムに選ばれた枝の部分集合が削除される場合，行復号の後に t より多くの次数をもっている頂点は，その復号前に t より多くの誤りをもっている列から得られる．したがって，それらの頂点の誤り個数は，より小さなパラメータをもつポアソン分布に従うことになる．以下の復号において，結果として得られた小さい次数の頂点はすべて削除され，次数分布はふたたび切断ポアソン分布になる．

各ステップにおいて，誤り個数は次の比率で減少するから，帰納法によって再帰式が一般に成り立つ.
$$\frac{m_j\pi_t(m_j)}{m_{j-1}\pi_t(m_{j-1})} = \frac{M\pi_t(m_j)}{m_{j-1}}$$

ここで，式 (10.2) と帰納法の仮定 (10.4) を用いている．ポアソンパラメータは同じ比率で減少し，次の新パラメータを得る．

$$m_{j+1} = M\pi_t(m_j)$$

初期値 M がある閾値より小さい場合，m_j は 0 に収束する．一方，M がその閾値より大きな値の場合，t_1 と t_2 のそれぞれに対応する m_j の値は一対の定常値に収束する．$t_1 = t_2 = t$ とする場合，m_j は $m' = M\pi(m')$ を満たす最大の m' に収束する．m' に対する非零解が存在するための最小値として，M の限界値を求めることができる．数値計算によると，$t = 3$ に対して $M = 5.15$，$t = 5$ に対して $M = 8.36$ が限界値という結果が得られる．

◆例 10.4.1　$t_1 = 4$ と $t_2 = 3$ である積符号の反復的復号が $M = 5$ で開始された場合，式 (10.4) から各行と各列における平均誤り個数を求めることができる．数値計算により以下が得られる．

$$m_j = 3.674, \ 3.551, \ 2.372, \ 2.115, \ 0.821, \ 0.252, \ 0.0007, \ 0$$

よって，8 回の反復で復号が終了することが期待できる．

成分符号において復号誤りが起こらないならば，反復的復号アルゴリズムは高い確率で終了し，正しい符号語または大きな $(t+1)$-コアが得られる．誤りのほとんどが訂正されると，復号は高い確率で終了するが，この解析は最終段階まで直接カバーしているわけではない．通信路誤り確率 p が小さい値の場合，復号不能確率は，誤りパターンが極小コア，すなわち，$t_1 + 1$ 個の行と $t_2 + 1$ 個の列に位置する $(t_1+1)(t_2+1)$ 個の誤りを含む確率に依存する．行と列のそれぞれの選択に対応する極小の誤りコアが存在するから，復号不能確率は以下のように近似できる．

$$P_{\text{fail}} - P_{\text{err}} \approx \binom{n}{t_1+1}\binom{n}{t_2+1} p^{(t_1+1)(t_2+1)} \tag{10.5}$$

たいていは，高符号化率のかなり大きな符号長の成分符号に興味があるので，t を一定に保ったまま，n を増加したときの極限を考える．実際には，小さな t_1 と t_2 をもつ成分符号の場合，その異なる最小距離をもつ成分符号を用いることで復号性能は向上する．より大きな値の t_1 に対し，ほとんどすべての誤りは最初のステップで訂正されるはずなので，t_2 をきわめて小さく選ぶことができる．この状況は，先に考えた直列的復号を思い起こさせる．

RS 符号の場合，t 個より多くの誤りを含む受信ベクトルが誤って復号される確率，すなわち復号誤り確率は，$1/t!$ に近い（定理 8.2.3）．同様の議論より，t 個より多くの誤りが存在する場合，高符号化率の BCH 符号の復号誤り確率は，同じ式によって与

えられる.したがって,中間的な値の t に対する復号誤りの影響を無視することができる.$1 < t < 5$ の場合,復号誤りは発生するが,その確率を,偶数重みの2元符号を用いて小さくすることが望ましい場合がよくある.$t-1$ 個だけの誤りが訂正される場合,2元BCH符号においては,復号誤りに関連する損失は,$1/n$ の比率で小さくすることができる.そしてRS符号においては,追加の検査記号が同様の比率で損失の減少をもたらす.したがって,これらの場合,成分復号誤り確率は0になる.

この解析から,各行と各列において $t = 2$ 個以上の誤りが訂正される場合,各行の平均誤り個数が t よりもわずかに大きいときでも,復号不能確率は非常に小さくなる($t = 1$ に対しては,常に少数の誤りが残る確率が高い)ことがわかる.片方の通信路で復号不能となるとき,通常,多くの誤りが残る.よりよい入力ビット誤り確率に対し,復号不能確率は非常に小さいが,その場合でも,ここで述べたように,小さなコアの確率を計算することができる.

10.5 グラフ符号の復号

積符号の反復的復号は,8.3節で説明したような2部グラフ上のグラフ符号の復号に容易に拡張することができる.すべての頂点の次数が n となるようなグラフをランダムに選択した場合,誤りグラフは前節のものと同じになり,解析の結果,同じ性能が得られることがわかる.(2.5節で説明した)有限幾何平面から得られるグラフは,同様の復号の閾値を与える.

t 個の誤りを訂正する符号長 n の成分符号に対し,訂正される誤りの割合は t/n となる.しかし,符号化率と誤り訂正率を一定に保ったまま,グラフのサイズを増大させることにより,より符号長の大きな符号の性能は向上する.計算量はグラフのサイズに線形に増加するだけである.

望ましい性質をもつ大きなグラフに対する構成法は知られているが,通常,かなり高い符号化率が望ましいので,成分符号を短くすることはできない.中間的な符号長 $64 \sim 256$ の範囲でも,有限幾何平面によるグラフは,ほとんどの場合において,十分大きくなる可能性がある.

10.6 並列的復号

並列的復号は,10.3節で説明した方法と同様に,復号された記号の信頼度に関する情報を交換し,成分符号の復号を反復することによる復号法である.通常,LDPC符号におけるメッセージパッシングのように,受信記号に関する信頼度情報が利用可能

ならば，並列的復号を適用できる．しかし，10.3 節のように，メッセージの解釈を得るために 2 元受信データから始めなければならない．軟判定復号への拡張については，付録 B で説明する．

10.6.1　グラフ符号におけるメッセージパッシング

これまでは頂点が成分符号を表し，記号が辺に関連付けられているグラフを考えて，グラフ符号を定義した．ここでは，この考え方を LDPC 符号の定義に近づけるように修正する．符号は，一方の頂点集合は記号を表し，他方の頂点集合は成分符号を表す 2 部グラフで表現される．このとき，各記号頂点は，その記号を含む制約を表現する符号頂点と結ばれる．

この記述を用いると，LDPC 符号に対するメッセージパッシングアルゴリズムを，グラフ符号で使えるように修正することができる．符号グラフは木であると仮定しよう．先述のように，記号頂点にともなう重みが存在することになり，それらは同様に初期設定される．木において記号 v と成分符号 u を結ぶ各辺に対し，両方向に送られる**メッセージ** (message) とは，以下で定義される一対の整数である．

> **定義 10.6.1**　記号 v から成分符号 u へパスされる**メッセージ** $m_{\mathrm{s}}(v, u, x)$ とは，v を含むが u を含まない部分木の中で和をとって得られる，$c_v = x$ を満たすあらゆる符号語の重み関数の最小値である．同様に，成分符号 u から記号 v へパスされる**メッセージ** $m_{\mathrm{p}}(v, u, x)$ とは，u を含むが v を含まない部分木の中で和をとって得られる，$c_v = x$ を満たすあらゆる符号語の重み関数の最小値である．

二つのメッセージの代わりに，その差の値を交換することができる．この値は記号の信頼度を反映しているので，復号結果は同じになる．明らかに，誤りの総個数の情報は失われる．

I_v が記号 v を含む符号の集合を示し，同様に J_u が符号 u の記号の集合を示すものとする．メッセージは，LDPC 符号のように，葉から開始して，再帰的に計算することができる．

1. 記号頂点 v に関して，次のようにする．

$$m_{\mathrm{s}}(v, u', x) = a_v(x) + \sum_{u \in I_v, u \neq u'} m_{\mathrm{p}}(v, u, x)$$

2. 成分符号 u に関して，次のようにする．

$$m_{\mathrm{p}}(v', u, x) = \min_{c \in C, c_{v'} = x} \sum_{v \in J_u, v \neq v'} m_{\mathrm{s}}(v, u, c_v)$$

ここで，最小値は v' を含む成分符号 u の，$c_{v'} = x$ を満たすあらゆる符号語全体でとられる．

このアルゴリズムを適用するために，記号重みを含む成分符号の復号アルゴリズムが必要になる．

10.6.2 積符号の並列的符号化と復号

並列的符号化 (parallel encoding) においては，同一の情報記号が二つの組織的符号器によって符号化され，送信されるフレームは情報記号集合と2組の検査記号集合とからなる．通常，情報記号は第2の符号化の前に一種の並べ替えがなされるが，その並べ替えは**インターリーブ** (interleaving) とよばれている．

積符号は，検査記号に対するパリティ検査を表す語の部分を除去すれば，並列的符号化の一つの種類と見ることができる．これらの検査記号を除外すると最小距離が小さくなるが，もし成分符号がともに中間的な符号化率をもっているならば，全体の符号化率は大きくなる．送信フレームは，$k \times k$ 情報記号ブロックと，行符号および列符号にそれぞれ関係する二つの $k \times (n-k)$ 検査記号ブロックからなる．記号は復号中には変更されず，行と列の復号器の間で送られるメッセージにより修正される．

積符号は，グラフ符号に用いられるアルゴリズムによって復号することができる．グラフ内の最大の木は，一つの行符号とすべての列符号からなる．したがって，木符号の仮定は，最初の反復においてのみ成立する．それでも，このアルゴリズムでは，すべての制約を満たす一つの解を得るために，さらなる反復が続けられることがよくある．2回目以降の反復に対しての正確な解析は与えられていない．

◆**例 10.6.1（並列的積復号）** 情報は 4×4 ビットとする．各行と各列は $(8, 4, 4)$ 符号を用いて符号化される．このとき，全体の符号は $(48, 16)$ ブロック符号になる．一つの非零情報記号から最小重みの符号語が得られる．この場合，二つの検査ブロックにそれぞれ3個の非零検査記号があり，符号語の重みは7となる．受信ブロックを以下のように配置する（中央と右側のそれぞれ4列は二つの検査ブロックに対応する）．

$$\begin{bmatrix} 1 & 1 & 0 & 0 & 0 & 0 & 0 & 0 & 0 & 0 & 0 & 0 \\ 1 & 1 & 0 & 0 & 0 & 0 & 0 & 0 & 0 & 0 & 0 & 0 \\ 0 & 0 & 0 & 0 & 0 & 0 & 0 & 0 & 0 & 0 & 0 & 0 \\ 0 & 0 & 0 & 0 & 0 & 0 & 0 & 0 & 0 & 0 & 0 & 0 \end{bmatrix}$$

1行目の復号において，行受信語 (11000000) は，符号語 (11001100) と零符号語に等しく近い．したがって，最初の二つの記号からのメッセージは，記号の値 0 と 1 に対し，+1 と +2 となる．零ベクトルに対し，すべての情報記号はメッセージ 0 と +3 をもつ．次のステップでは，同じ二つの符号語が最も近い．零符号語の総重みは，その誤りから

くる2と最初の二つの位置におけるメッセージからくる2をあわせて4となる．もう一つの符号語 (11001100) に対しては，その誤りから重み2を得るが，メッセージからは重み4を得る．したがって，零符号語が選ばれるが，これは正しい判定である．ただし，両方の場合において，実際の距離4と8に対して，符号語への距離を8と12として多く見積もりすぎていることに注意が必要である．この差が生じる理由は，情報記号からのメッセージが独立ではないことによる．

先に述べたように，成分符号の記号を並べ替えることで，積符号の最小距離を大きくすることができる．通常，そのような修正は，行と列に対するそれぞれの「検査記号に対する検査記号」をもつことによって得られる．ここでは，これらの検査記号は用いないので，記号の並べ替えは，しばしばよりよい符号を生成する．擬似ランダムな並べ替えによって，メッセージ間の依存関係を減らすこともできるが，特定の並べ替えに対する効果についての解析はなされていない．

10.6.3 畳込み符号の並列的符号化と復号

ここでは，すべての情報記号が二つの（しばしば同一の）組織的畳込み符号により符号化されるように，積符号の構成法を修正する（この方法は，文献では「並列的連接」または「ターボ」符号化とよばれることもある）．情報記号を $k \times k$ ビット配列の形に並べることにより，表現を単純化する．この配列は，一方の符号器で行ごとに符号化され，そして，もう一方の符号器で列ごとに符号化される．先に述べたように，第2の符号化の前に，記号の擬似ランダムな並べ替えを用いることによって，性能は改善される．

特定の情報記号にともなうメッセージは，最も近い符号語と，その記号の反対の値をもつ最も近い符号語とを比較することで得られる．二つの系列は，通常，かなり短い一つの符号語の分だけ異なる．原理的には，一方の系列は，特定の位置における値を強制的に固定しながらヴィタビアルゴリズムを繰り返すことにより求められるが，ここではより効率的なアルゴリズムについて簡単に説明する．先述のように，メッセージから情報記号の寄与分を差し引く（二重にカウントされることを防ぐ）．二つの成分符号の復号は，情報記号に対するメッセージを交換しつつ，既定の反復回数まで続けられる．二つの結果が一致する場合，復号は成功したものとみなされる．畳込み符号のメモリが，行や列の全サイズと比較して短い場合，復号は並列的積復号と似たものになる．反復回数が増えるに従い，メッセージ間により多くの依存関係が生じる．そして，解析は，畳込み符号語が可変長であることにより，一層複雑になる．

復号器は，入力記号に対する重みを受け取って，復号化されたそれぞれの情報記号に対する重みを作り出すように修正されたヴィタビアルゴリズムを使う．修正の第1

段階は，より一般的なコスト関数を許容することである．状態遷移と対応する送信ブロックは，第7章にあったような行列 Φ によって与えられる．第7章では，コストは単に受信ブロック r_j と $\phi_{i'i}$ の差の重みであったが，そのアルゴリズムは，$e_{i'i}$ が j，状態遷移 (i', i)，そして受信記号 r_j の関数であるような，より一般的な場合にも使える．コストが加法的であって，選ばれたパスの過去の区間に依存しない限り，解の最適性は 7.3 節での議論と同様に証明される．

10.3 節で議論したように，各情報記号の更新された重み $a_j = a_j(1) - a_j(0)$ は，第 j 情報記号が 1 および 0 であると仮定したとき，それぞれ訂正される誤りの個数の差を示す．修正ヴィタビアルゴリズムの結果と，系列に対して後ろ向きに同じアルゴリズムを実行した復号結果とを結合することによって，より少ない計算量でこれらの重みを得ることができる．その後ろ向きアルゴリズムも最適解を与えるので，これらの系列は最終的には同一の累積コストをもつことになるが，途中の値は互いに異なっている．ゆえに，時刻 j' において，前向きアルゴリズムは時刻 0 から出発し，時刻 j' の各状態に到達する系列の累積コストの最小値を求め，そして，後ろ向きアルゴリズムは時刻 N から出発し，時刻 j' まで戻ったときの累積コストを求めたことになる．そのため，求めたい情報記号をもつ状態すべてにわたるコストの和の最小値として，もう一つの系列のコストを求めることができる．

こうして，情報記号 u_j についての符号 1 からのメッセージ $m_1(j)$ は，$a_j - m_2(j)$ として求められる．ここで，$m_2(j)$ は符号 2 からのメッセージである．

アルゴリズム 10.6.1（畳込み符号の並列的復号）

入力：受信系列

[1] 修正ヴィタビアルゴリズムを使って，次の重みにより符号 1 を復号する．情報記号が $u_{i'i} = 0$ のとき，

$$e_{i'i}(j) = W(\phi_{i'i} + r_j)$$

とおき，情報記号が $u_{i'i} = 1$ のときは，

$$e_{i'i}(j) = W(\phi_{i'i} + r_j) + m_2(j)$$

とおく．

[2] 後ろ向きの復号を繰り返して，累積重み $\mu_{i'}(j)$ を得る．

[3] 各 j' に対し，時刻 j' における情報記号の新しい重み $a_{j'}$ を，最尤系列と時刻 j' で反対の情報記号をもつ最適系列の重みの差として求める．

> [4] 各情報記号に対するメッセージを $m_1(j') = a_{j'} - m_2(j')$ として生成する．
> [5] 情報記号の並び替えを行ってから，これらのメッセージを用いて，符号 2 を復号する．
> [6] 二つの復号段階を，既定回数まで反復する．
>
> **出力**：復号された情報系列

◆**例 10.6.2（畳込み符号の並列的復号）** 非常に小さい並列的符号化を考えることにより，復号の原理を説明しよう．符号化率 1/2 とメモリ 1 をもち，$g = (11.01)$ によって生成される組織的畳込み符号を考える．情報ビットは 4×4 配列の形に並べられ，検査ビットは 2 組の同様な形のブロックに格納される．（例 10.6.1 と同様に）以下のような，情報ビットの中に 4 個の誤りをもつ受信語（零符号語に対応する）を考える．

$$\begin{bmatrix} 1 & 1 & 0 & 0 & 0 & 0 & 0 & 0 & 0 & 0 & 0 & 0 \\ 1 & 1 & 0 & 0 & 0 & 0 & 0 & 0 & 0 & 0 & 0 & 0 \\ 0 & 0 & 0 & 0 & 0 & 0 & 0 & 0 & 0 & 0 & 0 & 0 \\ 0 & 0 & 0 & 0 & 0 & 0 & 0 & 0 & 0 & 0 & 0 & 0 \end{bmatrix}$$

最初の 2 行，または，2 列を復号すると，(10.10.00.00.10.10.00.00) は同等に最良な 5 個の系列を与える．それは，零系列と以下の系列である．

$$(11.10.01.00.00.00.00.00)$$
$$(00.00.00.00.11.10.01.00)$$
$$(11.10.01.00.11.10.01.00)$$
$$(11.10.10.10.10.10.01.00)$$

結果として，最初の 6 個の情報記号は重み 0 をもつ．受信語中の 1 である 4 個の位置に対し，この寄与はメッセージから差し引かれる．このようにして，第 2 の復号では，零語が選ばれる．

典型的な構成では，一つのフレームは約 10000 個の情報記号と擬似ランダムインターリーバーを使う．そして，2 組の検査記号は，7.1 節で簡単に議論したような，組織的有理符号化関数 $(1+x^4)/(1+x+x^2+x^3+x^4)$ をもつ 16 状態符号器によって作られる．成分符号のメモリを増やしても，並列的復号の性能は改善しない．

10.7 問題

問題 10.7.1

(1) 問題 5.5.6 にて $(21, 12, 5)$ 巡回符号を考えた．その生成多項式に因子 $x+1$ を追加す

ることによって，生成多項式 $g(x) = x^{10} + x^7 + x^6 + x^4 + x^2 + 1$ をもつ $(21, 11, 6)$ 符号を得る．そして，この符号の検査多項式は $h(x) = x^{11} + x^8 + x^7 + x^2 + 1$ となる．情報記号が (11011011000) であるとき，この $(21, 11, 6)$ 符号の組織的な符号化を行え．パリティ検査多項式を用いて，最初の検査記号を決定し，1回ごとに1ビットずつ，ほかの記号を次々に求めよ．この過程を，例 10.1.1 で述べた消失訂正方法と比較せよ．

(2) 多数決復号によって，受信ベクトル (010110100110110110110) を復号せよ．

問題 10.7.2

(1) 立方体の構造を用いて，次のようにパリティ検査行列を構成せよ．一つの2元記号を各枝に関連させ，各頂点が3本の接続している枝に対するパリティ検査を表すようにする．その行列を書き出せ．

(2) この符号のパラメータを求めよ．

(3) できるだけ多くの記号をもつ木符号を求めよ．

(4) 二つの木符号を結合することによって，どのように1個の誤りを訂正できるかを示せ．

問題 10.7.3

(1) ビットフリッピングアルゴリズムを用いて，問題 10.7.1 の符号の復号を，受信語 (010110100110111110110) に対して行え．

(2) 何個の誤りが訂正されるか？

(3) 記号を異なった順序で復号するとき，その結果は同じか？

(4) メッセージパッシングを用いて，復号を反復せよ．

問題 10.7.4

(1) 問題 10.7.1 のパリティ検査行列を用いて，木符号におけるメッセージパッシングにより，ベクトル (111010001110101) を復号せよ．

(2) さらに2回以上の反復によって復号を行え．その決定は最尤復号か？

問題 10.7.5

(1) 次の生成行列と検査行列をもつ成分符号（自己双対符号）どうしの積符号を考える．

$$\begin{bmatrix} 0 & 1 & 0 & 1 & 0 & 1 & 0 & 1 \\ 0 & 0 & 1 & 1 & 0 & 0 & 1 & 1 \\ 0 & 0 & 0 & 0 & 1 & 1 & 1 & 1 \\ 1 & 1 & 1 & 1 & 1 & 1 & 1 & 1 \end{bmatrix}$$

この符号のパラメータはいくつか？

(2) 次の受信語を復号せよ．

$$\begin{bmatrix} 0 & 1 & 1 & 0 & 0 & 1 & 1 & 1 \\ 1 & 1 & 0 & 0 & 0 & 0 & 1 & 1 \\ 0 & 0 & 0 & 1 & 1 & 1 & 0 & 0 \\ 0 & 0 & 1 & 1 & 1 & 1 & 0 & 0 \\ 0 & 0 & 1 & 1 & 0 & 1 & 0 & 0 \\ 0 & 0 & 1 & 1 & 1 & 1 & 0 & 0 \\ 0 & 1 & 0 & 0 & 0 & 0 & 1 & 1 \\ 1 & 1 & 0 & 0 & 0 & 0 & 1 & 1 \end{bmatrix}$$

問題 10.7.6

(1) 大きな積符号において，それぞれの行と列において平均3個の誤りがあるとする．誤りはランダムに分布することと，成分符号は，ポアソン分布でよく近似される誤りの個数に対し，十分長いことを仮定する．行符号の最初の復号後，一つの列における平均誤り個数はいくつか？

(2) 列符号が復号されるとき，残りの誤りの何割が復号されるか？

(3) 列復号後，一つの行に4個の誤りが存在する確率はいくらか？

第 11 章

代数幾何符号
Algebraic Geometry Codes

本章では，代数的ブロック符号の一つのクラスについて簡単に説明する．この符号クラスは，リード・ソロモン符号の一般化である．

体 $\mathbb{F}_q$ 上のリード・ソロモン符号は高々 q の符号長しかもたない．しかし，本章で扱う**代数幾何符号** (algebraic geometry code) とよばれる符号は，ずっと大きい符号長をもつことができる．ここでは一般的な理論は記述せず，将来的に実用化される可能性が最も高いと考えられる一つの特別な符号クラスについて概説する．

11.1 エルミート曲線符号

(n,k) リード・ソロモン符号の符号語は，関数（体 $\mathbb{F}_q$ 上の次数が k より小さい任意の多項式）について，体 $\mathbb{F}_q$ の n 個の特定の元 $(x_1, x_2, \ldots, x_n)$ における値を求めることによって得ることができる．とくに，この符号の基底は，単項式 $1, x, \ldots, x^{k-1}$ のそれぞれについて，上記の n 個の元における値を求めることによって得られた．

代数幾何符号は，体 $\mathbb{F}_q$ の代わりに，ある幾何学的対象（すなわち，曲線や高次元の曲面など）から点を選び，さらに，関数のふさわしい集合を選択するという意味で，リード・ソロモン符号のアイデアを一般化することによって得られる．選ばれた点におけるこれらの関数の値の組を求めれば，符号語が与えられる．点と関数を適切に選ぶことで，（大きな q や n に対し）従来よく知られた符号よりもよい符号が得られることがわかっている．

この符号クラスを記述するためには，2 変数多項式についてのいくつかの性質を知っておく必要がある．F を体とするとき，$F[x,y]$ は，F の元を係数としてもつ変数 x, y の多項式，すなわち，次の形の式の集合を表す．

$$a_{m,n}x^m y^n + \cdots + a_{i,j}x^i y^j + \cdots + a_{0,1}y + a_{1,0}x + a_{0,0}$$

ここで，$a_{i,j} \in F$ である．多項式の**次数** (degree) は，$a_{i,j} \neq 0$ となるような最大の $i+j$ の値である．1変数多項式の場合と同様に，2変数多項式も，正の次数をもつ多項式の積の形で書けない場合，**既約** (irreducible) であるという．

リード・ソロモン符号に対する定理 2.2.2 と同じ役割を果たす定理を，以下に証明抜きで示す．

定理 11.1.1（ベズーの定理 (Bézout theorem)**）** $f(x,y), g(x,y) \in F[x,y]$ とし，$f(x,y)$ が既約で次数 m をもち，$g(x,y)$ が次数 n をもつとする．$g(x,y)$ が $f(x,y)$ の倍多項式でないならば，これら二つの多項式は，F^2 中に高々 mn 個の共通零点をもつ．

以下に，**エルミート曲線符号**とよばれる代数幾何符号について述べる．それを構成するには，特定の**曲線** (curve) 上の点を選び，さらに，関数のふさわしい集合を選択しなければならない．これらの関数の，選ばれた点における値の組が，符号語を与える．この構成法は，ほかの曲線や曲面など，一般の場合の一つの例になっている．

方程式
$$x^{q+1} - y^q - y = 0$$
を満たす $\mathbb{F}_{q^2}^2$ のすべての点を，$P_1 = (x_1, y_1), P_2 = (x_2, y_2), \ldots, P_n = (x_n, y_n)$ として選ぶ．多項式 $x^{q+1} - y^q - y$ は（体 $\mathbb{F}_{q^2}$ 上[†1]）既約であることが示される（問題 11.3.3 参照）．これらの点が体 $\mathbb{F}_{q^2}$ 上の成分をもつことに注意しよう．上記の記号を使って，次を得る．

補題 11.1.1 $n = q^3$ である．これらの点は，$\beta^q + \beta = 0$ を満たす $\beta \in \mathbb{F}_{q^2}$ を用いて $(0, \beta)$ と表されるもの（q個存在），および，$\mathbb{F}_{q^2}$ の原始元 α に対し，$\beta_i{}^q + \beta_i = \alpha^{i(q+1)}$ を満たす $\beta_i \in \mathbb{F}_{q^2}$ を用いて $(\alpha^{i+j(q-1)}, \beta_i)$，$i = 0, 1, \ldots, q-2$, $j = 0, 1, \ldots, q$ と表されるもの（各 (i,j) について q 個存在）からなる．

[証明] まず，$\beta \in \mathbb{F}_{q^2}$ ならば，$\beta^q + \beta \in \mathbb{F}_q$ であることに注意しよう．また，$\beta_1^q + \beta_1 = \beta_2^q + \beta_2$ ならば，$\beta_1^q - \beta_2^q + \beta_1 - \beta_2 = 0$ より $(\beta_1 - \beta_2)^q + (\beta_1 - \beta_2) = 0$ となる．多項式 $x^q + x$ は，$\mathbb{F}_{q^2}$ 内にちょうど q 個の根をもつ（問題 2.6.12 参照）．したがって，$\beta^q + \beta = 0$ を満たす β が q 個存在し，α^{q+1} が $\mathbb{F}_q$ の原始元であることに注意すると，各 $i \in \{0, 1, \ldots, q-2\}$ に対し，$\beta^q + \beta = \alpha^{i(q+1)}$ となる β がやはり q 個存在することがわかる[†2]．前者（$y^q + y = 0$）の場合は，$x^{q+1} = 0$ より $x = 0$ となる

[†1] 訳者注：実際は，体 $\mathbb{F}_q$ の任意の拡大体 $\mathbb{F}_{q^i}$, $i \geq 1$ 上で既約である（絶対既約という）．

[†2] 訳者注：任意の $\beta \in \mathbb{F}_{q^2}$ に対し，$\beta^q + \beta \in \mathbb{F}_q$ であり，α^{q+1} が $\mathbb{F}_q$ の原始元であることから，ある i を用いて，$\beta^q + \beta = \alpha^{i(q+1)}$ となる．このような β を β_i と記す．

が，後者 ($y^q + y = \alpha^{i(q+1)}$) の場合は，$x^{q+1} = \alpha^{i(q+1)}$ が $q+1$ 個の解 $\alpha^{i+j(q-1)}$，$j = 0, 1, \ldots, q$ をもつ．結局，点の総数は $n = q + (q^2 - q)(q+1) = q^3$ である． □

符号の構成に必要な関数の集合を記述するために，次を導入する．

> **定義 11.1.1** $x^a y^b \in \mathbb{F}_{q^2}[x, y]$ に対し，**位数関数** (order function) $\rho: \mathbb{F}_{q^2}[x, y] \to \mathbb{N}_0$ は以下で定義される．
> $$\rho(x^a y^b) = aq + b(q+1)$$
> そして，$f(x, y) = \sum_{i,j} f_{i,j} x^i y^j \in \mathbb{F}_{q^2}[x, y]$ に対しては，以下で定義される．
> $$\rho(f(x, y)) = \max_{f_{i,j} \neq 0} \rho(x^i y^j)$$

$\rho(f(x,y)g(x,y)) = \rho(f(x,y)) + \rho(g(x,y))$，かつ $\rho(x) = q$, $\rho(y) = q+1$ であることに注意しよう．

以上に基づいて，エルミート曲線符号を定義する．

> **定義 11.1.2** s を $s < n - q^2 + q$ であるような自然数とする．体 $\mathbb{F}_{q^2}$ 上の**エルミート曲線符号** (Hermitian code) $H(s)$ は，以下の符号語からなる．
> $$(f(P_1), f(P_2), \ldots, f(P_n))$$
> ここで，$\rho(f(x, y)) \leq s$ かつ $\deg_x(f(x, y)) < q+1$ である任意の $f(x, y) \in \mathbb{F}_{q^2}[x, y]$ をとる．

この構成法より，符号長が n であり，また，これが線形符号であることが容易にわかる．この符号の次元を定めるには，
$$M(s) = \{x^a y^b \mid 0 \leq \rho(x^a y^b) \leq s,\ 0 \leq a < q+1\}$$
の各単項式の $P_1, P_2, \ldots, P_n$ における値の組を求めることによって符号の基底が得られることに注意すればよい．それを示すために，まず，次を証明する．

補題 11.1.2 $M(s)$ の元は互いに異なる位数をもつ．

[証明] $\rho(x^{a_1} y^{b_1}) = \rho(x^{a_2} y^{b_2})$ のとき $a_1 q + b_1(q+1) = a_2 q + b_2(q+1)$ であるから，$(a_1 - a_2 + b_1 - b_2)(q+1) = a_1 - a_2$ となる．しかし，右辺の絶対値は $q+1$ より小さいので，$a_1 = a_2$ でなければならない．ゆえに，$b_1 = b_2$ である． □

逆に，このことは，これらの単項式の自然な順序がそれらの ρ の値によって与えられることを意味している．そこで，これらの単項式をその順序で並べて，$\phi_0, \phi_1, \ldots$ と表すことにしよう．

◆**例 11.1.1** $q = 4$ とする．最初の 10 個の単項式とそれらの位数は，以下のとおりである．

単項式	1	x	y	x^2	xy	y^2	x^3	x^2y	xy^2	y^3
位数	0	4	5	8	9	10	12	13	14	15

補題 11.1.3 $M(s) = \{\phi_0, \phi_1, \ldots, \phi_v\}$ であるとして，単項式 $\phi_0, \phi_1, \ldots, \phi_v$ それぞれについて，点 $P_1, P_2, \ldots, P_n$ における値を求めることによって得られるベクトルは，1 次独立である．

[証明] $\lambda_0 \phi_0(P_j) + \cdots + \lambda_v \phi_v(P_j) = 0$, $j = 1, 2, \ldots, n$ と仮定しよう．
このことは，多項式 $\phi(x, y) = \lambda_0 \phi_0(x, y) + \cdots + \lambda_v \phi_v(x, y)$ が n 個の零点をもつことを意味する．$\deg_x(\phi(x, y)) < q + 1$ であるから，$\phi(x, y)$ は $x^{q+1} - y^q - y$ の倍多項式ではなく，その次数は $(s+q)/(q+1)$ 以下である．$P_1, P_2, \ldots, P_n$ は，次数が $q+1$ の方程式 $x^{q+1} - y^q - y = 0$ で定義される曲線上の点であるから，定理 11.1.1 によって，零点の個数は高々 $s+q$ である．しかし，$s + q < n$ であるので，$\lambda_0 \phi_0(x, y) + \cdots + \lambda_v \phi_v(x, y)$ は恒等的に 0 でなければならず，したがって，$\lambda_0 = \lambda_1 = \cdots = \lambda_v = 0$ となる． □

$\mu(s)$ を $M(s)$ の元の個数とする．このとき，次が成り立つ．

定理 11.1.2 $s > q^2 - q - 2$ のとき $\mu(s) = s + 1 - (q^2 - q)/2$ であり，$s > q^2 - q - 1$ に対しては，$aq + b(q+1) = s$ を満たす (a, b), $0 \le a \le q$, $0 \le b$ が存在する[†]．

[証明] s についての帰納法による．$s = q^2 - q - 1$ のとき，各 j, $0 \le j \le q - 1$ に対して，$a = j$ である不等式の解の個数は $q - 1 - j$ であり，したがって，解の個数は定理で述べているとおりの $(q^2 - q)/2$ となる．$s = q^2 - q$ のときは，$(q-1)q = s$ より，定理が成立することがわかる．$q^2 - q \le s^* < s$ であるようなすべての s^* について正しいとする．このとき，$a_1 q + b_1(q+1) = s - 1$ と仮定してよいから，$a_1 > 0$ ならば $(a_1 - 1)q + (b_1 + 1)(q+1) = s$ となることより，定理が成立する．$a_1 = 0$ のときは，$s = q \cdot q + (b_1 + 1 - q)(q+1)$ である． □

以上をまとめると，次が得られる．

[†] 訳者注：一般に，$\mu(s) \ge s + 1 - (q^2 - q)/2$ が成り立つ．

定理 11.1.3 符号 $H(s)$ の次元は

$$k(s) \begin{cases} > s + 1 - \dfrac{q^1 - q}{2} & (0 \leq s \leq q^2 - q - 2 \text{ のとき}) \\ = s + 1 - \dfrac{q^2 - q}{2} & (q^2 - q - 2 < s < n - q^2 + q \text{ のとき}) \end{cases}$$

数 $g = (q^2 - q)/2$ は，曲線 $x^{q+1} - y^q - y = 0$ の**種数** (genus) とよばれる．これは，位数として現れない自然数の個数であることが証明できる．以上から，次を得る．

系 11.1.1 $r \geq g$ ならば $\rho(\phi_r) = r + g$ となる．また，$r < g$ ならば $\rho(\phi_r) < r + g$ となる．

また，以下が成立する．

定理 11.1.4 $H(s)^\perp = H(n + q^2 - q - 2 - s)$

[証明] $s > q^2 - q - 2$ の場合だけを証明しよう．上記から $k(s) + k(n + q^2 - q - 2 - s) = n$ であることがすぐわかるので，$H(s)$ の任意の元が $H(n + q^2 - q - 2 - s)$ の任意の元と直交することを示せば十分である．

このことは，(a_1, b_1) と (a_2, b_2) が $a_1 q + b_1(q+1) \leq s$，$a_1 < q+1$ と $a_2 q + b_2(q+1) \leq n + q^2 - q - 2 - s$，$a_2 < q+1$ を満たすとき，

$$\sum_{i=0}^{n} x^{a_1 + a_2} y^{b_1 + b_2}(P_i) = 0$$

となることを示すことと同じである．補題 11.1.1 により，この方程式の左辺は，次と同じである．

$$\sum_{\beta^q + \beta = 0} 0^{a_1 + a_2} \beta^{b_1 + b_2} + \sum_{i=0}^{q-2} \sum_{\beta^q + \beta = \alpha^{i(q+1)}} \beta^{b_1 + b_2} \sum_{j=0}^{q} (\alpha^{i + j(q-1)})^{a_1 + a_2}$$

$a_1 + a_2 = 0$ のとき，これは

$$\sum_{\beta^q + \beta = 0} \beta^{b_1 + b_2} = 0$$

であり，$a_1 + a_2 \neq 0$ のときは

$$\sum_{i=0}^{q-2} \alpha^{i(a_1 + a_2)} \sum_{\beta^q + \beta = \alpha^{i(q+1)}} \beta^{b_1 + b_2} \sum_{j=0}^{q} \alpha^{j(q-1)(a_1 + a_2)}$$

となる．$\alpha^{(q-1)(a_1 + a_2)} \neq 1$ のときは，

$$\sum_{j=0}^{q} \alpha^{j(q-1)(a_1 + a_2)} = \frac{\alpha^{(q^2 - 1)(a_1 + a_2)} - 1}{\alpha^{(q-1)(a_1 + a_2)} - 1}$$

より，この和は 0 となる．$\alpha^{(q-1)(a_1+a_2)} = 1$ の場合は，問題 11.3.4 として残す． □

いまや，符号 $H(s)$ のパリティ検査行列を得るのは容易である．その行は，$M(n+q^2-q-2-s)$ に含まれる関数の，点 $P_1, P_2, \ldots, P_n$ における値を求めれば得られる．

本節の最後に，エルミート曲線符号の最小距離の値について議論しよう．次が成り立つ．

定理 11.1.5 符号 $H(s)$ の最小距離 $d(s)$ は，以下の不等式を満たす．

$$d(s) \geq n - s$$

[証明の一部] ある非負整数 h に対し，$s = h(q+1)$ である場合だけを証明する．$H(s)$ の符号語 $(f(P_1), \ldots, f(P_n))$ が $n-s$ 以上の重みをもつことを，多項式 $f(x,y)$ が $P_1, \ldots, P_n$ 中に，s 個以下の零点をもつことを示すことによって証明しよう．$aq + b(q+1) \leq h(q+1)$ であるから，$(a+b)(q+1) \leq h(q+1) + q$ より，$a+b \leq h + q/(q+1)$ となるので，$a+b \leq h$ である．したがって，$f(x,y)$ の次数は h 以下である．$P_1, P_2, \ldots, P_n$ が次数 $q+1$ の曲線上にあることから，定理 11.1.1 によって，$f(x,y)$ は高々 $h(q+1) = s$ 個の零点しかもたない． □

s のほかの値の場合についての証明は容易ではないが，実際，$d(s) \geq n - s$ であることが証明できる．

定理 11.1.3 と定理 11.1.5 をあわせると，次のことがわかる．

系 11.1.2 符号 $H(s)$ について，$d(s) \geq n - k(s) + 1 - g$ が成立する．

リード・ソロモン符号については，$d = n - k + 1$ が成立する．一方，代数曲線符号の最小距離 d は $n - k + 1$ より小さいが，符号長 n はより大きくなっている．

◆**例 11.1.2 (有限体 $\mathbb{F}_{16}$ 上のエルミート曲線符号)** $q = 4$ のとき，$s = 11, 12, \ldots, 51$ に対し，$\mathbb{F}_{16}$ 上の $(64, s-5, 64-s)$ 符号が得られる．$\mathbb{F}_{16}$ 上の $(64, 32, 27)$ 符号と $(8, 4, 4)$ 拡大ハミング符号とを連接することによって，$(512, 128, 108)$ 2 元符号が得られる．

11.2 エルミート曲線符号の復号

本節では，4.2 節で記述した復号法（アルゴリズム 4.2.1）の変形であるエルミート曲線符号の復号アルゴリズムを説明する．11.1 節で述べた符号 $H(s)$ を考える．符号語 $c = (f(P_1), f(P_2), \ldots, f(P_n))$ と重み τ の誤りベクトル e の和である受信語

$r = (r_1, r_2, \ldots, r_n)$ を仮定する．復号のアイデアは，以下の条件を満たす 3 変数の多項式

$$Q(x, y, z) = Q_0(x, y) + zQ_1(x, y) \in \mathbb{F}_{q^2}[x, y, z]\backslash\{0\}$$

を決定することである．

1. $Q(x_i, y_i, r_i) = 0, \ i = 1, \ldots, n$
2. $\rho(Q_0) \leq s + \tau + g$
3. $\rho(Q_1) \leq \tau + g$

定理 11.2.1 τ 個の誤りが発生しているならば，これら 3 条件を満たす非零の多項式 $Q(x, y, z)$ が少なくとも一つ存在する．

[証明] τ 個の誤りに対して，それらの**誤り位置** (error position) P_j を零点としてもつ多項式 $Q_1(x, y) = \sum_{i=0}^{\tau} \lambda_i \phi_i$ が存在する．$\tau + 1$ 個の未知数をもち，τ 個の同次 1 次方程式からなる同次連立 1 次方程式が得られるが，それは非零の解をもつからである．$f(x, y)$ が送信符号語を与えるならば，$f(P_j)Q_1(P_j) = r_j Q_1(P_j), \ j = 1, 2, \ldots, n$ が成り立つ．なぜならば，P_j が誤り位置でないときは $f(P_j) = r_j$ であり，誤り位置であるときは $Q_1(P_j) = 0$ となるからである．したがって，$Q(x, y, z) = f(x, y)Q_1(x, y) - zQ_1(x, y)$ は三つの条件をすべて満たす． □

定理 11.2.2 誤り個数が $(d - g)/2$ より小さければ[†]，誤り位置は $Q_1(x, y)$ の零点である．

[証明] $\tau < (d - g)/2 = (n - s - g)/2$ のとき，$s + \tau + g < n - \tau$ である．送信符号語が $f(x, y)$ によって与えられるとき，多項式 $Q(x, y, f(x, y))$ は，点 $P_1, P_2, \ldots, P_n$ の中に $n - \tau$ 個以上の零点をもつ．$Q(x, y, f(x, y))$ の次数は $(s + \tau + g)/(q + 1)$ 以下であるので，定理 11.1.1 により，それは零多項式，または，$x^{q+1} - y^q - y$ の倍多項式でなければならない．どちらの場合でも，$Q_0(P_j) + f(P_j)Q_1(P_j) = 0, \ j = 1, 2, \ldots, n$ となる．$Q_0(P_j) + r_j Q_1(P_j) = 0, \ j = 1, 2, \ldots, n$ であるから，辺々を差し引くと，$(r_j - f(P_j))Q_1(P_j) = 0, \ j = 1, 2, \ldots, n$ が得られ，したがって，P_j が誤り位置ならば $Q_1(P_j) = 0$ である． □

以上に基づき，符号 $H(s)$ の復号法を得る．ここで，$l_0 = s + \lfloor(d-g)/2\rfloor$, $l_1 = \lfloor(d-g)/2\rfloor$ とおく．アルゴリズムは以下のとおりである．

[†] 訳者注：この証明中に一部間違いがあると思われる．すなわち，「$Q(x, y, f(x, y))$ の次数は $(s + \tau + g)/(q + 1)$ 以下であるので」というのは，正しくは「$Q(x, y, f(x, y))$ の次数は $(s + \tau + g + q)/(q + 1)$ 以下であるので」である．結局，定理の仮定を「誤り個数が $(d - g - q)/2$ より小さければ」で置き換えたものが証明されていることになる．

アルゴリズム 11.2.1（エルミート曲線符号の復号）

入力：受信語 $r = (r_1, r_2, \ldots, r_n)$

[1] 次の連立1次方程式を解く．

$$\begin{bmatrix} \phi_0(P_1) & \phi_1(P_1) & \cdots & \phi_{l_0}(P_1) & r_1\phi_0(P_1) & r_1\phi_1(P_1) & \cdots & r_1\phi_{l_1}(P_1) \\ \phi_0(P_2) & \phi_1(P_2) & \cdots & \phi_{l_0}(P_2) & r_2\phi_0(P_2) & r_2\phi_1(P_2) & \cdots & r_2\phi_{l_1}(P_2) \\ \vdots & \vdots & \ddots & \vdots & \vdots & \vdots & \ddots & \vdots \\ \phi_0(P_n) & \phi_1(P_n) & \cdots & \phi_{l_0}(P_n) & r_n\phi_0(P_n) & r_n\phi_1(P_n) & \cdots & r_n\phi_{l_1}(P_n) \end{bmatrix}$$

$$\times \begin{bmatrix} Q_{0,0} \\ Q_{0,1} \\ Q_{0,2} \\ \vdots \\ Q_{0,l_0} \\ Q_{1,0} \\ Q_{1,1} \\ \vdots \\ Q_{1,l_1} \end{bmatrix} = \begin{bmatrix} 0 \\ 0 \\ 0 \\ \vdots \\ 0 \\ 0 \\ 0 \\ \vdots \\ 0 \end{bmatrix}$$

[2] $Q_1(x, y) = \sum_{j=0}^{l_1} Q_{1,j}\phi_j$ とおく．

[3] $Q_1(x, y)$ の零点を $P_1, P_2, \ldots, P_n$ の中で求める．

[4] パリティ検査行列と受信語を用いて，最初の $l_1 + g - 1$ 個のシンドロームの値を計算する．

[5] パリティ検査行列，（可能な）誤り位置，そして，計算したシンドロームを用いて連立1次方程式を解き，誤り値を求める．

出力：誤りベクトル

上記の連立1次方程式は，係数行列の各行が三つ組 (x_i, y_i, r_i) に対応していることに注意しよう．すでに見たように，誤り個数が $(d-g)/2$[†] より小さければ，アルゴリズムの出力は正しい復号結果（送信語）を与える．

◆**例 11.2.1**（有限体 $\mathbb{F}_{16}$ 上の符号 $H(27)$ の復号）　この符号はパラメータ $(64, 22, 37)$ をもつので，上記のアルゴリズムは 15 個の誤りを訂正する．特例として，位数 24 をもつ関数 $f(x, y) = x^6$ を考え，$x^5 = 1$ であるような 15 個の点 (x, y) に誤りが生じたと仮定しよう．この場合，多項式 $x^5 - 1$ が $Q_1(x, y)$ として使える（実際，それは，位数 $20 \leq 15 + 6$ をもつことに注意しよう）．そして，誤りのない点 (x, y) において

[†] 訳者注：より正確には，$(d - g - q)/2$ である．

$Q_0(x,y) = f(x,y)Q_1(x,y)$ が成り立つ．したがって，$Q_0(x,y) = x^{11} + x^6$ を使うことができる．最後に，20 個の方程式からなる連立 1 次方程式を解いて，誤り値を得る．この場合，15 個を超える誤りを訂正することもできるが，$Q_0(x,y)$ および $Q_1(x,y)$ としては，以上と異なる解が存在することになる．

上記のアルゴリズムに対し，4.3 節で述べたような変種を与えることもできる．それを一般化することによって，最小距離の半分までのすべての誤りパターンを復号することが可能である．その詳細は，該当する文献を参照されたい[†]．

11.3 問 題

問題 11.3.1
(1) $s = 27$ のとき，$\mathbb{F}_{16}$ 上の符号 $H(s)$ のパラメータの値はいくらか？
(2) この符号の生成行列を求めよ．
(3) この双対符号のパラメータの値はいくらか？
(4) この符号のパリティ検査行列はどのようにして求めればよいか？

問題 11.3.2 (プロジェクト) $\mathbb{F}_{16}$ 上の符号 $H(s)$ に対する復号アルゴリズムを実現するプログラムを作成せよ．
最小距離の半分までの重みをもつランダム誤りパターンを復号することを試みよ．

問題 11.3.3 多項式 $x^{q+1} - y^q - y$ が，$\mathbb{F}_{q^2}[x,y]$ において既約であることを示せ．
(ヒント：$x^{q+1} - y^q - y$ を $(a(x) + yb(x,y)) \cdot (c(x) + yd(x,y))$ の形で表せ．)

問題 11.3.4 $\alpha^{(q-1)(a_1+a_2)} = 1$ の場合を考えて，定理 11.1.4 の証明を完成させよ．

[†] 訳者注：付録 E.1 に概略を記したリード・ソロモン符号の拡張リスト復号法（原著第 1 版の翻訳から再録）を，代数幾何符号に適用できるように変形したもの．

/ 付録 A

線形代数のいくつかの結果
Some Results from Linear Algebra

A.1 ヴァンデルモンド行列

この節では，ある特別な構造をもつ行列について成立する，いくつかの結果を与える．これらの行列は本文中，とくに，第 4 章において重要な役割を演じる．

補題 A.1.1 $\beta \in \mathbb{F}_q$ を位数 n の元，すなわち $\beta^n = 1$ かつ $0 < i < n$ に対し $\beta^i \neq 1$ であるものとし，$j = 1, 2, \ldots, n$ に対し $x_j = \beta^{j-1}$ とおく．$s + a + 1 \leq n$ として，以下の行列を考える．

$$A = \begin{bmatrix} 1 & 1 & \cdots & 1 \\ x_1 & x_2 & \cdots & x_n \\ \vdots & \vdots & \cdots & \vdots \\ x_1^a & x_2^a & \cdots & x_n^a \end{bmatrix}, \quad B = \begin{bmatrix} x_1 & x_2 & \cdots & x_n \\ x_1^2 & x_2^2 & \cdots & x_n^2 \\ \vdots & \vdots & \cdots & \vdots \\ x_1^s & x_2^s & \cdots & x_n^s \end{bmatrix}$$

このとき，次が成立する．

$$BA^T = 0$$

$AB^T = 0$ もまたこれから得られることに注意しよう[†]．

[証明] $C = BA^T$ とおく．B の成分は $b_{ij} = x_j^i$ であり，A の成分は $a_{rj} = x_j^{r-1}$ であることから，C の成分が次のようになることがわかる．

$$c_{ir} = \sum_{j=1}^n x_j^i x_j^{r-1} = \sum_{j=1}^n x_j^{i+r-1} = \sum_{j=1}^n (\beta^{i+r-1})^{j-1}$$

また，$1 \leq i + r - 1 \leq s + a \leq n - 1$ であるから，$\beta^{i+r-1} \neq 1$ となり，

[†] 訳者注：さらに，$s + a + 1 = n$ の場合，行列 A の行ベクトルによって生成される部分空間と行列 B の行ベクトルによって生成される部分空間は，互いに他方の直交補空間になっていることがわかる．

$$c_{ir} = \frac{(\beta^{i+r-1})^n - 1}{\beta^{i+r-1} - 1}$$

を得るが，$(\beta^n)^{i+r-1} = 1$ より結論が得られる． □

$a = n-1$ のとき，行列 A はいわゆる**ヴァンデルモンド行列** (Vandermonde matrix) であり，その行列式は，以下のように計算することができる．

定理 A.1.1 $x_i \in \mathbb{F}_q$ として，次の行列式を考えよう．

$$D_n = \begin{vmatrix} 1 & x_1 & x_1^2 & \cdots & x_1^{n-1} \\ 1 & x_2 & x_2^2 & \cdots & x_2^{n-1} \\ \vdots & \vdots & \vdots & \ddots & \vdots \\ 1 & x_n & x_n^2 & \cdots & x_n^{n-1} \end{vmatrix}$$

このとき，次が成り立つ．

$$D_n = \prod_{i>j}^{n} (x_i - x_j)$$

[証明] n についての帰納法による．明らかに，$D_2 = x_2 - x_1$ である．D_n を，変数 x_n について次数 $n-1$ の多項式として見ることができる．これは根 $x_1, x_2, \ldots x_{n-1}$ をもち，x_n^{n-1} の係数は D_{n-1} であるから，

$$D_n = \prod_{i=1}^{n-1} (x_n - x_i) D_{n-1}$$

が成り立つ．したがって，定理が成立することがわかる． □

系 A.1.1

$$\begin{vmatrix} x_{i_1} & x_{i_2} & \cdots & x_{i_t} \\ x_{i_1}^2 & x_{i_2}^2 & \cdots & x_{i_t}^2 \\ \vdots & \vdots & \ddots & \vdots \\ x_{i_1}^t & x_{i_2}^t & \cdots & x_{i_t}^t \end{vmatrix} = x_{i_1} \cdots x_{i_t} \prod_{1 \leq l < j \leq t} (x_{i_j} - x_{i_l})$$

これは定理 A.1.1 からすぐに示される．後で用いるために，次を示しておく．

系 A.1.2

$$\begin{vmatrix} x_{i_1} & x_{i_2} & \cdots & x_{i_{s-1}} & S_1 & x_{i_{s+1}} & \cdots & x_{i_t} \\ x_{i_1}^2 & x_{i_2}^2 & \cdots & x_{i_{s-1}}^2 & S_2 & x_{i_{s+1}}^2 & \cdots & x_{i_t}^2 \\ \vdots & \vdots & \cdots & \vdots & \vdots & \vdots & \cdots & \vdots \\ x_{i_1}^t & x_{i_2}^t & \cdots & x_{i_{s-1}}^t & S_t & x_{i_{s+1}}^t & \cdots & x_{i_t}^t \end{vmatrix}$$

$$= x_{i_1} \cdots x_{i_{s-1}} \cdot x_{i_{s+1}} \cdots x_{i_t} \prod_{1 \le l < j \le t; l, j \ne s} (x_{i_j} - x_{i_l}) \sum_{r=1}^{t} P_r^{(s)} S_r$$

ただし, $P_r^{(s)}$ は次の多項式の係数である.

$$P^{(s)}(x) = \sum_{r=1}^{t} P_r^{(s)} x^r = (-1)^{t-s} x \prod_{m=1, m \ne s}^{t} (x - x_{i_m})$$

[証明] 系 A.1.1 により,

$$d = \begin{vmatrix} x_{i_1} & x_{i_2} & \cdots & x_{i_{s-1}} & x & x_{i_{s+1}} & \cdots & x_{i_t} \\ x_{i_1}^2 & x_{i_2}^2 & \cdots & x_{i_{s-1}}^2 & x^2 & x_{i_{s+1}}^2 & \cdots & x_{i_t}^2 \\ \vdots & \vdots & \cdots & \vdots & \vdots & \vdots & \cdots & \vdots \\ x_{i_1}^t & x_{i_2}^t & \cdots & x_{i_{s-1}}^t & x^t & x_{i_{s+1}}^t & \cdots & x_{i_t}^t \end{vmatrix}$$

$$= x_{i_1} \cdots x_{i_{s-1}} \cdot x_{i_{s+1}} \cdots x_{i_t} \prod_{1 \le l < j \le t; l, j \ne s} (x_{i_j} - x_{i_l}) (-1)^{t-s} x \prod_{m=1, m \ne s}^{t} (x - x_{i_m})$$

となり, よって,

$$d = x_{i_1} \cdots x_{i_{s-1}} \cdot x_{i_{s+1}} \cdots x_{i_t} \prod_{1 \le l < j \le t; l, j \ne s} (x_{i_j} - x_{i_l}) P^{(s)}(x)$$

となる. この式の両辺の x^j を S_j で取り換えることによって, 証明が完結する. □

行列 A に戻り, その成分を β のべきで書くと, 次のようになる.

$$A = \begin{bmatrix} 1 & 1 & \cdots & 1 \\ 1 & \beta & \cdots & \beta^{n-1} \\ \vdots & \vdots & \cdots & \vdots \\ 1 & \beta^a & \cdots & \beta^{(n-1)a} \end{bmatrix}$$

A が正方行列, すなわち $a = n-1$ であり, また g が n より小さい次数の多項式 $g(x)$ の係数からなる列ベクトルである特別な場合,

$$\bar{g} = Ag$$

は $g(x)$ の値 $g(\beta^{i-1})$ からなる列ベクトルである．$\gamma = \beta^{-1}$ の場合に，以下を満たすことは簡単にわかる．

$$A^{-1} = n^{-1} \begin{bmatrix} 1 & 1 & \cdots & 1 \\ 1 & \gamma & \cdots & \gamma^{n-1} \\ \vdots & \vdots & \ddots & \vdots \\ 1 & \gamma^{n-1} & \cdots & \gamma^{(n-1)(n-1)} \end{bmatrix}$$

このとき，
$$g = A^{-1}\bar{g}$$

となる（n^{-1} という因子があるが，$n|(q-1)$ から $q-1 = an$ であり，ゆえに $n^{-1} \equiv -a \bmod p$ なので意味をなす）．これはリード・ソロモン符号の符号化が，有限体上のある変換として見ることができ（有限体上の離散フーリエ変換とよばれることがある），同様にシンドロームは受信語の変換として記述されることを意味する．

A.2 有用な定理

グラフ符号を調べるために有用な定理を与える．

定理 A.2.1 A を固有値 $\lambda_1 \geq \lambda_2 \geq \cdots \geq \lambda_m$ ($m \geq 2$) をもつ $m \times m$ 実対称行列とし，x_1 を λ_1 に対する固有ベクトルであるとする．$y \in \mathbb{R}^m$ が $x_1 \cdot y = 0$ を満たすとき，次が成り立つ．
$$y^T A y \leq \lambda_2 |y|^2$$

[証明] 一般性を失うことなく，$|x_1| = 1$ と仮定する．$i = 2, \ldots, m$ に対して，$\{x_1, x_2, \ldots, x_m\}$ が $\mathbb{R}^m$ の正規直交基底となるような x_i を，固有値 λ_i に対する固有ベクトルとする．$y = \sum_{i=1}^m \alpha_i x_i$ とする．ここで，$\alpha_i = x_i \cdot y$ であり，$\alpha_1 = 0$ である．いま，
$$Ay = \sum_{i=2}^m \alpha_i A x_i = \sum_{i=2}^m \alpha_i \lambda_i x_i$$
であり，したがって，次のように定理が示される．
$$y^T A y = \sum_{i=2}^m \alpha_i \lambda_i y^T x_i = \sum_{i=2}^m \sum_{j=2}^m \alpha_i \lambda_i \alpha_j x_j^T x_i$$
$$= \sum_{i=2}^m \alpha_i^2 \lambda_i \leq \lambda_2 \sum_{i=2}^m \alpha_i^2 = \lambda_2 |y|^2 \qquad \square$$

付録 B

通 信 路
Communication Channels

いくつかの通信路において，出力は，(調整された) 入力と正規分布に従って独立に生起する雑音の和として正確に記述される．たとえば，さまざまな符号化技術がはじめて応用された深宇宙通信では，この記述が当てはまる．この付録では，本書において学ぶ符号がそのような通信路にどのように適用されるか，そして，復号技術をどのように修正すればうまく機能するのかを述べる．

B.1 ガウス通信路

第 3 章において導入された相互情報量の概念は，実数変数に拡張することができる．式 (3.5) を次のように修正することで相互情報量を定義する．

$$I(X;Y) = E\left[\log \frac{p(y|x)}{p(y)}\right] \tag{B.1}$$

ここで，p は確率密度関数である．二つの確率の比として，確率密度関数の比を使えることに注意しよう．この定義でも，可能な入力確率分布に対する相互情報量 I の最大値が通信路容量である．実用上重要な，特別な場合についてのみ考えよう．

> **定義 B.1.1** 離散時間無記憶加法的ガウス通信路は，確率変数 X と Y によって定義される．ただし，X は平均値 0 と標準偏差 σ をもち，$Y = X + N$ である．雑音を表す N は，X とは独立な確率変数で，平均値 0 と標準偏差 ρ の正規分布に従う．

証明はしないが，以下のことに注意しよう．相互情報量は，Y が正規分布をもつように選ぶことによって最大化できる．そして，そのことは，X が正規分布になることを意味する．このように選ぶことにより，通信路容量が計算できる．

定理 B.1.1　離散無記憶ガウス通信路の通信路容量は次のようになる．
$$C = \frac{1}{2}\log\left(1 + \frac{\sigma^2}{\rho^2}\right) \tag{B.2}$$

[証明]　標準偏差 α をもつ正規確率密度関数 $p(x)$ に対し，
$$E\left[\log p(x)\right] = -\frac{1}{2}\log(2\pi\alpha^2) + E\left[-\frac{x^2}{2\alpha^2}\log e\right]$$
となり，分散の定義より，最後の項は $-(1/2)\log e$ となる．この式を，出力 Y と，X が与えられたという条件のもとでの Y の条件付き分布，すなわち，雑音の分布に適用することによって，本定理が得られる．　　□

多くの通信システムにおいて，変調システムは同等で互いに独立な二つの通信路の結合（直交変調 (quadrature modulation)）を引き起こす．これらを一つの複素通信路として表現するのが好都合であることが多い．そのとき，雑音は複素正規確率変数となる．式 (B.2) により与えられた値の 2 倍がその通信路容量になることがわかる．

B.2　ガウス通信路と量子化

前節において述べたように，ガウス通信路の相互情報量は，入力として正規分布を用いることによって最大となる．しかし，実用上の通信に対しては，できる限り少ない個数のレベルをもった離散入力分布を用いるのが便利である．明らかに，$\log A$ の通信路容量を達成するには A 個以上の入力記号を用いなければならない．同様に，量子化された出力を用いることが可能ならば，受信器も簡単なものでよい．出力の量子化レベルを入力のものと同じにするのが最も容易であるが，さらに細かく量子化することにより，もっとよい性能を得ることができる．

◆**例 B.2.1（量子化されたガウス通信路）**　入力として ± 1 を用い，出力として正負の信号を観察することによって，ガウス通信路は 2 元対称通信路 (BSC) に変換することができる．平均値 0 と分散 1 をもつ正規確率変数が値 α を超える確率を $Q(\alpha)$ とすると，この離散通信路のビット誤り確率は $p = Q(1/\rho)$ となる．前節のガウス通信路において，$\sigma = \rho = 1$ の場合，$C = 1/2$ となる．一方，$Q(1) = 0.1587$ であり，$p = 0.1587$ のときの BSC の通信路容量は 0.3689 である．したがって，量子化による性能の劣化は大きい．しかし，その劣化の大半は出力の量子化によるものである．

入力アルファベットは実数値の集合 $\{x_1, x_2, \ldots, x_r\}$ であり，出力は閾値の集合 $\{s_1, s_2, \ldots, s_m\}$ と比較されるとする．このとき，出力アルファベットは $\{y_1, y_2, \ldots,$

y_{m+1}} となる．ただし，離散出力は，実数値出力 $x+n$ が $x+n < s_1$ のとき y_1，$1 < j < m+1$ に対しては $s_{j-1} \leq x+n < s_j$ のとき y_j，$x+n \geq s_m$ のとき y_{m+1} である．ρ を雑音の標準偏差とすると，遷移確率は次式によって求めることができる．

$$P(y_j|x_i) = Q\left(\frac{x_i - s_j}{\rho}\right) - Q\left(\frac{x_i - s_{j+1}}{\rho}\right) \tag{B.3}$$

◆**例 B.2.2 (例 B.2.1 の続き)** 上記の例と同じ通信路に対し，2元入力は同じであるが，閾値の集合 $\{0, \pm 1/2, \pm 1, \pm 3/2\}$ によって定義される 8 個の出力記号を用いるとき，遷移確率行列は

$$Q = \begin{bmatrix} 0.3085 & 0.1915 & 0.1915 & 0.1499 & 0.0918 & 0.0441 & 0.0165 & 0.0062 \\ 0.0062 & 0.0165 & 0.0441 & 0.0918 & 0.1499 & 0.1915 & 0.1915 & 0.3085 \end{bmatrix}$$

となる．そして，この離散通信路の通信路容量は $C = 0.4773$ となる．

例 B.2.1 で説明したように，ガウス通信路は，離散入力アルファベットと出力の適当な量子化を実行することによって離散通信路に変換することができる．離散通信路の通信路容量の上界が，同じ入力の分散と雑音をもつガウス通信路に対する値 (B.2) により与えられる．とくに，2元符号は 1 より小さい通信路容量の通信路において使うことができるが，最良の性能を得るためには 4〜16 個の出力レベルを用いること（軟判定 (soft decision) という）が多い．

◆**例 B.2.3 (複素ガウス通信路)** 複素ガウス通信路に対してよく用いられる送信信号点の集合は，16 値直交振幅変調方式 (16QAM: quadrature amplitude modulation) として知られている $\{\pm 1 \pm i, \pm 1 \pm 3i, \pm 3 \pm i, \pm 3 \pm 3i\}$ である．出力において，実数部と虚数部の両方に対し 0 と ± 2 の閾値を用いることによって，複素平面が 16 個の判定領域に分割される．入力記号が等確率で生起する場合，入力の分散は 5 である．4 通りの $00, 01, 11, 10$ に符号化することにより，16 個の入力点をうまく 2 元入力記号に写像することができる．このようにして，受信信号を実軸方向または虚軸方向で隣接する記号に間違って解釈する誤りは，1 個のビット誤りを生じる．したがって，この通信路上で 2 元符号を利用することによる大きな損失はない．もう一つの方法は，リード・ソロモン符号を使うことである．

B.3 最尤復号

離散アルファベットから等確率で生起する符号語を送信に用いるとき，受信器は，条件付き確率 $P(r|c_i)$ を最大化するような符号語 $c_i = (c_{ij})$ を復号語として選ぶべき

である．これは最尤復号といわれる．無記憶通信路に対しては，この条件付き確率は，記号（成分 c_{ij}, $1 \leq j \leq n$）全体にわたる積として表される．その計算は，より簡単な，次のような対数和の最大化に帰着させることができる．

$$\sum_j \log P(r_j|c_{ij}) \tag{B.4}$$

2元の場合，送信記号と反対の値が送られたという条件のもとでの条件付き対数確率との差をとることによって，より簡単な式を得る．この式を用いても判定は変わらない．正規分布の場合は，以下のようになる．

$$\sum_j \left[-\left(\frac{r_j - c_{ij}}{2\rho}\right)^2 + \left(\frac{r_j + c_{ij}}{2\rho}\right)^2 \right]$$

この結果は，受信器が次の相関を最大化することを意味する．

$$\sum_j r_j c_{ij} \tag{B.5}$$

それは，次の式を最小化することと等価である．

$$\sum_j c_{ij}(c_{ij} - r_j) \tag{B.6}$$

したがって，通信路の出力を $A-1$ 個の等間隔の閾値を用いて量子化するとき，記号に対する重みとして整数値 $\{0, 1, \ldots, A-1\}$ を用いればよい．

そのような重みの集合を用いることによって，畳込み符号に対するヴィタビアルゴリズムやブロック符号の反復的復号などの技法を，いわゆる軟判定によって修正したうえで適用することができる．

付録 C

最小多項式の表
Tables of Minimal Polynomials

α を $\mathbb{F}_{2^m}$ の原始元として，α^i の最小多項式を以下の表で示す．表は次のように使う．

1. m の値で体を選ぶ．
2. i の値で，α のべき α^i を選ぶ．
3. 表から，α^i の最小多項式の非零項（x のべき x^j）の次数 j を読み出す．

◆例 C.0.1　$\mathbb{F}_8$ における α^3 の最小多項式を求める．
1. $\mathbb{F}_8 = \mathbb{F}_{2^3}$ なので $m = 3$ を選ぶ．
2. α^3 なので $i = 3$ を選ぶ．
3. 表中，$m = 3$, $i = 3$ のときの値 $(0, 2, 3)$ は，α^3 の最小多項式が $x^3 + x^2 + 1$ であることを示す．

$m = 2$

α の指数	非零項の次数列
$i = 1$	$(0, 1, 2)$

$m = 3$

α の指数	非零項の次数列	α の指数	非零項の次数列
$i = 1$	$(0, 1, 3)$	$i = 3$	$(0, 2, 3)$

$m = 4$

$i = 1$	$(0, 1, 4)$	$i = 3$	$(0, 1, 2, 3, 4)$	$i = 5$	$(0, 1, 2)$	$i = 7$	$(0, 3, 4)$

$m = 5$

$i = 1$	$(0, 2, 5)$	$i = 3$	$(0, 2, 3, 4, 5)$	$i = 5$	$(0, 1, 2, 4, 5)$
$i = 7$	$(0, 1, 2, 3, 5)$	$i = 11$	$(0, 1, 3, 4, 5)$	$i = 15$	$(0, 3, 5)$

$m = 6$

$i = 1$	$(0, 1, 6)$	$i = 3$	$(0, 1, 2, 4, 6)$	$i = 5$	$(0, 1, 2, 5, 6)$
$i = 7$	$(0, 3, 6)$	$i = 9$	$(0, 2, 3)$	$i = 11$	$(0, 2, 3, 5, 6)$
$i = 13$	$(0, 1, 3, 4, 6)$	$i = 15$	$(0, 2, 4, 5, 6)$	$i = 21$	$(0, 1, 2)$
$i = 23$	$(0, 1, 4, 5, 6)$	$i = 27$	$(0, 1, 3)$	$i = 31$	$(0, 5, 6)$

$m = 7$

$i = 1$	$(0, 3, 7)$	$i = 3$	$(0, 1, 2, 3, 7)$	$i = 5$	$(0, 2, 3, 4, 7)$
$i = 7$	$(0, 1, 2, 4, 5, 6, 7)$	$i = 9$	$(0, 1, 2, 3, 4, 5, 7)$	$i = 11$	$(0, 2, 4, 6, 7)$
$i = 13$	$(0, 1, 7)$	$i = 15$	$(0, 1, 2, 3, 5, 6, 7)$	$i = 19$	$(0, 1, 3, 6, 7)$
$i = 21$	$(0, 2, 5, 6, 7)$	$i = 23$	$(0, 6, 7)$	$i = 27$	$(0, 1, 4, 6, 7)$
$i = 29$	$(0, 1, 3, 5, 7)$	$i = 31$	$(0, 4, 5, 6, 7)$	$i = 43$	$(0, 1, 2, 5, 7)$
$i = 47$	$(0, 3, 4, 5, 7)$	$i = 55$	$(0, 2, 3, 4, 5, 6, 7)$	$i = 63$	$(0, 4, 7)$

$m = 8$

$i = 1$	$(0, 2, 3, 4, 8)$	$i = 3$	$(0, 1, 2, 4, 5, 6, 8)$	$i = 5$	$(0, 1, 4, 5, 6, 7, 8)$
$i = 7$	$(0, 3, 5, 6, 8)$	$i = 9$	$(0, 2, 3, 4, 5, 7, 8)$	$i = 11$	$(0, 1, 2, 5, 6, 7, 8)$
$i = 13$	$(0, 1, 3, 5, 8)$	$i = 15$	$(0, 1, 2, 4, 6, 7, 8)$	$i = 17$	$(0, 1, 4)$
$i = 19$	$(0, 2, 5, 6, 8)$	$i = 21$	$(0, 1, 3, 7, 8)$	$i = 23$	$(0, 1, 5, 6, 8)$
$i = 25$	$(0, 1, 3, 4, 8)$	$i = 27$	$(0, 1, 2, 3, 4, 5, 8)$	$i = 29$	$(0, 2, 3, 7, 8)$
$i = 31$	$(0, 2, 3, 5, 8)$	$i = 37$	$(0, 1, 2, 3, 4, 6, 8)$	$i = 39$	$(0, 3, 4, 5, 6, 7, 8)$
$i = 43$	$(0, 1, 6, 7, 8)$	$i = 45$	$(0, 3, 4, 5, 8)$	$i = 47$	$(0, 3, 5, 7, 8)$
$i = 51$	$(0, 1, 2, 3, 4)$	$i = 53$	$(0, 1, 2, 7, 8)$	$i = 55$	$(0, 4, 5, 7, 8)$
$i = 59$	$(0, 2, 3, 6, 8)$	$i = 61$	$(0, 1, 2, 3, 6, 7, 8)$	$i = 63$	$(0, 2, 3, 4, 6, 7, 8)$
$i = 85$	$(0, 1, 2)$	$i = 87$	$(0, 1, 5, 7, 8)$	$i = 91$	$(0, 2, 4, 5, 6, 7, 8)$
$i = 95$	$(0, 1, 2, 3, 4, 7, 8)$	$i = 111$	$(0, 1, 3, 4, 5, 6, 8)$	$i = 119$	$(0, 3, 4)$
$i = 127$	$(0, 4, 5, 6, 8)$				

$m = 9$

$i = 1$	$(0, 4, 9)$	$i = 3$	$(0, 3, 4, 6, 9)$	$i = 5$	$(0, 4, 5, 8, 9)$
$i = 7$	$(0, 3, 4, 7, 9)$	$i = 21$	$(0, 1, 2, 4, 9)$	$i = 35$	$(0, 8, 9)$
$i = 63$	$(0, 2, 5, 6, 9)$	$i = 77$	$(0, 3, 6, 8, 9)$	$i = 91$	$(0, 1, 3, 6, 9)$
$i = 119$	$(0, 1, 9)$	$i = 175$	$(0, 5, 7, 8, 9)$		

$m = 10$

$i = 1$	$(0, 3, 10)$

$m = 11$

$i = 1$	$(0, 2, 11)$

$m = 12$

$i = 1$	$(0, 1, 4, 6, 12)$

$m = 13$

$i = 1$	$(0, 1, 3, 4, 13)$

$m = 14$

$i = 1$	$(0, 1, 6, 10, 14)$

$m = 15$

$i = 1$	$(0, 1, 15)$

$m = 16$

$i = 1$	$(0, 1, 3, 12, 16)$

付録 **D**

問題の解答

Solutions to Selected Problems

D.1 第 1 章の解答

問題 1.5.1 (1) 線形符号ではない．最後の二つの語の和は，この集合に含まれないから．または，5 が 2 のべきでないことからわかる．
(2) 語 (010110), (011001), (100101) を追加すれば，線形符号となる．
(3) 多くの基底の選択がある．たとえば，$\{(101010), (010110), (001111)\}$ は基底である．

問題 1.5.2 (1) 行変形を用いて，次の行列を得る．

$$\begin{bmatrix} 1 & 0 & 0 & 1 & 0 & 1 \\ 0 & 1 & 0 & 1 & 1 & 0 \\ 0 & 0 & 1 & 1 & 1 & 1 \end{bmatrix}$$

(2) $H_{C^\perp} = G_C$ であるから，この行列が検査行列である（問題で与えられた G も）．
(3) $G(111111)^T = (100)^T \neq (000)^T$ であるから，パリティ検査ではない．

問題 1.5.3 (1) この符号の次元は 4 であるから，双対符号の次元は $12 - 4 = 8$ となる．この符号の最小距離（= 最小重み）を得るために，現時点では，$2^4 = 16$ 個のすべての符号語を列挙し，最小距離が $d = 6$ であることを確かめることができる．双対符号に対して $H_{C^\perp} = G_C$ が成立し，行列 G の列 1, 4, 5 の和が零ベクトルになること，零列が存在しないこと，そして，どの二つの列も同じでないことから，符号 $C^\perp$ の最小距離が 3 であることがわかる．
(2) もとの符号は 2 個の誤りを訂正できるが，双対符号は 1 個の誤りを訂正可能である．

問題 1.5.4 (1) h_j
(2) $h_1 + h_4 + h_5$
(3) $(1,1,1,1,1)$ が符号語となるための必要十分条件は，$H(11111)^T = h_1 + h_2 + h_3 + h_4 + h_5 = 0$ である．

問題 1.5.5 $1 + \binom{14}{1} + \binom{14}{2} + \binom{14}{3} = 470$，かつ，$2^8 < 470 < 2^9$ であるから，GV 限界より，$(15, 6, 5)$ 符号が存在することがわかる．実際には，後でわかるように，$(15, 7, 5)$

訳者注：一部の問題の解答は省略されている．

符号が存在する.

問題 1.5.6 (1) 2 元ハミング符号のパラメータは, 以下のとおりである (定義 1.2.5 参照).

m	3	4	5	8
$n = 2^m - 1$	7	15	31	255
$k = 2^m - 1 - m$	4	11	26	247
d	3	3	3	3

(2) 2 元拡大ハミング符号のパラメータは, 以下のとおりである (定義 1.2.6 参照).

m	3	4	5	8
$n = 2^m$	8	16	32	256
$k = 2^m - 1 - m$	4	11	26	247
d	4	4	4	4

問題 1.5.7 (1) これは $(7, 4, 3)$ 符号であるから, 双対符号は次元 3 をもつ. $2^3 = 8$ 個のすべての符号語を列挙することによって, 最小重み (= 最小距離) が 4 となることがわかる.
(2) 8 個のすべての符号語を調べることによって, どの二つの距離も 4 であることがわかる.
(3) $(2^m - 1, m)$ 双対ハミング符号の生成行列の列には, すべての 2 元 m 次元非零ベクトルが現れる. この符号の最小距離 (= 最小重み) は 2^{m-1} であり, どの二つの符号語もこの距離をもつ. このことを確かめるには, いろいろな方法がある. ここでは, m についての帰納法を使う.

$m = 1$ のときは, 0 と 1 だけが符号語であるから, 明らかである. $m = i$ について成り立つとしよう. このとき, $m = i + 1$ においても成り立つことは,

$$G_{i+1} = \begin{bmatrix} G_i & G_i & \underline{0} \\ 0 \cdots 0 & 1 \cdots 1 & 1 \end{bmatrix}$$

であることからただちにわかる (ここで, $\underline{0}$ は全 0 の列ベクトルである).

問題 1.5.8 (1) $B(2)$ は次の生成行列をもつ.

$$G = \begin{bmatrix} 1 & 0 & 1 & 0 \\ 0 & 1 & 1 & 0 \\ 1 & 1 & 1 & 1 \end{bmatrix}$$

このことから, 結果は明らかである.
(2) 問題 1.5.7 より, ただちに得られる.
(3) どの二つの符号語の間の距離も $n/2$ であることから, 明らかである (ただし, 全 1 と全 -1 のベクトルは直交していない).

問題 1.5.9 (1) 次のとおりである.

$$n^* = n - 1, \quad k^* = k \quad (d \geq 2 \text{ であるから})$$

$$d^* = \begin{cases} d & \text{(すべての最小重みの符号語が削除された位置に 0 をもつ場合)} \\ d-1 & \text{(それ以外の場合)} \end{cases}$$

(2) 次のとおりである.
$$n^* = n-1, \quad k^* = k-1, \quad d^* \geq d$$

問題 1.5.10 次のとおりである.
$$k_{\text{ext}} = k, \quad d_{\text{ext,min}} = \begin{cases} d & \text{(d が偶数であるとき)} \\ d+1 & \text{(d が奇数であるとき)} \end{cases}$$

拡大符号の検査行列は,行列 H に全 0 の列を追加し,さらに,全 1 の行をそれに追加することによって得ることができる.すなわち,次のようになる.

$$H_{\text{ext}} = \begin{bmatrix} & & & 0 \\ & H & & \vdots \\ & & & 0 \\ 1 & \cdots & & 1 \end{bmatrix}$$

問題 1.5.11 (1) 2^k 個の符号語の中に $c_j = 0$ を満たさないものが存在する場合,これを新たな条件として追加したとき得られる符号(部分符号)の次元は一つ小さくなる(それは,この条件を満たす 2^{k-1} 個の符号語からなる).
(2) (1) により,$\sum_{c \in C} w(c) =$ (ヒントに述べた行列における) 1 の総数 $\leq n \cdot 2^{k-1}$ となる.
(3) $\sum_{c \in C} w(c) \geq (2^k - 1)d$ から,結果が得られる.

問題 1.5.14 重み 4 の符号語が存在しないから,成立しない.

問題 1.5.15 どの二つの列も互いに同じでなく,かつ,最初の二つの列の和がほかの列にないように検査行列 H を作ればよい.

問題 1.5.16 ハミング限界より $k \leq 8$ を得る.

問題 1.5.17 $1 + 28z^2 + 70z^4 + 28z^6 + z^8$

D.2 第 2 章の解答

問題 2.6.1 (1) すべての元が加算逆元をもつので,すべての元の和は 0 になる.
(2) 元 16 と 1 は,それ自身の乗算逆元であり,ほかのすべての非零元は自身以外の乗算逆元をもつので,すべての非零元の積は $1 \cdot 2 \cdots 16 = 1 \cdot 1 \cdot 16 = 16$ となる.
(3) $\text{ord}(2) = 8$
(4) 可能な位数の値は $1, 2, 4, 8, 16$ である.
(5) $\text{ord}(1) = 1, \text{ord}(16) = 2, \text{ord}(4) = 4, \text{ord}(2) = 8, \text{ord}(3) = 16$
(6) 8 個の原始元がある.
(7) 解は存在しない.

(8) 2 と 14.

問題 2.6.2 (1) $a \neq 0$ ならば, $a^{-1}(ab) = b = 0$ となる.
(2) $2 \cdot 2 = 0$ となる. したがって, (1) により, 体ではない！

問題 2.6.3 $a^i = 1$ のとき, -1 となる. そうでないときは, $a^{q-1} = 1$ より, 0 となる.

問題 2.6.4 $x^3 + x + 1$ と $x^3 + x^2 + 1$.

問題 2.6.5 体 $\mathbb{F}_8$ の元の各表現について, 対応リストは以下の通りである.

2元3次元ベクトル	α のべき	多項式
000	–	0
100	α^0	1
010	α	x
001	α^2	x^2
110	α^3	$x+1$
011	α^4	$x^2 + x$
111	α^5	$x^2 + x + 1$
101	α^6	$x^2 + 1$

問題 2.6.6 $x^4 + x + 1$

問題 2.6.7 (1) すべての元が加算逆元をもつので, 和は 0 となる.
(2) 自身が乗算逆元である 1 以外のすべての非零元が乗算逆元をもつので, すべての非零元の積は $1 \cdot 1 \cdots 1 = 1$ となる.
(3) 例 2.3.3 より, α^i が原始元となるための必要十分条件は $\gcd(i, 15) = 1$ である. ゆえに, 原始元は $\alpha, \alpha^2, \alpha^4, \alpha^7, \alpha^8, \alpha^{11}, \alpha^{13}, \alpha^{14}$ である.

問題 2.6.8 (1) $z^4 + z^3 + 1$ は, $\alpha^7, \alpha^{11}, \alpha^{13}, \alpha^{14}$ を根としてもつ.
(2) $z^4 + z^2 + z$ はただ一つの根 0 をもつ.

問題 2.6.9 $m = \mathrm{lcm}(2, 3) = 6$

問題 2.6.10 それぞれ $1, 31$ と $1, 3, 7, 9, 21, 63$.

問題 2.6.11 (1) $[\mathrm{Tr}(x)]^2 = \mathrm{Tr}(x)$ であることからわかる.
(2) 補題 2.4.1 による.
(3) 多項式 $x^{2^{m-1}} + \cdots + x^2 + x$ は, $\mathbb{F}_{2^m}$ において高々 2^{m-1} 個の根しかもたない. したがって, ある元 $\beta \in \mathbb{F}_{2^m}$ が存在して, $\mathrm{Tr}(\beta) = 1$ となる.
(4) 任意の $\beta \in \mathbb{F}_2$ に対し, 多項式 $x^{2^{m-1}} + \cdots + x^2 + x - \beta$ は, $\mathbb{F}_{2^m}$ において 2^{m-1} 個の相異なる根をもつ. したがって,

$$|\{x \in \mathbb{F}_{2^m} : \mathrm{Tr}(x) = 0\}| = |\{x \in \mathbb{F}_{2^m} : \mathrm{Tr}(x) = 1\}| = 2^{m-1}$$

となる.

問題 2.6.12 (1) $x \in \mathbb{F}_{q^m}$ に対し, $[\mathrm{Tr}(x)]^q = \mathrm{Tr}(x)$ が成立することからわかる.
(2) 補題 2.4.1 と同様に, $x, y \in \mathbb{F}_{q^m}$ に対し, $(x+y)^q = x^q + y^q$ が成立するので.
(3) $\gamma \in \mathbb{F}_q$ に対し, $\gamma^q = \gamma$ であることからわかる.

(4) 問題 2.6.11 (3) の解答と同様に，ある元 $\gamma \in \mathbb{F}_{q^m}$ と $\beta\ (\neq 0) \in \mathbb{F}_q$ が存在して，$\text{Tr}(\gamma) = \beta$ となる．元 $\zeta := \beta^{-1}\gamma$ は，$\text{Tr}(\zeta) = 1$ を満たす．同様に，任意の元 $\beta \in \mathbb{F}_q$ に対し，$\text{Tr}(\zeta) = \beta$ となる元 $\zeta \in \mathbb{F}_{q^m}$ が存在する．また，そのような元 $\zeta \in \mathbb{F}_{q^m}$ は，多項式 $x^{q^{m-1}} + \cdots + x^q + x - \beta$ の根として，ちょうど q^{m-1} 個ある（この多項式は重根をもたない）．

問題 2.6.13 $x^9 - 1 = (x+1)(x^2+x+1)(x^6+x^3+1)$

問題 2.6.14 $x^{73}-1 = (x+1)(x^9+x^7+x^4+x^3+1)(x^9+x^4+x^2+x+1)(x^9+x^8+1)(x^9+x^6+x^5+x^2+1)(x^9+x^8+x^6+x^3+1)(x^9+x^6+x^3+x+1)(x^9+x+1)(x^9+x^8+x^7+x^5+1)$

問題 2.6.15 $x^{85}-1 = (x+1)(x^8+x^6+x^5+x^4+x^2+x+1)(x^8+x^7+x^5+x^4+x^3+x^2+1)(x^8+x^7+x^6+x^4+x^2+x+1)(x^8+x^7+x^3+x+1)(x^8+x^5+x^4+x^3+x^2+x+1)(x^8+x^7+x^6+x^5+x^4+x^3+1)(x^8+x^5+x^4+x^3+1)(x^4+x^3+x^2+x+1)(x^8+x^7+x^6+x^4+x^3+x^2+1)(x^8+x^7+x^5+x+1)(x^8+x^6+x^5+x^4+x^3+x+1)$

問題 2.6.16 $x^{18} - 1 = (x^9-1)^2$

問題 2.6.17 付録 C の表（$m=8, i=5$ の場合）にあるように，既約である．

D.3 第 3 章の解答

問題 3.5.1 (1) 情報源のエントロピーは $H = 1.5$ ビットとなる．

(2) $H_{\max} = \log 3 = 1.585$ ビット

(3) $C = \{0, 10, 11\}$

(4) $(0, 1, -1)$ に対し $(1/2, 1/4, 1/4)$ である．V は無記憶情報源ではない．この 2 元系列と 3 元系列の間には一対一写像がある．

問題 3.5.2 (1) 入力分布が $(1/2, 1/2)$ であるとき，出力分布は $P(Y) = (1/3, 1/3, 1/3)$ となる．

(2) $I = H(Y) - H(Y|X) = (\log 3)/2 - 2/3 = 0.126$ ビット

(3) $C = I$．これは最大にする分布である．

問題 3.5.3 (1) $C = 1 - H(0.05) = 0.714$ ビット．

(2) 誤りの平均個数は $256 \cdot 0.05 = 12.8$．

(3) ハミング限界は $\log_2 \binom{256}{t} < 256 - 160$ を与え，$t = 19$ となる．

(4) $P_{\text{err}} = P[\text{誤り個数} > 19] = \binom{256}{20}p^{20}(1-p)^{236} + \binom{256}{21}p^{21}(1-p)^{235} + \cdots = 0.03$

(5) 同じパラメータについての GV 限界は，同様の計算により $d \geq 21$ となる（$d = 26$ の符号がある）．

問題 3.5.6 (1) 平均値と標準偏差は次のとおりである．

$$\mu = np = 16 \cdot 0.01 = 0.16, \qquad \sigma = \sqrt{np(1-p)} = 0.401$$

(2) 式 (3.2) より，$0.852, 0.138, 0.010, 0.00058, 0.00002$ を得る．

(3) 式 (3.3) より，0.852, 0.134, 0.011, 0.00058, 0.00002 を得る．このように，これらの値はきわめてよい近似値となっている．
(4) 式 (3.10) より，ここでは $t=1$ なので，$P_{\text{fail}} = 1 - 0.852 - 0.138 = 0.011$ を得る．
(5) したがって，3 個誤りの確率となり，その値は 0.0005 である．

問題 3.5.7 (1) 重み分布より $d=5$ であり，したがって $t=2$ となる．
(2) $P_{\text{fail}} = P(>2) = 0.0004$
(3) 3 ビット誤りが復号誤りを生じるのは，受信語が重み 5 の符号語から距離 2 にあるときである．したがって，$18 \cdot \binom{5}{3} = 180$ 個のそのような誤りパターンがある（正確な値）．重み 3 の符号語の総数は $\binom{15}{3} = 455$ である（上界）．正確な値は，式 (3.11) において $j=3, w=5, l=2, i=0$ として求めることもできる．
(4) $P_{\text{err}} = 180 \cdot 0.01^3 \cdot 0.99^{12} = 0.00016$．$j=4$ に対する第 2 項は $90+450$ 個の誤りパターンを含むが，その全確率はずっと小さい．

問題 3.5.8 (1) 最小距離は 6 であるので，この符号は 2 個誤り訂正可能である．
(2) 2 個の誤りだけを訂正するものとすると，次を得る．
$$P_{\text{fail}} \approx P(3) = \binom{16}{3} \cdot p^3 \cdot (1-p)^{13} = 0.0005$$
(3) 式 (3.11) より，$T(4,2,6) = 15, T(6,2,6) = 6 \cdot 10 = 60$ を得る．

問題 3.5.9 (1) $np = 2.56$
(2) $P(9) = 0.00094, P(10) = 0.00024, P(11) = 0.00005$ であるので，$P(>8) = 0.00125$．
(3) 約 0.00132 となるが，この近似値はわずかにより大きい．

問題 3.5.11 (1) $C = 1 - H(0.1) = 0.531$
(2) $Z = 0.6, R_0 = 1 - \log 1.6 = 0.322$ である．式 (3.22) より $E(R) = 0.322 - R$ を得る．式 (3.24) を用いるために，$H(\delta) = 1 - R$ および $T_{0.1}(\delta) = \log 10 - (1-\delta)\log 9$ が必要である．二つの限界が一致する点は $w'/n = 3/8$ および $\delta_c = 1/4$ より求められる．こうして符号化率は $R = 1 - H(1/4) = 0.188$ となる．
(3) $R = 1/3$ のとき，$\delta = 0.174$ を得る．したがって，$T(1/3) = 0.704$ および $E(1/3) = 0.037$ となる．符号長 1024 の符号に対し，誤り確率は $2^{-nE(1/3)} = 4 \cdot 10^{-12}$ と評価される．

D.4　第 4 章の解答

問題 4.5.1 (1) $(4,1,4), (4,3,2), (4,4,1)$ の 2 元符号がある．
(2) 次の検査行列をもつ $(4,2,3)$ 3 元符号がある．

$$H = \begin{bmatrix} 1 & 0 & 1 & 1 \\ 0 & 1 & 1 & 2 \end{bmatrix}$$

問題 4.5.2 (1)
$$G = \begin{bmatrix} 1 & 1 & 1 & 1 & 1 & 1 \\ 1 & 3 & 2 & 6 & 4 & 5 \\ 1 & 2 & 4 & 1 & 2 & 4 \\ 1 & 6 & 1 & 6 & 1 & 6 \end{bmatrix}$$

(2) 多項式
$$2(x-3)(x-2)(x-6), \quad (x-1)(x-2)(x-6)$$
$$2(x-1)(x-3)(x-6), \quad 2(x-1)(x-3)(x-2)$$

を用いて, 次を得る.
$$G = \begin{bmatrix} 1 & 0 & 0 & 0 & 6 & 2 \\ 0 & 1 & 0 & 0 & 2 & 2 \\ 0 & 0 & 1 & 0 & 2 & 5 \\ 0 & 0 & 0 & 1 & 5 & 6 \end{bmatrix}$$

(3) $d = n - k + 1 = 6 - 4 + 1 = 3$

(4) (1) から G の 2 行目と 4 行目の和は $(2,2,3,5,5,4)$ を与えるから, $r = (2,4,3,5,5,4)$ となる.

(5) $l_0 = 4$ および $l_1 = 1$ であり, 7 個の係数がある (また 6 個の方程式がある).

(6) $Q_0(x) = 4x^4 + 3x^3 + 4x^2 + 3x$, $Q_1(x) = x + 4$, よって, $-Q_0(c)/Q_1(x) = x + x^3$

(7)
$$H = \begin{bmatrix} 1 & 3 & 2 & 6 & 4 & 5 \\ 1 & 2 & 4 & 1 & 2 & 4 \end{bmatrix}$$

(8) 1 個の誤りは, H のある列のスカラー倍と等しいシンドロームを与える.

問題 4.5.3 (1) $(1, \alpha, \alpha^2, \alpha^3, \alpha^4, \alpha^5, \alpha^6) + (1, \alpha^2, \alpha^4, \alpha^6, \alpha, \alpha^3, \alpha^5) = (0, \alpha^4, \alpha, \alpha^4, \alpha^2, \alpha^2, \alpha)$

(2) $(8,3,6)$

(3) $r = (0, \alpha^4, \alpha, 0, 0, \alpha^2, \alpha)$ とすると, $Q_0(x) = x^4 + \alpha^2 x^3 + \alpha^2 x^2 + x$, $Q_1(x) = x^2 + \alpha^6 x + 1$ より $f(x) = x + x^2$ を得る.

(4)
$$H = \begin{bmatrix} 1 & \alpha & \alpha^2 & \alpha^3 & \alpha^4 & \alpha^5 & \alpha^6 \\ 1 & \alpha^2 & \alpha^4 & \alpha^6 & \alpha & \alpha^3 & \alpha^5 \\ 1 & \alpha^3 & \alpha^6 & \alpha^2 & \alpha^5 & \alpha & \alpha^4 \\ 1 & \alpha^4 & \alpha & \alpha^5 & \alpha^2 & \alpha^6 & \alpha^3 \end{bmatrix}$$

(5) 一つの誤りならば, $S_2/S_1 = S_3/S_2 = S_4/S_3$ となる.

問題 4.5.4 (1) $n = 10, k = 3$ であり, $l = 2$ のとき 4 個の誤りを訂正できる.

(2) 連立1次方程式は，次のとおりである．

$$\begin{bmatrix} 1 & 1 & 1 & 1 & 1 & 1 \\ 1 & 2 & 4 & 8 & 5 & 10 \\ 1 & 4 & 5 & 9 & 3 & 1 \\ 1 & 8 & 9 & 6 & 4 & 10 \\ 1 & 5 & 3 & 4 & 9 & 1 \\ 1 & 10 & 1 & 10 & 1 & 10 \\ 1 & 9 & 4 & 3 & 5 & 1 \\ 1 & 7 & 5 & 2 & 3 & 10 \\ 1 & 3 & 9 & 5 & 4 & 1 \end{bmatrix} \begin{bmatrix} Q_{00} \\ Q_{01} \\ Q_{02} \\ Q_{03} \\ Q_{04} \\ Q_{05} \end{bmatrix}$$

$$+ \begin{bmatrix} 0 & & & & & \\ & 0 & & & \mathbf{0} & \\ & & 6 & & & \\ & & & 9 & & \\ & & & & 1 & \\ & & & & & 6 \\ & & & & & 0 \\ & \mathbf{0} & & & 0 & \\ & & & & & 0 \end{bmatrix} \begin{bmatrix} 1 & 1 & 1 & 1 \\ 1 & 2 & 4 & 8 \\ 1 & 4 & 5 & 9 \\ 1 & 8 & 9 & 6 \\ 1 & 5 & 3 & 4 \\ 1 & 10 & 1 & 10 \\ 1 & 9 & 4 & 3 \\ 1 & 7 & 5 & 2 \\ 1 & 3 & 9 & 5 \\ 1 & 6 & 3 & 7 \end{bmatrix} \begin{bmatrix} Q_{10} \\ Q_{11} \\ Q_{12} \\ Q_{13} \end{bmatrix}$$

$$+ \begin{bmatrix} 0 & & & & & \\ & 0 & & & \mathbf{0} & \\ & & 3 & & & \\ & & & 4 & & \\ & & & & 1 & \\ & & & & & 3 \\ & & & & & 0 \\ & \mathbf{0} & & & 0 & \\ & & & & & 0 \end{bmatrix} \begin{bmatrix} 1 & 1 \\ 1 & 2 \\ 1 & 4 \\ 1 & 8 \\ 1 & 5 \\ 1 & 10 \\ 1 & 9 \\ 1 & 7 \\ 1 & 3 \\ 1 & 6 \end{bmatrix} \begin{bmatrix} Q_{20} \\ Q_{21} \end{bmatrix} = \begin{bmatrix} 0 \\ 0 \\ \vdots \\ 0 \end{bmatrix}$$

容易に確認できることであるが，この方程式の解は $0, 0, 0, 0, 0, 0; 9, 3, 10, 0; 1, 0$ である．

(3) $Q(x, y) = y[y - (x^2 - 3x + 2)]$ であり，したがって，可能な符号語は $(0, 0, 0, 0, 0, 0, 0, 0, 0, 0)$ と $(0, 0, 6, 9, 1, 6, 1, 8, 2, 9)$ である．

D.5 第5章の解答

問題 5.5.1 (1) $x^9 - 1 = (x^3 - 1)(x^6 + x^3 + 1)$
(2) $k = 3$
(3)
$$G = \begin{bmatrix} 1 & 0 & 0 & 1 & 0 & 0 & 1 & 0 & 0 \\ 0 & 1 & 0 & 0 & 1 & 0 & 0 & 1 & 0 \\ 0 & 0 & 1 & 0 & 0 & 1 & 0 & 0 & 1 \end{bmatrix}$$
(4) そのとおりである. $x^8 + x^6 + x^5 + x^3 + x^2 + 1 = (x^2 + 1)(x^6 + x^3 + 1)$ であるから.
(5) $d = 3$ (8個の符号語を列挙せよ.)

問題 5.5.2 (1) $k = 15 - 5 = 10$
(2) $g(x)$ で割り切れないので違う.
(3) 可能な生成多項式は次のとおり.
$$(x^3 + 1)(x^4 + x + 1), \quad (x^3 + 1)(x^4 + x^3 + 1)$$
$$(x^3 + 1)(x^4 + x^3 + x^2 + x + 1)$$
(4) 2^5 であるが,そのうち2個は自明なので30個ある.

問題 5.5.3 (1) $h(x) = (x^{15} - 1)/(x^4 + x + 1) = x^{11} + x^8 + x^7 + x^5 + x^3 + x^2 + x + 1$. それゆえ,次のようになる.
$$H = \begin{bmatrix} 1 & 0 & 0 & 1 & 1 & 0 & 1 & 0 & 1 & 1 & 1 & 1 & 0 & 0 & 0 \\ 0 & 1 & 0 & 0 & 1 & 1 & 0 & 1 & 0 & 1 & 1 & 1 & 1 & 0 & 0 \\ 0 & 0 & 1 & 0 & 0 & 1 & 1 & 0 & 1 & 0 & 1 & 1 & 1 & 1 & 0 \\ 0 & 0 & 0 & 1 & 0 & 0 & 1 & 1 & 0 & 1 & 0 & 1 & 1 & 1 & 1 \end{bmatrix}$$
(2) $d = 3$
(3) C は $(15, 11, 3)$ ハミング符号である.
(4) 双対符号は次元4をもつ.

問題 5.5.4 $g(x)|c(x)$ より,$0 = c(1) = c_0 + c_1 + \cdots + c_{n-1} \Leftrightarrow c$ は偶数重みをもつ.

問題 5.5.5 C は奇数重みの語をもつから,$g(x)$ は $x+1$ で割り切れず,よって $g(x) | (x^n - 1)/(x+1) = 1 + x + \cdots + x^{n-1}$ より,$(1111\ldots 1)$ は符号語である.

問題 5.5.6 (1) $g(x)$ の根の中に $\beta, \beta^2, \beta^3, \beta^4$ があるから,$d \geq 5$ である.
(2) $g^\perp(x) = (x-1)m_\beta(x)m_{\beta^7}(x)m_{\beta^3}(x)$
(3) $d^\perp \geq 6$

問題 5.5.7 $g(x)$ の根の中には $\alpha^{-2}, \alpha^{-1}, 1, \alpha, \alpha^2$ があるから $d \geq 6$ だが,ハミング限界より $(63, 50, 7)$ 符号はないからちょうど6となる.

問題 5.5.8 α を $\mathbb{F}_{2^5}$ の原始元とするとき,$g(x) = m_\alpha(x)m_{\alpha^3}(x)m_{\alpha^5}(x)$ として $(31, 16, 7)$ 符号を得る.これは最良である.

D.6 第6章の解答

問題 6.4.1 (1) フレーム検査語が通信路符号の一部なので，フレームの伝送効率は $\eta_{\rm f} = 126 \cdot 0.5 / \{128 \cdot [1 - H(0.01)]\} = 0.535$ となる．
(2) 符号の線形性から成り立つ．
(3) (a) 2項分布から，$P[< 4 \text{ 誤り}] = 0.99971$ となる．
   (b) 前問の答えから，復号されない確率は $\simeq 1 - 0.99971 = 0.00029$ となる．
   (c) 第3章から，ある語から距離が8の符号語が620個存在し，5誤りがそれらの一つからの距離を3以内にするとき，ほとんどの復号誤りが発生する．したがって，その確率は約 $620 \cdot 56 \cdot p^5(1-p)^{27} = 0.0000026$ である．このように，これらの事象は一つ前の答えを大きくは変えない．
(4) フレーム誤り確率は $P_{\rm fe} \simeq 1 - 0.99971^{127} = 0.036$ となる．二つの語が同じ位置に誤りをもち，間違って復号されたとき見逃し誤りが発生する．すなわち，$P_{\rm ue} \simeq 127 \cdot 126/2 \cdot 0.0000026 \cdot 0.01^5 = 2 \cdot 10^{-12}$ となる．
(5) $P_{\rm fe} \simeq 0.00066$ で，二つの語は復号されない．$P_{\rm ue} \simeq 0.000012$ で，一つの語は間違った語に復号され，もう一つは復号されない．
(6) 5個の復号されない語（あるいは2個誤りと1個の復号されない語）が存在するとき，フレーム誤りが発生し，3個誤りが間違ったRS符号語に復号されるとき，見逃し誤りが発生する．$P_{\rm fe} = 5 \cdot 10^{-10}$，$P_{\rm ue} = 3 \cdot 10^{-12}$ となる．

D.7 第7章の解答

問題 7.7.1 (1) 11.10.10.10.00.00.10.11.00.00.00
(2) $M = 3$
(3) 8

問題 7.7.2 (1) 7.1節で述べたように，符号化率 $1/2$ の符号に対する系列 h は g を反転することにより求められる．ここで，g は対称なので，$h = g$ となる．
(2) 1個誤りに対するシンドロームの非零部分は，対になった位置の最初において (1011) であり，2番目において (1101) である．
(3) 前問の二つのシンドロームを加えることによって，誤り系列 $11.00.00. \cdots$ がシンドローム系列 $(0110 \cdots)$ を与えることがわかる．
(4) 前問から，少なくとも三つの誤りがこのシンドロームを与えるために必要であることがわかる．一つの可能性は 10.11 である．

問題 7.7.3 (1) すべての行重みは6であり，それは自由距離でもある．
(2) 2
(3) $g = 11.10.01.11$ は符号語なので，11.10.00.00 と 00.00.01.11 は同じシンドロームをも

ち，正しく復号できるとしても，一方だけである．誤りパターン 11.00.00.11 は 00.10.01.00 と復号される．

D.8　第 8 章の解答

問題 8.4.1　(1) $(49, 16, 9)$
(2) 3 個．補題 8.1.1 より少なくとも 2 個訂正できるが，その証明のコメントから 4 個より少ない．
(3) 49 個．なぜなら，ハミング符号には重み 3 の符号語は 7 個存在する．
(4) ハミング符号の検査行列は 3 個の行からなる．これらは，積符号の 7 行 7 列上のパリティ検査として，行と列で 2 回現れる．これらの $3 \times 7 \times 2 = 42$ 個のパリティ検査のうち，3×3 個はほかのパリティ検査に 1 次従属であるから，$42 - 9 = 33$ が真のパリティ検査を与える．
(5) (a) それらは，1 個誤りとして訂正される．
　　(b) 1 個の誤りは列符号により訂正され，ほかの列での 2 個の誤りは復号誤りを引き起こす．この列における 3 個の位置は行符号により訂正される．

問題 8.4.2　(1) $(256, 144, 25)$
(2) 12
(3) 6

問題 8.4.4　(1) $(35, 24, 4)$
(2) 5×7 配列として符号語を書く．行と列の任意の巡回シフトは符号語を与える．行と列の両方のシフトを同時に行うことによって，一つの記号は 35 個のすべての位置を巡回する．n_1 と n_2 が互いに素であることが，この議論において大切である．
(3) 生成多項式は次数 11 をもち，重みが偶数であるから，因子は $x+1$ である．$x^{35} - 1$ の既約因子は，次数 12 の 2 個の多項式，次数 4 の 1 個の多項式，そして，次数 3 の 2 個の多項式である．したがって，生成多項式は後半の 3 個を含む．

問題 8.4.5　(1) $(60, 40, \geq 6)$
(2) $(75, 40, \geq 12)$
(3) $(135, 80, \geq 12)$

問題 8.4.6　(1) 2 項分布より $P_{\text{fail}} = 4 \cdot 10^{-4}$ となる．平均 1 のポアソン近似では $6 \cdot 10^{-4}$ となる．
(2) 定理 8.2.3 より，$P_{\text{err}} \approx P_{\text{fail}}/120 = 3.3 \cdot 10^{-6}$ となる．
(3) $(14, 10, 3)$ 符号において 1 個より多い誤りの確率は，0.0084 となる．
(4) 一つの RS 符号に対し，(問題 8.4.1 と同様の計算により) $1.75 \cdot 10^{-7}$ となる．連接符号に対する P_{fail} は，この数に $I = 2$ を掛けた値以下である．すなわち，$3.5 \cdot 10^{-7}$ となる (定理 8.2.4)．

D.9 第 9 章の解答

問題 9.6.1 (1) 受信語が $r(x) = x^3 + \alpha^2 x^2 + \alpha x$ であることより,すでに,その誤り位置が $\alpha, \alpha^2, \alpha^3$ であり,それぞれの誤り値が $\alpha, \alpha^2, 1$ であることがわかる.

$$S_1 = r(\alpha) = \alpha^2 + \alpha^4 + \alpha^3 = \alpha^{12}$$
$$S_2 = r(\alpha^2) = \alpha^3 + \alpha^6 + \alpha^6 = \alpha^3$$
$$S_3 = r(\alpha^3) = \alpha^4 + \alpha^8 + \alpha^9 = \alpha^6$$
$$S_4 = r(\alpha^4) = \alpha^5 + \alpha^{10} + \alpha^{12} = \alpha^{11}$$
$$S_5 = r(\alpha^5) = \alpha^6 + \alpha^{12} + 1 = \alpha$$
$$S_6 = r(\alpha^6) = \alpha^7 + \alpha^{14} + \alpha^3 = \alpha^9$$

したがって,$S(x) = \alpha^{12} x^5 + \alpha^3 x^4 + \alpha^6 x^3 + \alpha^{11} x^2 + \alpha x + \alpha^9$ となる.

入力 x^6 と $S(x)$ のユークリッド法により以下を得る.

i	g_i	r_i	q_i
-1	0	x^6	$-$
0	1	$S(x)$	$-$
1	$\alpha^3 x + \alpha^9$	$\alpha^8 x^4 + \alpha^3 x^3 + \alpha^8 x^2 + \alpha^3 x + \alpha^3$	$\alpha^3 x + \alpha^9$
2	$\alpha^7 x^2 + \alpha^2 x + \alpha^{10}$	$\alpha^9 x^3 + \alpha^5 x^2 + \alpha^4$	$\alpha^4 x + \alpha^{11}$
3	$\alpha^6 x^3 + \alpha^2 x^2 + \alpha^4 x + \alpha^{12}$	$\alpha^{13} x^2 + \alpha^6$	$\alpha^{14} x + \alpha^{13}$

したがって,誤り位置多項式は $g_3(x) = \alpha^6 x^3 + \alpha^2 x^3 + \alpha^4 x + \alpha^{12}$ となり,$\alpha, \alpha^2, \alpha^3$ を根としてもつ.$g'_3 = \alpha^6 x^2 + \alpha^4$ より,公式 (9.2) は次の結果を与える.$e_1 = \alpha^{-7} \cdot (\alpha^{15} + \alpha^6)/(\alpha^8 + \alpha^4) = \alpha$, $e_2 = \alpha^{-14} \cdot (\alpha^{17} + \alpha^6)/(\alpha^{10} + \alpha^4) = \alpha^2$, $e_3 = \alpha^{-21} \cdot (\alpha^{19} + \alpha^6)/(\alpha^{12} + \alpha^4) = 1$.

(2) $r(x) = \alpha^2 x^3 + \alpha^7 x^2 + \alpha^{11} x + \alpha^6$ である.

$$S_1 = r(\alpha) = \alpha^5 + \alpha^9 + \alpha^{12} + \alpha^6 = \alpha^{12}$$
$$S_2 = r(\alpha^2) = \alpha^8 + \alpha^{11} + \alpha^{13} + \alpha^6 = \alpha^9$$
$$S_3 = r(\alpha^3) = \alpha^{11} + \alpha^{13} + \alpha^{14} + \alpha^6 = \alpha^5$$
$$S_4 = r(\alpha^4) = \alpha^{14} + 1 + 1 + \alpha^6 = \alpha^8$$
$$S_5 = r(\alpha^5) = \alpha^2 + \alpha^2 + \alpha + \alpha^6 = \alpha^{11}$$
$$S_6 = r(\alpha^6) = \alpha^5 + \alpha^4 + \alpha^2 + \alpha^6 = \alpha^{13}$$

したがって,$S(x) = \alpha^{12} x^5 + \alpha^9 x^4 + \alpha^5 x^3 + \alpha^8 x^2 + \alpha^{11} x + \alpha^{13}$ となる.

入力 x^6 と $S(x)$ のユークリッド法により,以下を得る.

i	g_i	r_i	q_i
-1	0	x^6	$-$
0	1	$S(x)$	$-$
1	$\alpha^3 x + 1$	$\alpha^{12}x^4 + \alpha^3 x^3 + \alpha^6 x^2 + \alpha^6 x + \alpha^{13}$	$\alpha^3 x + 1$
2	$\alpha^3 x^2 + \alpha^9 x + \alpha$	$x^3 + \alpha^{11}x^2 + \alpha^2 x + \alpha^{14}$	$x + \alpha^4$
3	$x^3 + \alpha^{11}x^2 + \alpha^{11}x + \alpha^3$	$\alpha^{12}x^2 + \alpha^4 x + \alpha$	$\alpha^{12}x + \alpha^{13}$

ところが，$g_3(x)$ は $\mathbb{F}_{16}$ における根をもたない．したがって，3個より多い誤りが発生したに違いないということがわかる．

問題 9.6.2 (1) $r(x) = x^8 + x^5 + x^2 + 1$ である．

$$S_1 = r(\alpha) = \alpha^8 + \alpha^5 + \alpha^2 + 1 = \alpha^5, \qquad S_2 = r(\alpha^2) = \alpha^{10}$$
$$S_3 = r(\alpha^3) = 1 + \alpha^6 + 1 + \alpha^9 = \alpha^5, \qquad S_4 = r(\alpha^4) = \alpha^5$$
$$S_5 = r(\alpha^5) = \alpha^{10} + \alpha^{10} + \alpha^{10} + 1 = \alpha^5, \qquad S_6 = r(\alpha^6) = \alpha^{10}$$

したがって，$S(x) = \alpha^5 x^5 + \alpha^{10}x^4 + \alpha^5 x^3 + \alpha^5 x^2 + \alpha^5 x + \alpha^{10}$ となる．

入力 x^6 と $S(x)$ のユークリッド法により，以下を得る．

i	g_i	r_i	q_i
-1	0	x^6	$-$
0	1	$S(x)$	$-$
1	$\alpha^{10}x + 1$	$\alpha^5 x^4 + \alpha^{10}x^3 + \alpha^{10}x^2 + \alpha^{10}$	$\alpha^{10}x + 1$
2	$\alpha^{10}x^2 + x + 1$	$x^3 + \alpha^5 x^2 + x + \alpha^{10}$	x
3	$x^3 + \alpha^5 x^2 + x + 1$	$x^2 + x + \alpha^{10}$	$\alpha^5 x$

$g_3(x)$ の根は，$\alpha, \alpha^4, \alpha^{10}$ である．したがって，$e(x) = x^{10} + x^4 + x$ となる．

(2) $r(x) = x^{11} + x^7 + x^3 + x^2 + 1$ である．

$$S_1 = r(\alpha) = \alpha^{11} + \alpha^7 + \alpha^3 + \alpha^2 + \alpha + 1 = \alpha^9, \qquad S_2 = r(\alpha^2) = \alpha^3$$
$$S_3 = r(\alpha^3) = \alpha^3 + \alpha^6 + \alpha^9 + \alpha^6 + \alpha^3 + 1 = \alpha^7, \qquad S_4 = r(\alpha^4) = \alpha^6$$
$$S_5 = r(\alpha^5) = \alpha^{10} + \alpha^5 + 1 + \alpha^{10} + \alpha^5 + 1 = 0, \qquad S_6 = r(\alpha^6) = \alpha^{14}$$

したがって，$S(x) = \alpha^9 x^5 + \alpha^3 x^4 + \alpha^7 x^3 + \alpha^6 x^2 + \alpha^{14}$ となる．

入力 x^6 と $S(x)$ のユークリッド法により以下を得る．

i	g_i	r_i	q_i
-1	0	x^6	$-$
0	1	$S(x)$	$-$
1	$\alpha^6 x + 1$	$\alpha^8 x^4 + \alpha^2 x^3 + \alpha^6 x^2 + \alpha^5 x + \alpha^{14}$	$\alpha^6 x + 1$
2	$\alpha^7 x^2 + \alpha x + 1$	$x + \alpha^{14}$	αx

ここでは，$g_2(x)$ は根として α^{10} と α^{13} をもつ．したがって，$e(x) = x^{10} + x^{13}$ となり，

復号結果は $x^{13} + x^{11} + x^{10} + x^7 + x^3 + x^2 + x + 1$ となる.

D.10 第 10 章の解答

問題 10.7.1 (1) 検査ビットは (0011001001) である.

符号化は, 最後の $n - k$ 個の位置における消失訂正と解釈することができる.

(2) 復号語は (110110110110110110) である.

問題 10.7.2 この符号は, $n = 12$ 個の記号と以下に示すような 8 個のパリティ検査をもつが, そのうち 7 個が 1 次独立である. したがって, $(12, 5, 4)$ 符号である.

$$\begin{bmatrix} 1 & 1 & 1 & 0 & 0 & 0 & 0 & 0 & 0 & 0 & 0 & 0 \\ 1 & 0 & 0 & 1 & 1 & 0 & 0 & 0 & 0 & 0 & 0 & 0 \\ 0 & 1 & 0 & 0 & 0 & 1 & 1 & 0 & 0 & 0 & 0 & 0 \\ 0 & 0 & 1 & 0 & 0 & 0 & 0 & 1 & 1 & 0 & 0 & 0 \\ 0 & 0 & 0 & 1 & 0 & 0 & 0 & 1 & 0 & 1 & 0 & 0 \\ 0 & 0 & 0 & 0 & 1 & 0 & 1 & 0 & 0 & 0 & 1 & 0 \\ 0 & 0 & 0 & 0 & 0 & 1 & 0 & 0 & 1 & 0 & 0 & 1 \\ 0 & 0 & 0 & 0 & 0 & 0 & 0 & 0 & 0 & 1 & 1 & 1 \end{bmatrix}$$

ある木符号は, 4 個のパリティ検査と 9 個の記号をもつ. 1 個の誤りは, 成立しない 2 個のパリティ検査によって同定することができる. それらのパリティ検査頂点は, 同じ木符号に含まれることもあれば, 異なる木符号に含まれることもある.

問題 10.7.3 3 個の誤りが訂正できるが, その結果は考える位置の順序に依存する. メッセージパッシングにより, 重み分布が 3 個の誤りが生じていることを示すが, その結果は一意ではない.

D.11 第 11 章の解答

問題 11.3.1 (1) $(64, 22, \geq 37)$

(2) α を, $\alpha^4 + \alpha + 1 = 0$ を満たす $\mathbb{F}_{16}$ の原始元であるとする. このとき, 曲線 $x^5 + y^4 + y = 0$ 上の 64 個の点は, 以下のとおりである.

$$(0,0), (0,1), (0,\alpha^5), (0,\alpha^{10})$$
$$(1,\alpha), (\alpha^3,\alpha), (\alpha^6,\alpha), (\alpha^{12},\alpha), (\alpha^9,\alpha)$$
$$(1,\alpha^2), (\alpha^3,\alpha^2), (\alpha^6,\alpha^2), (\alpha^{12},\alpha^2), (\alpha^9,\alpha^2)$$
$$(1,\alpha^4), (\alpha^3,\alpha^4), (\alpha^6,\alpha^4), (\alpha^{12},\alpha^4), (\alpha^9,\alpha^4)$$
$$(1,\alpha^8), (\alpha^3,\alpha^8), (\alpha^6,\alpha^8), (\alpha^{12},\alpha^8), (\alpha^9,\alpha^8)$$
$$(\alpha,\alpha^6), (\alpha^4,\alpha^6), (\alpha^7,\alpha^6), (\alpha^{10},\alpha^6), (\alpha^{13},\alpha^6)$$

$$(\alpha, \alpha^7), (\alpha^4, \alpha^7), (\alpha^7, \alpha^7), (\alpha^{10}, \alpha^7), (\alpha^{13}, \alpha^7)$$
$$(\alpha, \alpha^9), (\alpha^4, \alpha^9), (\alpha^7, \alpha^9), (\alpha^{10}, \alpha^9), (\alpha^{13}, \alpha^9)$$
$$(\alpha, \alpha^{13}), (\alpha^4, \alpha^{13}), (\alpha^7, \alpha^{13}), (\alpha^{10}, \alpha^{13}), (\alpha^{13}, \alpha^{13})$$
$$(\alpha^2, \alpha^3), (\alpha^5, \alpha^3), (\alpha^8, \alpha^3), (\alpha^{11}, \alpha^3), (\alpha^{14}, \alpha^3)$$
$$(\alpha^2, \alpha^{11}), (\alpha^5, \alpha^{11}), (\alpha^8, \alpha^{11}), (\alpha^{11}, \alpha^{11}), (\alpha^{14}, \alpha^{11})$$
$$(\alpha^2, \alpha^{12}), (\alpha^5, \alpha^{12}), (\alpha^8, \alpha^{12}), (\alpha^{11}, \alpha^{12}), (\alpha^{14}, \alpha^{12})$$
$$(\alpha^2, \alpha^{14}), (\alpha^5, \alpha^{14}), (\alpha^8, \alpha^{14}), (\alpha^{11}, \alpha^{14}), (\alpha^{14}, \alpha^{14})$$

そして，これらの点における値を求める 22 個の多項式は，次のとおりである．

$$1, x, y, x^2, xy, y^2, x^3, x^2y, xy^2, y^3, x^4, x^3y$$
$$x^2y^2, xy^3, y^4, x^4y, x^3y^2, x^2y^3, xy^4, y^5, x^4y, x^3y^3$$

その結果，この符号の 22×64 生成行列が得られる．

(3) $(64, 42, \geq 17)$

(4) $H(27)^\perp = H(47)$ であるから，双対符号の検査行列は上記をそのままコピーすればよい．

問題 11.3.3

$$x^{q+1} - y^q - y = (a(x) + yb(x,y))(c(x) + yd(x,y))$$
$$= a(x)c(x) + y(b(x,y)c(x) + d(x,y)a(x)) + y^2 b(x,y)d(x,y)$$

であると仮定しよう．このとき，$a(x)c(x) = x^{q+1}$ でなくてはならず，したがって，$a(x) = x^{q+1-i}, c(x) = x^i$ を得る．しかし，それから

$$b(x,y)x^i + d(x,y)x^{q+1-i} + yb(x,y)d(x,y) = -y^{q-1} - 1$$

となり，$i = 0$ かつ $b(x,y) = -1$ が成立するか，あるいは，$i = q+1$ かつ $d(x,y) = -1$ が成立しなければならない．前者の場合は $d(x,y) = y^{q-2}$ となり，後者の場合は $b(x,y) = y^{q-1}$ となる．これらどちらの関係も，もとの式に代入すると矛盾を生じることがわかる．

問題 11.3.4 $\alpha^{(q-1)(a_1+a_2)} = 1$ の場合を考えなくてはならないが，そのとき $(q^2-1)|(q-1)(a_1+a_2)$ より $a_1 + a_2 = q+1$ を得る．したがって，次の和を計算すればよい．

$$\sum_{i=0}^{q-2} \alpha^{i(q+1)} \sum_{\beta^q + \beta = \alpha^{i(q+1)}} \beta^{b_1+b_2}$$
$$= \sum_{i=0}^{q-2} \alpha^{i(q+1)} (\alpha^{i(q+1)})^{b_1+b_2} \sum_{\beta^q + \beta = 1} \beta^{b_1+b_2}$$
$$= \frac{\alpha^{(q+1)(1+b_1+b_2)(q-1)} - 1}{\alpha^{(q+1)(1+b_1+b_2)} - 1} \sum_{\beta^q + \beta = 1} \beta^{b_1+b_2} = 0$$

ただし，上式の分母が 0 でないことを仮定している[†]．残された場合，すなわち分母が 0 の場合は，$(q+1)(1+b_1+b_2) = (q^2-1)a, 1 \le a \le q-1$ であるから，求める和の値は，以下のとおりである．

$$
\begin{aligned}
-\sum_{\beta^q+\beta=1} \beta^{a(q-1)-1} &= -\sum_{\beta^q+\beta=1} \beta^{(a-1)q+q-a-1} \\
&= -\sum_{\beta^q+\beta=1} (\beta^{q-a-1})(1-\beta)^{a-1} \\
&= -\sum_{\beta^q+\beta=1} (\beta^{q-a-1}) \sum_{j=0}^{a-1} \binom{a-1}{j} (-1)^{a-1-j} \beta^{a-1-j} = 0
\end{aligned}
$$

最後の等式は，$s < q-1$ のとき，以下に示すように $\sum_{\beta^q+\beta=1} \beta^s = 0$ よりわかる．実際，$\beta^q+\beta=1$ を満たす β は，$\gamma^q+\gamma=1$ を満たす特定の γ と $\zeta^q+\zeta=0$ を満たす ζ の和 $\beta = \gamma+\zeta$ と表されるので，次のようになる．

$$
\begin{aligned}
\sum_{\beta^q+\beta=1} \beta^s &= \sum_{\zeta^q+\zeta=0} (\gamma+\zeta)^s = \sum_{\zeta^q+\zeta=0} \sum_{j=0}^{s} \binom{s}{j} \gamma^{s-j} \zeta^j \\
&= \sum_{j=0}^{s} \binom{s}{j} \gamma^{s-j} \sum_{\zeta^q+\zeta=0} \zeta^j = 0
\end{aligned}
$$

[†] 訳者注：上記中，第 1 の等号は，$\beta^q+\beta = \alpha^{i(q+1)}$ を満たす $\beta = \beta_i$ は，$\beta^q+\beta=1$ を満たす β に対し，$\beta_i = \alpha^{i(q+1)}\beta$ と表されることによる．

付録 E

訳者補遺：拡張リスト復号と積和アルゴリズム

ここでは，「RS 符号の拡張リスト復号アルゴリズム」と「積和アルゴリズム」についての概説を記述する．前者は，本文 4.3 節で記述された「RS 符号のリスト復号アルゴリズム」のグルスワミ・スダンによる拡張版 (Guruswami–Sudan algorithm) である[†]．もとの復号法が，符号化率 1/3 以上の場合には有効でなかったのに対し，一般の場合にも有効な復号アルゴリズムである．後者は，LDPC 符号などの復号法として重要な**積和アルゴリズム** (sum-product algorithm) である．こちらは本文第 10 章の反復的復号の記述に対する（訳者による）補遺として記載する．

E.1　拡張リスト復号アルゴリズム

すでに見たように，4.3 節で記述した方法は，低い符号化率の符号に対してのみ有効であった．本節では，すべての符号化率に対して有効な改良版について考える．その説明のために，まず，2 変数多項式の零点の**重複度**を定義する．

> **定義 E.1.1**　多項式 $Q(x,y) = \sum_{i,j} q_{i,j} x^i y^j \in \mathbb{F}_q[x,y]$ と $(a,b) \in \mathbb{F}_q^2$ に対し，$Q^*(x,y) = Q(x+a, y+b) = \sum_{i,j} q^*_{i,j} x^i y^j$ とおく．もし $q^*_{i,j} = 0$, $i+j < s$ であり，s がそのような最大の整数であるとき，(a,b) は，$Q(x,y)$ の**重複度** (multiplicity) s の**零点** (zero) であるとよばれる．

多項式 $Q(x,y) = 1 + x^2 + y^2 + x^2 y^2 \in \mathbb{F}_2[x,y]$ は，$Q(x+1, y+1) = x^2 y^2$ となるので，$(1,1)$ を重複度 4 の零点としてもつ．

もし $Q(x,y)$ が重複度 s の零点 (a,b) をもつならば，その係数に関する $\binom{s+1}{2}$

[†] この内容は，原著第 1 版に掲載されていたが第 2 版では掲載されなかったものである．読者の便宜を考慮して，ここに再録する．

個の同次 1 次方程式からなる同次連立 1 次方程式が成立する.

リード・ソロモン符号 C に対し, 受信語 r が, 符号語 c と重み τ 以下の誤りベクトルの和であるとしよう. まず, 2 変数多項式

$$Q(x,y) = Q_0(x) + Q_1(x)y + Q_2(x)y^2 + \cdots + Q_l(x)y^l$$

を, 以下の条件を満たすように定める.

1. (x_i, r_i), $i = 1, 2, \ldots, n$ は, それぞれ $Q(x, y)$ の重複度 s の零点である.
2. $\deg(Q_j(x)) \leq s(n-\tau) - 1 - j(k-1)$, $j = 0, 1, \ldots, l$.
3. $Q(x, y) \neq 0$.

このとき, 次が成り立つ.

補題 E.1.1 もし $Q(x, y)$ が以上の条件を満たし, $c = (f(x_1), \ldots, f(x_n))$ において, $\deg(f(x)) < k$ であるならば, $(y - f(x)) | Q(x, y)$ となる.

[証明] まず, $f(x_i) = r_i$ のとき $(x - x_i)^s | Q(x, f(x))$ となることを示そう. そのために, $p(x) = f(x + x_i) - r_i$ とおく. このとき, $p(0) = 0$ であるから, $x | p(x)$ となる. もし $h(x) = Q(x + x_i, p(x) + r_i)$ であるならば, 条件 1 より, $h(x)$ は次数が s より小さい項をもたないので, $x^s | h(x)$ となる. したがって, $(x - x_i)^s | h(x - x_i)$ である. $h(x - x_i) = Q(x, f(x))$ であるから, 最初に述べたことが証明された.

そこで, あとは 1 変数多項式 $Q(x, f(x))$ の次数が $s(n-\tau) - 1$ 以下であることを示せばよい. 実際, 少なくとも $n - \tau$ 個の x_i に対して, $(x - x_i)^s | Q(x, f(x))$ であるから, $Q(x, f(x))$ は次数 $s(n-\tau)$ 以上の多項式で割り切れなければならないが, これは $Q(x, f(x)) = 0$ を意味する. □

以上により, 次数 $\deg(f(x)) < k$ をもつ多項式 $f(x)$ に対応する, $y - f(x)$ の形をした $Q(x, y)$ の因子を求めることによって, 受信語から τ 以下の距離にあるすべての符号語を得ることができる.

上記の 3 条件を満たす多項式 $Q(x, y)$ の存在を保証するために, まず, 条件 2 によって, 次が成り立つときに限って $Q(x, y)$ が非負の次数をもつことに注意しよう.

$$s(n-\tau) - l(k-1) > 0 \tag{E.1}$$

すなわち,

$$\tau < n - \frac{l(k-1)}{s} \tag{E.2}$$

条件 1 は $n\binom{s+1}{2}$ 個の同次 1 次方程式からなる同次連立 1 次方程式であるから, 未知数の個数がこの数より大きければ, 非零の解をもつ. その条件は以下のとおりで

ある.

$$(l+1)s(n-\tau) - \frac{1}{2}l(l+1)(k-1) > n\binom{s+1}{2} \qquad (\text{E.3})$$

すなわち，τ の上限が次のようになる.

$$\tau < \frac{n(2l-s+1)}{2(l+1)} - \frac{l(k-1)}{2s} \qquad (\text{E.4})$$

関連する数をより詳しく分析すると，$s < l$ のとき，次の条件が満たされるならば，最小距離の半分を超える復号ができることがわかる.

$$\frac{k}{n} < \frac{1}{n} + \frac{s}{l+1} \qquad (\text{E.5})$$

この結果に基づいて，訂正可能な誤り比率 τ/n の上限を図 E.1 に示す.

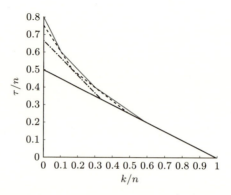

図 E.1 与えられた符号化率の RS 符号とリストの大きさ $l = 1, 2, 3, 4$ に対する訂正可能な誤りの比率 τ/n の上限．各リストの大きさに対し，式 (E.4) と式 (E.5) より，上限は，$s = 0, 1, 2, \ldots, l$ に対応する点 $(k/n, \tau/n) = ([s(s+1)]/[l(l+1)], (l-s)/(l+1))$ を結ぶ線分からなる折れ線となる.

◆**例 E.1.1** ($\mathbb{F}_{64}$ 上の $(63, 31)$ リード・ソロモン符号に対するリストサイズ $l = 4$ のリスト復号) この符号は最小距離 33 をもつが，$s = 3, l = 4$ の場合，17 個の誤りを訂正可能である.

RS 符号のグルスワミ・スダンリスト復号法 (Guruswami–Sudan algorithm) を次に示す.

アルゴリズム E.1.1
- -

入力：受信語 $(r_1, r_2, \ldots, r_n)$，自然数 τ, s, l

[1] $h+r<s$ と $i=1,2,\ldots,n$ に対する以下の連立 1 次方程式を解いて, $Q_{a,b}$ を求める.
$$\sum_{a\geq h, b\geq r}\binom{a}{h}\binom{b}{r}Q_{a,b}x_i^{a-h}r_i^{b-r}=0 \qquad (\text{E.6})$$
ただし, $l_a = s(n-\tau)-1-a(k-1)$ とし, $b>l$ または $a>l_a$ のとき $Q_{a,b}=0$ とする.

[2] 次のようにおく.
$$Q_j(x)=\sum_{r=0}^{l_j}Q_{r,j}x^r, \qquad Q(x,y)=\sum_{j=0}^{l}Q_j(x)y^j$$

[3] 次数 $\deg(f(x))<k$ をもつ多項式 $f(x)$ に対応する, $y-f(x)$ の形をした $Q(x,y)$ のすべての因子を求める.

出力: 次を満たす多項式 $f(x)$ のリスト
$$d((f(x_1),f(x_2),\ldots,f(x_n)),(r_1,r_2,\ldots,r_n))\leq \tau$$

ここで,連立方程式 (E.6) は, $(x_i,r_i), i=1,2,\ldots,n$ が, $Q(x,y)$ の重複度 s の零点であるという条件を単に書き換えたものである.

上記の議論から,もし
$$\tau < \frac{n(2l-s+1)}{2(l+1)} - \frac{l(k-1)}{2s}$$
が成立するならば,送信符号語が出力リストに含まれることがわかる.

E.2 積和アルゴリズム

本節では,LDPC 符号やグラフ符号の復号法の一種である,**積和アルゴリズム** (sum-product algorithm) について概説する.本文の 10.3 節で記述された復号法は,**符号語復号** (codeword decoding) とよばれる最尤符号語を出力するタイプのアルゴリズムであるのに対し,各記号の**尤度関数** (likelihood function)(すなわち,**周辺確率分布関数** (marginal probability density function))を出力する,**ビット毎復号** (bit-wise decoding) とよばれるタイプの復号法がある.その典型例が積和アルゴリズムであり,LDPC 符号の場合は,これもパリティ検査行列を接続行列とする 2 部グラフ上での**メッセージパッシング** (message passing) に基づく反復的復号法である.ただし,2 部グラフは,検査行列から定義されるものの拡張になっており,グラフの枝を通して

交互にパスされるメッセージは，各記号の尤度関数に関する値（一般には実数値）である．この積和アルゴリズムにもいくつかの変種があるが，ここでは，その一種を紹介する．以下の記述は，おもに D. J. C. MacKay (2003)[†1] による．ただし，記号や用語に若干変更がある．積和アルゴリズムについてのより多くの内容は，ここで引用した MacKay (2003) などの参考文献を参照されたい．日本語の教科書としては，和田山正著『誤り訂正技術の基礎』（森北出版，2010）の第 10～13 章が詳しい．

いま，$m \times n$（拡張）検査行列 $H = [h_{ij}]$ によって定義されている LDPC 符号に対し，H を接続行列とする，n 個の記号頂点と $M \ (:= m + n)$ 個の検査頂点からなる 2 部グラフを考える．まず，$h_{ij} = 1$ のとき，検査頂点 f_i と記号頂点 x_j は枝で結ばれる．さらに，この 2 部グラフは，n 個の記号頂点の集合 $\boldsymbol{x} = \{x_1, x_2, \ldots, x_n\}$ と，本来の m 個の検査頂点の集合 $\{f_1, f_2, \ldots, f_m\}$ に対し，n 個の記号頂点と，それぞれ 1 本の枝だけで結ばれた検査頂点（便宜上そのようによぶ）$f_{m+1}, f_{m+2}, \ldots, f_{m+n}$ を新たに追加した，M 個からなる検査頂点の集合 $\{f_1, f_2, \ldots, f_m, f_{m+1}, f_{m+2}, \ldots, f_M\}$ をもつ．ここで，追加された検査頂点は葉である．今後は，x_j は第 j 記号，第 j 記号頂点とともに，値 0 または 1 をとる第 j 記号変数をも表すものとし，記号変数の部分集合 $\boldsymbol{x}_i \ (\subset \boldsymbol{x}), 1 \leq i \leq M$ を，以下のように定義する．部分集合 $\boldsymbol{x}_i, 1 \leq i \leq m$ は，検査頂点 f_i に結ばれているすべての記号頂点 x_j の全体を表し，残りの部分集合 $\boldsymbol{x}_{m+j}$, $1 \leq j \leq n$ は，追加された検査頂点 f_{m+j} に結ばれた（1 個の）記号頂点 x_j だけからなる集合 $\{x_j\}$ である．これらの検査頂点には尤度関数（「擬似」周辺確率分布関数）が付随しており，今後は第 i 検査頂点とそれに付随する尤度関数を同じく f_i と表す[†2]．さらに，これらの記号と関数の番号の，以下のような部分集合を定義しておく．

$$\mathcal{N}(i) := \{j \mid x_j \in \boldsymbol{x}_i, 1 \leq j \leq n\}$$
$$\mathcal{M}(j) := \{i \mid x_j \in \boldsymbol{x}_i, 1 \leq i \leq M\}$$

関数 $f_i, 1 \leq i \leq m$ は確率分布関数の性質，すなわち，$0 \leq f_i(\boldsymbol{x}_i) \leq 1$ かつ

$$\sum_{j \in \mathcal{N}(i)} f_i(\boldsymbol{x}_i) = 1$$

を満たすが，関数 $f_i, m+1 \leq i \leq M$ は必ずしもこの性質を満たさないので，「擬似」という接頭語をつけてある．ここで，$\mathcal{N}(i) = \{j_1, \ldots, j_l\}$ のとき，和 $\sum_{j \in \mathcal{N}(i)}$ は $\sum_{x_{j_1}=0}^{1} \cdots \sum_{x_{j_l}=0}^{1}$ を意味する．パスされるメッセージは，これらの関数の積和であ

[†1] David J. C. MacKay, *Information Theory, Inference, and Learning Algorithms*, Cambridge University Press, 2003, Section 16, Section 26.

[†2] MacKay (2003) では，われわれが検査頂点とよんでいるもの，および，対応する関数は，ともに因子 (factor) とよばれている．

り，積和アルゴリズムという名称の第1の理由はここにある．まず，

$$P^*(\boldsymbol{x}) = \prod_{i=1}^{M} f_i(\boldsymbol{x}_i)$$

および，その正規化関数

$$P(\boldsymbol{x}) = \frac{1}{Z} P^*(\boldsymbol{x}) = \frac{1}{Z} \prod_{i=1}^{M} f_i(\boldsymbol{x}_i)$$

を導入する．ここで，正規化定数は次で定義される．

$$Z = \sum_{\boldsymbol{x}} \prod_{i=1}^{M} f_i(\boldsymbol{x}_i)$$

ただし，和 $\sum_{\boldsymbol{x}}$ は $\sum_{x_1=0}^{1} \cdots \sum_{x_n=0}^{1}$ を意味する．

◆例 E.2.1 次の生成行列と検査行列をもつ $(3,1)$ 反復符号を考えよう（図 E.2）．

$$G = \begin{bmatrix} 1 & 1 & 1 \end{bmatrix}, \quad H = \begin{bmatrix} 1 & 1 & 0 \\ 0 & 1 & 1 \end{bmatrix}$$

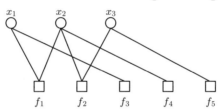

図 E.2 検査行列 H の2部グラフ：丸は記号頂点，四角は検査頂点を表している．

この場合，$n=3$, $m=2$, $M=5$ であり，記号集合 $\boldsymbol{x} = \{x_1, x_2, x_3\}$ に対し，以下のような部分集合

$$\boldsymbol{x}_1 = \{x_1, x_2\}, \quad \boldsymbol{x}_2 = \{x_2, x_3\}, \quad \boldsymbol{x}_3 = \{x_1\}, \quad \boldsymbol{x}_4 = \{x_2\}, \quad \boldsymbol{x}_5 = \{x_3\}$$

および，対応する関数 $f_i(\boldsymbol{x}_i)$, $1 \leq i \leq 5$ が導入される．

$$f_1(\boldsymbol{x}_1) = f_1(x_1, x_2) = \begin{cases} 1 & (x_1 + x_2 = 0) \\ 0 & (x_1 + x_2 \neq 0) \end{cases}$$

$$f_2(\boldsymbol{x}_2) = f_2(x_2, x_3) = \begin{cases} 1 & (x_2 + x_3 = 0) \\ 0 & (x_2 + x_3 \neq 0) \end{cases}$$

$$f_3(\boldsymbol{x}_3) = f_3(x_1) = \begin{cases} p_1 & (x_1 = 0) \\ 1 - p_1 & (x_1 = 1) \end{cases}$$

$$f_4(\boldsymbol{x}_4) = f_4(x_2) = \begin{cases} p_2 & (x_2 = 0) \\ 1 - p_2 & (x_2 = 1) \end{cases}$$

$$f_5(\boldsymbol{x}_5) = f_5(x_3) = \begin{cases} p_3 & (x_3 = 0) \\ 1 - p_3 & (x_3 = 1) \end{cases}$$

ここで，$0 \leq p_j \leq 1, 1 \leq j \leq 3$ である．そして，次のようになる．

$$P^*(\boldsymbol{x}) = f_1(x_1, x_2)f_2(x_2, x_3)f_3(x_1)f_4(x_2)f_5(x_3)$$

$$Z = p_1 p_2 p_3 + (1-p_1)(1-p_2)(1-p_3)$$

$$P(\boldsymbol{x}) = \frac{1}{Z} f_1(x_1, x_2)f_2(x_2, x_3)f_3(x_1)f_4(x_2)f_5(x_3)$$

問題は，各記号変数 x_j に関する**尤度関数**

$$Z_j(x_j) = \sum_{\{x_{j'} | j' \neq j\}} P^*(\boldsymbol{x})$$

さらには，**正規化尤度関数**

$$P_j(x_j) = \sum_{\{x_{j'} | j' \neq j\}} P(\boldsymbol{x})$$

を求めることである．ここで，$\sum_{\{x_{j'} | j' \neq j\}} = \sum_{x_1=0}^{1} \cdots \sum_{x_{j-1}=0}^{1} \sum_{x_{j+1}=0}^{1} \cdots \sum_{x_n=0}^{1}$ である．なお，次が成り立つ．

$$P_j(x_j) = \frac{1}{Z} Z_j(x_j)$$

アルゴリズムは，以下のような 2 種類のメッセージパッシングの反復からなる．

メッセージパッシング

(E.1) 記号頂点 x_j から検査頂点 f_i に，以下のメッセージをパスする．

$$q_{j \to i}(x_j) = \prod_{i' \in \mathcal{M}(j) \setminus \{i\}} r_{i' \to j}(x_j)$$

(E.2) 検査頂点 f_i から記号頂点 x_j に，以下のメッセージをパスする．

$$r_{i \to j}(x_j) = \sum_{\boldsymbol{x}_i \setminus j} f_i(\boldsymbol{x}_i) \prod_{j' \in \mathcal{N}(i) \setminus \{j\}} q_{j' \to i}(x_{j'})$$

ここで，和 $\sum_{\boldsymbol{x}_i \setminus j}$ は，$\boldsymbol{x}_i \setminus j := \{x_{j'} \mid j' \in \mathcal{N}(i) \setminus \{j\}\} = \{x_{j_1}, \ldots, x_{j_l}\}$ であるとき，$\sum_{x_{j_1}=0}^{1} \cdots \sum_{x_{j_l}=0}^{1}$ を意味する．

このアルゴリズムの初期化の方法は，おもに 2 種類あるが，木符号，すなわち，対応する 2 部グラフが木である場合に限らず，一般的に適用できるものを以下に示す．

> **初期化**
>
> すべての記号頂点からの最初のメッセージをすべて 1 にする．すなわち，
>
> $$q_{j \to i}(x_j) = 1, \quad \forall i, j$$
>
> とする．

以後は，検査頂点からのメッセージパッシング (E.2) と記号頂点からのメッセージパッシング (E.1) を交互に繰り返す．10.3 節のアルゴリズムと同様に，例 E.2.1 のような木符号の場合には，木の深さの回数だけ繰り返せば，正しい解に収束する．一般的には，収束し，かつ，正しい解が得られる理論的な保証はないが，実用的な多くの場合に，正しい解が得られることが実験的に示されている．しかも，この積和アルゴリズムの計算量は小さく，実用上，きわめて重要なものとなっている．さらに，ここで示した形は，より一般的なものに拡張・変形され，誤り訂正符号の復号法だけでなく，より広く応用されている．

付録 F
訳者による文献紹介

　この原著第 2 版では参考文献が除外されているが，初学者の便宜のために，いくつかの教科書・参考書と関連ジャーナルを紹介しよう．

　「符号 (code)」という言葉は，日常用語から，医学・生理学の分野なども含む，非常に幅広い意味をもって使われているにもかかわらず，「符号理論 (Coding Theory)」は，「誤り訂正符号 (error-correcting code)」のおもに理論的な側面を意味する言葉として使われることが多い．とくに，「符号理論入門」と「誤り訂正符号入門」はほとんど同意義である．

　まず，符号理論の古典を二つだけ挙げる．

- W. W. Peterson, E. J. Weldon, Jr., *Error-Correcting Codes*, 2nd ed., MIT Press, 1972.
- F. J. MacWilliams, N. J. A. Sloane, *The Theory of Error-Correcting Codes*, North-Holland, 1977.

次は，最近の成果を盛り込んだ，符号理論の百科事典ともいうべき大著である．

- V. S. Pless, W. C. Huffman (eds.), *Handbook of Coding Theory*, Vols. I, II, North-Holland, 1998.

比較的最近の教科書・参考書として，特色のあるものを以下に示す（第 3, 4 番目は，題名からもわかるように，符号理論と関連が深い暗号理論，および，計算機代数からのアプローチを含む）．

- W. C. Huffman, V. Pless, *Fundamentals of Error-Correcting Codes*, Cambridge University Press, 2003.
- R. Roth, *Introduction to Coding Theory*, Cambridge University Press, 2006.
- M. Sala, T. Mora, L. Perret, S. Sakata, C. Traverso (eds.), *Gröbner Bases, Coding, and Cryptography*, Springer, 2009.
- R. Pellikaan, X.-W. Wu, S. Bulygin, R. Jurrius, *Codes, Cryptology and Curves with Computer Algebra*, Cambridge University Press, 2018.

国内で出版された教科書・参考書を，少数だけ，以下に紹介しよう．

- 今井秀樹，『符号理論』，電子情報通信学会，1990.
- 坂庭好一，渋谷智治，『代数系と符号理論入門』，コロナ社，2010.
- 和田山正，『誤り訂正技術の基礎』，森北出版，2010.

最も新しい情報は，情報通信や応用数学関連の専門学術論文誌から得られる．前者では，以下に代わるものはほとんどない．

IEEE Transactions on Information Theory, IEEE, monthly.

電子情報通信学会論文誌，A，月刊．

後者を一つだけ紹介する．

Finite Fields and their Applications, Elsevier, bimonthly.

記号索引

α	22	$\gcd(s,j)$	23	$\mathrm{PG}(2,q)$	37		
β	34			p_s	133		
μ	43	h	4, 107	P_ue	95		
Φ	104	H	4				
Ψ	132	H_f	95	q	3		
σ	43	$H(p)$	46	$Q_0(x)$	65, 66		
		$H(X)$	43	$Q_1(x)$	65, 66		
A	13			$Q(x,y)$	65		
$\mathrm{A}(2,q)$	36	$I(X;Y)$	45				
A_w	13			r	5		
$A(z)$	13	k	3	R	5, 102		
$B(z)$	13	l	50	s	5		
		l_0	66	S	72		
c	5	l_1	66	$\mathrm{syn}(r)$	5		
C	1						
$C^\perp$	5	M	3	t	7		
C_s	84	$\bmod$	23	$T(j,l,w)$	50		
$C_s(\mathrm{sub})$	84			T_p	48		
$C(Y\mid X)$	45	n	1	$\mathrm{Tr}(x)$	30		
		N	102				
d	7	N_f	94	u	4		
$\deg$	25						
d_f	108	$\mathrm{ord}(a)$	23	V	2		
d_H	6						
		p	42	w_H	6		
e	5	P_bit	96	w_min	7		
E	43	p_c	133				
$E(R)$	55	P_err	49	Z	53		
		P_fail	49, 133				
G	4	P_fe	96				

欧文索引

μ-vector 113

adjacency matrix 134
affine plane 36, 136
algebraic geometry code 175
algorithm 34
average symbol error probability 133

band matrix 106
basis 2
BCH code 84
BEC 46
Bézout theorem 176
binary
　—— code 2
　—— erasure channel 46
　—— field 2
　—— Hamming code 9
　—— symmetric channel 45
binomial distribution 42
biorthogonal code 9
bipartite 134
bit error rate 96
bit flipping 155
block code 1
bound
　Gilbert–Varshamov —— 8
　Hamming —— 12
　Plotkin —— 18
　Poltyrev —— 53
　Singleton —— 62
　union —— 53
bounded distance decoding 49
BSC 45

capacity 45

catastrophic 106
channel symbol 94
check matrix 4
check symbol 3
circulant matrix 117
code
　algebraic geometry —— 175
　BCH —— 84
　binary —— 2
　biorthogonal —— 9
　block —— 1, 3
　composite —— 125
　concatenated —— 130
　convolutional —— 103
　cyclic —— 79
　dual —— 5
　extended Hamming —— 9
　Golay —— 91
　graph —— 133
　Hamming —— 9
　Hermitian —— 177
　LDPC —— 153
　—— length 1
　linear —— 3
　linear block —— 3
　low density parity check —— 153
　p-ary Hamming —— 24
　perfect —— 12
　—— polynomial 79
　product —— 125
　quasi-cyclic —— 117
　Reed–Solomon —— 27, 63
　tail-biting —— 117
　terminated —— 108
　tree —— 158
　unit memory —— 119

code polynomial 79
codeword 1, 109
coding rate 5
column error probability 132
communication channel 42
composite code 125
concatenated code 130
convolutional code 103
coset 10
　cyclotomic —— 33
　—— leader 11
　—— representative 34
CRC 97
curve 176
cyclic code 79
cyclic convolution 104
cyclic redundancy check 97
cyclotomic coset 33

data field 93
data file 93
decoder 10
　maximum likelihood —— 10
　minimum distance —— 10
　syndrome —— 10
decoding
　bounded distance —— 49
　—— error 49
　—— failure 49
　list —— 67
　majority —— 154
　maximum likelihood —— 10, 51
　minimum distance —— 49
　serial —— 126

degree	25, 176
dimension	2
discrete memoryless channel	44
discrete memoryless source	43
distance	6
——— free ———	108
Hamming ———	6
minimum ———	7
dual code	5
dynamic programming	112
encoding rule	4
entropy	43
equidistant	17
error	5
——— detection	10
——— event probability	116
——— pattern	5
——— vector	5
error locator polynomial	66
Euclidean algorithm	144
extended field	27
extended Hamming code	9
extended row weight	110
field	21
binary ———	2
comlex number ———	21
extended ———	27
finite ———	22, 27
rational number ———	21
real number ———	21
ternary ———	22
file efficiency	94
finite field	22, 27
finite state machine	103
Forney formula	150
frame	94
——— check sequence	97
free distance	108
fundamental error event	115
Gaussian channel	188
generating vector	103
generator matrix	4
generator polynomial	81

genus	179
Gilbert–Varshamov bound	8
Golay code	91
graph	134
——— code	133
greedy method	20
Guruswami–Sudan algorithm	212
Hamming	
——— bound	12
——— distance	6
——— weight	6
header	93
Hermitian code	177
incidence matrix	37
information symbol	3
inner product	2
interleaving	169
irreducible	26, 176
LDPC code	153
length	1
likelihood	52
line	36
linear block code	3
linear code	3
list decoding	67
low density parity check code	153, 210
MacWilliams relation	13
majority decoding	154
maximum likelihood	
——— decoder	10
——— decoding	10, 51
——— sequence	113
message passing	159, 168
metric space	6
minimal polynomial	32
minimum	
——— distance	7
——— weight	7
minimum distance decoder	10
minimum distance decoding	49

multiplicity	210
mutual information	45
order	23, 177
——— function	177
orthogonal	2
parallel encoding	169
parity	3
——— check	3, 4
——— check matrix	5
——— check symbol	3
——— field	93
perfect code	12
period	80
Peterson algorithm	75
Plotkin bound	18
point	36
Poisson distribution	43
Poltyrev bound	53
polynomial	
code ———	79
degree of ———	25, 176
error locator ———	66
generator ———	81
irreducible ———	26, 176
minimal ———	32
primitive ———	32
primitive	
——— element	22
——— polynomial	32
probability	
average symbol error ———	133
column error ———	132
error event ———	116
——— of frame error	96
——— of undetected error	95
symbol error ———	133
product code	125
projective plane	37, 136
punctured dual code	118
puncturing	17, 118
quasi-cyclic code	117
received word	5
Reed–Solomon code	27, 63

regular		134	—— decoder		10	unit memory code		119
row weight		108	t-error correcting		6	Vandermonde matrix		185
self-dual		19	tail-biting code		117	vector space		2
serial decoding		126	terminated code		108	Viterbi decoding algorithm		
shortening	17,	118	termination		108		112,	114
Singleton bound		62	ternary field		22			
soft decision		190	trace	30,	39	weight		6
source symbol		93	transmission efficiency		95	—— distribution		13
subfield		32	tree		158	—— enumerator	13,	110
Sudan algorithm		69	—— code		158	extended row ——		110
sum-product algorithm		213				minimum ——		7
symbol error probability		133	UMC		119	row ——		108
syndrome		5	union bound		53			

和文索引

◆ 英数字 ◆

2元
　——Z 通信路　59
　——拡大ハミング符号　9
　——巡回符号　97
　——消失通信路　46
　——体　2
　——対称通信路　45
　——ハミング符号　9
　——符号　2
2 項分布　42
2 部グラフ　134
3 元体　22

BCH 符号　84

LDPC 符号　153, 210

p 元ハミング符号　24

t 個誤り訂正可能　6

μ ベクトル　113

◆ あ 行 ◆

アフィン平面　36, 136
誤り　5
　——位置多項式　66
　——検出　10
　——事象確率　116
　——指数　55
　——パターン　5
　——ベクトル　5
アルゴリズム　34
位数　23, 177
位数関数　177
インターリーブ　104, 130, 169
ヴァンデルモンド行列　185
ヴィタビアルゴリズム　112, 114
エルミート曲線符号　177

エントロピー　43
円分コセット　33
帯行列　106
重み　6
　——拡張行　110
　——行　108
　——最小　7
　——　——分布　13
　——　——分布母関数　13
　——畳込み符号の　110

◆ か 行 ◆

ガウス通信路　188
拡大ハミング符号　9
拡張行重み　110
確率
　——誤り事象　116
　——記号誤り　133
　——復号失敗　98
　——フレーム誤り　96
　——平均記号誤り　133
　——見逃し誤り　95
　——列誤り　132
カタストロフィック　106
完全符号　12
木　158
　——符号　158
記号誤り確率　133
基底　2
基本誤り事象　115
既約　26, 176
行重み　108
曲線　176
距離　6
　——空間　6
　——最小　7
　——自由　108
　——ハミング　6
ギルバート・ヴァルシャモフ限界　8

グラフ　134
　——符号　133
グリーディ法　20
グルスワミ・スダンリスト復号法　212
限界
　ギルバート・ヴァルシャモフ　8
　シングルトン——　62
　ハミング——　12
　プロトキン——　18
　ボルチレフ——　53
　ユニオン——　53
限界距離復号　49
検査記号　3
検査行列　4
検査フィールド　93
原始
　——元　22
　——多項式　32
合成符号　125
コセット　10
　円分——　33
　——代表元　11, 34
ゴーレイ符号　91

◆ さ 行 ◆

最小重み　7
最小距離　7
　——復号　49
　——復号器　10
最小多項式　32
最尤系列　113
最尤復号　10, 51
　——器　10
三角不等式　6
次元　2
自己双対　19
次数　25, 176
射影平面　37, 136

和文索引

周期	80
自由距離	108
終結	108
――符号	108
受信語	5
種数	179
巡回行列	117
巡回畳込み	104
巡回符号	79
準巡回符号	117
消失	46
情報	3
情報源記号	93
シングルトン限界	62
シンドローム	5
――復号器	10
スダンアルゴリズム	69
生成行列	4
畳込み符号の――	106
生成多項式	81
生成ベクトル	103
正則	134
積符号	125
積和アルゴリズム	213
接続行列	37
線形符号	4, 5
線形ブロック符号	3
相互情報量	45
双対符号	5
組織的でない符号化	63
組織的符号化	3

◆ た 行 ◆

体	21
2元――	2
3元――	22
拡大――	27
実数――	21
複素数――	21
有限――	22
有理数――	21
代数幾何符号	175
多項式	
誤り位置――	66
既約――	26, 176
原始――	32
最小――	32
生成――	81
――の次数	25, 176
符号――	79
多数決復号	154
畳込み符号	103
短縮化	17
――符号	118
重複度	210
直線	36
直列的復号	126
直交	2
通信路	42
――記号	94
――容量	45
低密度パリティ検査符号	153
テイルバイティング符号	117
データファイル	93
データフィールド	93
点	36
伝送効率	95
等距離	17
等長	17
動的計画法	112
トレース	30, 39
貪欲法	20

◆ な 行 ◆

内積	2
長さ	1
軟判定	190

◆ は 行 ◆

陪直交符号	9
ハミング	
――重み	6
――距離	6
――限界	12
――符号	9
パリティ検査	4
――記号	3
――行列	4, 5
パンクチャ	17
パンクチャド双対符号	118
パンクチャド符号	118
ピーターソンアルゴリズム	75
ビット誤り率	96
ビットフリッピング	155
ファイル効率	94
フォーニーの公式	150
復号	
限界距離――	49
最小距離――	49
最尤――	10, 51
多数決――	154
直列的――	126
リスト――	67
復号誤り	49
復号器	10
最小距離――	10
最尤――	10
シンドローム――	10
復号失敗	49
復号失敗確率	98
復号不能	10, 49
符号	
2元――	2
2元巡回――	97
BCH――	84
LDPC――	153
p元ハミング――	24
エルミート曲線――	177
拡大ハミング――	9
完全――	12
木――	158
グラフ――	133
合成――	125
ゴーレイ――	91
終結――	108
巡回――	79
準巡回――	117
積――	125
線形ブロック――	3
双対――	5
代数幾何――	175
――多項式	79
畳込み――	103
低密度パリティ検査――	153
テイルバイティング――	117
――の短縮化	118
陪直交――	9
ハミング――	9
パンクチャド――	118
パンクチャド双対――	118
ブロック――	1
線形――	3
ユニットメモリ――	119
リード・ソロモン――	27, 63, 175
連接――	130

符号化
 組織的—— 3
 組織的でない—— 63
 並列的—— 169
符号化規則 4
符号化率 5
符号語 1, 3, 109
 ——の総数 3
符号多項式 79
符号長 1
部分体 32
部分体部分符号 84
フレーム 94
 ——誤り確率 96
 ——検査系列 97
ブロック符号 1
プロトキン限界 18

分布
 2項—— 42
 正規—— 188
 ポアソン—— 43
平均記号誤り確率 133
並列的符号化 169
ベクトル空間 2
ベズーの定理 176
ヘッダ 93, 94
ポアソン分布 43
ポルチレフ限界 53
本文 94

◆ ま 行 ◆

マックウイリアムズ恒等式 13
見逃し誤り確率 95
メッセージパッシング 159, 168

◆ や 行 ◆

有限状態機械 103
有限体 22
尤度 52
ユークリッド法 144
ユニオン限界 53
ユニットメモリ符号 119

◆ ら 行 ◆

離散無記憶情報源 43
離散無記憶通信路 44
リスト復号 67
リード・ソロモン符号 27, 63, 175
隣接行列 134
列誤り確率 132
連接符号 130

訳者略歴

阪田　省二郎（さかた・しょうじろう）
  1964 年　東京大学工学部計数工学科卒業
  1969 年　相模工業大学（現，湘南工科大学）工学部講師（後，助教授）
  1981 年　豊橋技術科学大学工学部助教授（後，教授）
  1994 年　電気通信大学電気通信学部教授
  2007 年　電気通信大学名誉教授
  　　　　　現在に至る．工学博士，IEEE Fellow，電子情報通信学会フェロー

栗原　正純（くりはら・まさずみ）
  1990 年　東京都立大学理学部数学科卒業
  1992 年　電気通信大学電気通信学部助手
  2006 年　電気通信大学電気通信学部助教
  　　　　　現在に至る．博士（工学），専門は情報数理，符号理論とその周辺分野

松井　一（まつい・はじめ）
  1999 年　名古屋大学大学院多元数理科学研究科博士課程修了
  2006 年　豊田工業大学工学部電子情報分野助教授（2007 年より准教授）
  　　　　　現在に至る．博士（数理学），専門は数論，符号理論

藤沢　匡哉（ふじさわ・まさや）
  2002 年　電気通信大学大学院情報工学専攻博士後期課程修了
  　　　　　電気通信大学電気通信学部助手
  2003 年　東京理科大学工学部助手
  2007 年　東京理科大学工学部経営工学科講師
  2011 年　東京理科大学工学部准教授
  　　　　　現在に至る．博士（工学），専門は情報通信工学，特に，符号理論

編集担当　丸山隆一・大野裕司（森北出版）
編集責任　上村紗帆（森北出版）
組　　版　中央印刷
印　　刷　同
製　　本　ブックアート

誤り訂正符号入門（第 2 版）　　　　　　　　版権取得　2017
2005 年 10 月 11 日　第 1 版第 1 刷発行　　【本書の無断転載を禁ず】
2009 年 9 月 30 日　第 1 版第 3 刷発行
2019 年 4 月 25 日　第 2 版第 1 刷発行

訳　　者　阪田省二郎・栗原正純・松井　一・藤沢匡哉
発行者　　森北博巳
発行所　　森北出版株式会社
　　　　　東京都千代田区富士見 1-4-11（〒102-0071）
　　　　　電話 03-3265-8341／FAX 03-3264-8709
　　　　　https://www.morikita.co.jp/
　　　　　日本書籍出版協会・自然科学書協会　会員
　　　　　JCOPY ＜（一社）出版者著作権管理機構　委託出版物＞

落丁・乱丁本はお取替えいたします．

Printed in Japan／ISBN978-4-627-81712-8